U0947170

本书系河南省哲学社会科学规划项目“布迪厄资本理论视角下的河南省新乡贤参与农村贫困治理研究”（2018CSH018）的阶段性成果

贫困识别的制度逻辑

周晓露　著

中国社会科学出版社

图书在版编目（CIP）数据

贫困识别的制度逻辑／周晓露著．—北京：中国社会科学出版社，2021.3
ISBN 978－7－5203－7941－0

Ⅰ.①贫…　Ⅱ.①周…　Ⅲ.①扶贫—研究—中国　Ⅳ.　①F126

中国版本图书馆CIP数据核字(2021)第030354号

出 版 人　赵剑英
责任编辑　孙　萍
责任校对　李　莉
责任印制　王　超

出　　版　中国社会科学出版社
社　　址　北京鼓楼西大街甲158号
邮　　编　100720
网　　址　http://www.csspw.cn
发 行 部　010－84083685
门 市 部　010－84029450
经　　销　新华书店及其他书店

印刷装订　三河弘翰印务有限公司
版　　次　2021年3月第1版
印　　次　2021年3月第1次印刷

开　　本　710×1000　1/16
印　　张　16.5
字　　数　215千字
定　　价　89.00元

目　录

第一章

导　论

消除贫困、改善民生、逐步实现共同富裕，是社会主义的本质要求。自2013年习近平总书记提出“精准扶贫”的理念以来，精准扶贫逐渐进入人们的视野。精准扶贫的基础与首要步骤是精准识别，换言之，只有做到了识别上的精准，才能有效地帮助贫困人口摆脱贫困。正因如此，精准识别不仅是政策研究者的关注焦点，而且也引发了学术界的热议。同样，它构成了本书的核心议题。

引子　“精准”之惑

初次见到薯县扶贫办乔主任[①]的时候，是在他的办公室中。当得知我希望来薯县开展博士学位论文的调查时，他热情地接待了我并兴致盎然地向我介绍薯县已经推行的“四看”标准和“五步工作法”工作流程。彼时，他特别自信且充满激情地告诉我，通过“四看”标准和“五步工作法”就基本上可以将真正的贫困户识别出来。“四看”标准和“五步工作法”被合称为“四看五步法”，是薯县识别贫困户的两大有力武器，也是薯县宣传精准识别贫困户

① 遵照学术惯例，笔者对文中出现的人名、地名都做了技术处理。

的不二法宝。除了薯县扶贫办乔主任之外，薯县的其他乡镇干部在初次见到我时也都会无比肯定地告诉我，“四看五步法”能够很好地识别出真正的贫困户并筛选掉伪贫困户。然而，2015 年 12 月的一个下午，在薯县扶贫办的一次内部工作会议中，主持会议的乔主任向前来交流学习经验的一众代表吐露心声。除了例行常规式地介绍“四看五步法”的突出优势之外，罕见地表述出了不同的看法。他真挚而又委婉地表示“四看五步法”并非万能的，它们在运用于识别贫困户的过程中仍然存在一些问题，即精准识别的工作仍然有一些困难和不足之处。

如果说乔主任的语言表述存在着一定的张力，那么薯县农民的表达则常常是分裂的。大多数时候，当我将访谈从漫无边际的闲聊转向“精准扶贫”时，农民的第一反应多是“不精准”。支撑他们“不精准”的证据五花八门，但核心观点主要有两条：他们仍然保持固有的观点，认为选贫困户是要拼关系的，经济上的贫困并不会成为当选贫困户的唯一指标，印证他们精准扶贫“不精准”的依据在于，他们认为的某些真正贫困的村民并没有被评为贫困户。然而，当我刨根问底，询问村庄中究竟有哪些家庭被评为贫困户，并试图了解村民对他们的看法时，村民大多时候又表示那些贫困户确实经济状况较差，并强调“现在的精准扶贫确实比过去要准一些”。这种既质疑贫困识别“不精准”，又肯定贫困识别“精准”的矛盾心理并不少见，它几乎是我接触过的所有调查对象的内心独白。他们的这种“既精准又不精准”的评判，使我产生了浓厚的研究兴趣。缘何乔主任在强调“四看”标准和“五步工作法”能够基本上选准贫困户的同时，又内心潜藏着对“精准度”的隐忧？缘何村民在质疑选贫困户需要拼关系的同时，又肯定现在的贫困户识别工作较之于过去确实更为精准？缘何一部分村民质疑贫困识别的精准性，另一部分村民却对贫困识别的精准性予以认同？当我在薯县扶贫办见习一段时间并对薯县的精准扶贫工作有了一定的了解之后，我做出了独自下乡调查的计划以寻求更深刻的理解。然而，当我告知彼时已经相当熟识的薯县扶贫办工作人员自己的计划时，他们几乎不约而同地提醒我下乡调查也发现不了什么问题。他们的提醒有两层含义：他们对贫困识别的精准性也没有十足的把握，用他们的话说就是精准识别很难做到百分之百精准；他们对精准度存在一定疑虑的原因，主要在于他们潜意识里认为，相关人员的暗箱操作难以完全杜绝。从这一点来看，他们的表述与村民们所说的"选贫困户是要拼关系的"表述并没有本质上的差异，只有程度上的区别。将识别贫困户中可能存在的"不精准"现象归因于村干部的优亲厚友是喜闻乐见的，它既符合广大农民的"上面的政策是好的，只是底下执行的人是坏的"这种固有的观念，也能够将上级政府及相关工作人员从可能出现的识别不精准的责难中抽离出来。然而，唾手可得的答案不一定是问题的本真，秉着对"精准"的困惑，我展开了后面的田野调查。

第一节　选题背景与问题提出

一　选题背景

消除贫困、改善民生、逐步实现共同富裕，是社会主义的本质要求。改革开放以来，中国减贫实践取得了举世瞩目的成绩，农村绝对贫困人口由1978年的2.5亿人减少到2015年的5575万人，贫困发生率也随之从30.7%降低到5.7%。[①] 绝对贫困人口的大幅度减少得益于经济高速增长给贫困人口带来的"消

① 国家统计局：《2015年国民经济和社会发展统计公报》，2016年2月，国家统计局（http：//www.stats.gov.cn/tjsj/zxfb/201602/t20160229_1323991.html）。

滴效应”[①] 以及国家对贫困地区持续开发的助力。劳动密集型的制造业迅猛发展和城镇化的不断推进，不仅吸纳了大量农村人口流入城市务工或经商，而且对农业的快速发展也起到了极大的促进作用。此外，中国持续推进扶贫战略，为贫困地区脱贫提供了强有力的政策支持和财政保障：20 世纪 70 年代末期，在农村经济体制改革释放经济增长活力的基础上，中国开展了“支援经济不发达地区发展资金”“三西”扶贫开发建设，贫困地区“以工代赈”等区域性、救济式的专项扶贫行动。[②] 1986 年，中国设立专门的扶贫机构，提出了开发式扶贫的战略方针，并划定国家重点贫困县，扶贫工作开始呈现有组织、有计划和大规模的特征。1994 年，中国历史上首次对扶贫的目标、对象、措施、期限做出了明确要求的纲领性文件——《国家八七扶贫攻坚计划（1994—2000）》出台，继续推进以贫困县为扶贫对象的县级区域性扶贫攻略。自 2001 年以来，中国在考察新世纪的农村贫困特点的基础上，先后制定实施了《中国农村扶贫开发纲要（2001—2010 年）》和《中国农村扶贫开发纲要（2011—2020 年）》，进行综合性的扶贫开发工作。[③] 细数中国几十年来的扶贫开发历程不难发现，以区域开发为主的区域瞄准长期占据扶贫开发的主流，但是扶贫单元已逐步显现从特定贫困区域到贫困县到贫困村不断下沉的趋势。以往中国农村的贫困以整体性贫困为主，贫困人口数量庞大，且密集分布于资源匮乏、环境

① 涓滴效应（Trickling-Down Effect），又称渗漏效应、滴漏效应。涓滴效应最早由美国经济学家赫希曼（Albert Otto Hirschman）在《不发达国家中的投资政策与“二元性”》一文中提出。它指的是增长区域或城市中心提供的投资和就业等的发展机会能对周边不发达地区的经济发展起到带动作用。此后，涓滴效应也被运用于贫困领域的研究，指“在经济发展过程中并不给予贫困阶层、弱势群体或贫困地区特别的优待，而是由优先发展起来的群体或地区通过消费、就业等方面惠及贫困阶层或地区，带动其发展和富裕”。农民虽然不能因为经济增长而获得直接的、大量的收益。但是，农民却可以从收益自上而下的“涓滴”过程中不断受惠，进而改善生产和生活条件，并摆脱贫困。

② 张岩松：《发展与中国农村反贫困》，中国财政经济出版社 2004 年版，第 66—67 页。

③ 方劲：《中国农村扶贫工作“内卷化”困境及其治理》，《社会建设》2014 年第 2 期。

恶劣、区位偏远的贫困地区。因而在以区域开发为主的农村扶贫战略下，通过加强基础设施建设、提高公共服务水平等措施，贫困地区的生产和生活水平不断提高，相当一部分农户因之能参与更高效率的生产活动，由此获得更多收益并从贫困的生活中脱离出来。①

进入新时期以来，囿于经济增长的质量下降和分配不公平程度的增加，贫困人口受益比重也由此下降。② 而随着"大规模的贫困人口聚集于某个地理区域的现象越来越少，贫困人口的大多数变为以地域分散的'插花贫困'和社区内的个别贫困为主"③，以区域开发为主的农村扶贫模式也显现出了弊端：以县为瞄准对象的扶贫模式遗漏了大量不在贫困县的"插花式"贫困村，但村级瞄准机制只能覆盖83%的贫困人口，还有17%的贫困人口游离于扶贫开发政策之外。④ 换言之，以区域扶贫开发为主的扶贫模式能显著改善贫困地区的经济水平，但并不太适用于贫困人口的减贫脱贫。⑤ 为了确保到2020年全国农村贫困人口全部脱贫，如期达成全面建设小康社会的目标，2013年11月习近平总书记在湖南湘西考察时首次提出"精准扶贫"的理念，精准扶贫逐渐进入人们的视野。2015年1月在云南考察时强调"要以更加明确的目标、更加有力的举措、更加有效的行动，深入实施精准扶贫、精准脱贫，项目安排和资金使用都要提高精准度，扶到点上、根上，让贫困群众真正得到

① 汪三贵、郭子豪：《论中国的精准扶贫》，《贵州社会科学》2015年第5期。

② 胡鞍钢、胡琳琳、常志霄：《中国经济增长与减少贫困（1978—2004）》，《清华大学学报》（哲学社会科学版）2006年第5期。

③ 朱晓阳：《进入贫困生涯的转折点与反贫困干预》，《广东社会科学》2005年第4期。

④ 参见唐丽霞、罗江月、李小云《精准扶贫机制实施的政策和实践困境》，《贵州社会科学》2015年第5期。

⑤ 洪名勇：《开发扶贫瞄准机制的调整与完善》，《农业经济问题》2009年第5期。

实惠"[①]。2015 年 6 月，在贵州召开扶贫开发工作会议时进一步阐明"扶贫开发贵在精准、重在精准，成败之举在于精准。各地都要在扶贫对象精准、项目安排精准、资金使用精准、措施到户精准、因村派人（第一书记）精准、脱贫成效精准上想办法、出奇招、见真效"[②]。此外，习总书记多次在不同场合深化、完善精准扶贫的概念内涵。在习总书记"精准扶贫"理念的基础上，中国相继出台《关于创新机制扎实推进农村扶贫开发工作的意见》《中共中央国务院关于打赢脱贫攻坚战的决定》等文件，精准扶贫、精准脱贫由此成为中国新时期的扶贫方略。

二 研究问题与意义

精准扶贫的提出是应对经济增长减贫效应下降的有力措施。它最基本的定义是扶贫政策和措施要针对真正的贫困家庭和人口，通过对贫困人口有针对性的帮扶，从根本上消除导致贫困的各种因素和障碍，达到可持续脱贫的目标。[③] 对贫困村和贫困户进行精准扶贫，包括精准识别、精准帮扶、精准管理与精准考核四个方面的内容。其中，精准识别是精准扶贫的基础与首要步骤。只有将真正需要帮扶的贫困人口从贫困村中识别出来，才能最大化地利用扶贫资金和项目，使有限的资源得到合理的分配。本书正是基于政府、学界以及社会广泛关注的精准识别这一重大现实问题，开展相关讨论。

（一）研究问题

本书在深入考察大别山区薯县贫困识别实践的基础上，尝试做

---

① 习近平：《坚决打好扶贫开发攻坚战，加快民族地区经济社会发展》，2015 年 1 月，新华网（http://www.xinhuanet.com/politics/2015-01/21/c_1114082460.htm）。

② 《谋划好"十三五"时期扶贫开发工作 确保农村贫困人口到 2020 年如期脱贫》，《人民日报》2015 年 6 月 20 日，第 001 版。

③ 汪三贵、郭子豪：《论中国的精准扶贫》，《贵州社会科学》2015 年第 5 期。

出以下几个方面的努力。

首先，从正式的文本制度着手，剖析其在贫困识别进程中存在的不足，并以此作为制度研究的起点。一般来说，文本的制度是指“具有正式属性的规则与规范，它的存在为个体的行动选择提供了意义解释的文化符号和道德模式”①。实践中的制度则是“活着”的，正在运行中的制度。它是人们的行为实际上遵循的东西，无论人们是否承认或认识到，都正在发挥作用（working）的东西。② 胡荣则做出了制度形式（institutional forms）和制度规范（institutional norms）的区分：制度形式是指尚未付诸实施的制度规定，而制度规范则指的是那些已经被相关的各方行动者所认可和接受的，在实际中起着约束相关行动者行为作用的制度规定。③ 概言之，文本的制度不同于实践中的制度，二者之间存在着一定的张力。本书关心的是，在薯县的贫困识别中，各层级制定的正式的文本制度在提供重要参考框架的同时，是否预留了一定的弹性和理解空间。如果是，文本制度存在的不确定性主要表现在哪些方面？这种不确定性使得文本的制度被如何理解？正式的文本制度将被如何分解，并逐步演化为实践中的制度？

接下来，本书试图打开制度转化的“黑箱”，也即探究在正式的文本制度存在不足的情境下，薯县的贫困识别究竟受到哪些制度性因素的影响。具言之，在厘清制度概念的基础上，本书将贫困识别的制度做出了正式制度与非正式制度的区分。笔者试图阐明，在薯县贫困识别的进程中，有哪些产生作用或者发挥效力的制度性因素？除了国家层面设计的正式文本制度之外，薯县的贫困识别是否

① 狄金华、钟涨宝：《从主体到规则的转向——中国传统农村的基层治理研究》，《社会学研究》2014 年第 5 期。

② 张静：《现代公共规则与乡村社会》，上海人民出版社 2006 年版，第 14 页。

③ 胡荣：《理性选择与制度实施——中国农村村民委员会选举的个案研究》，上海远东出版社 2001 年版，第 43 页。

还受到其他正式制度的影响？非正式制度在贫困识别的进程中是否产生了作用，如果有，产生了什么样的作用？正式制度与非正式制度之间如何共同作用，并对贫困识别的实践产生什么影响？

最后，在梳理薯县贫困识别的制度性因素的基础上，笔者试图勾勒出行动者与制度之间互动的图景。制度影响行动者，形塑行动者的偏好、限制行动者的行动；但与此同时，行动者也绝非简单的制度接受者，他们在受制度影响的同时，也会改造旧的制度或者促使新的制度形成。换言之，行动者与制度并不是一种单向的关系，而是相互影响共同作用的。本书关心的是，在"精准识别，不漏一户、不落一人"的国家政策导向之下，围绕这一目标形成了哪些主要的行动主体？不同行动主体所受到的制度影响是否存在差异性，如果是，他们分别受到什么制度的约束，制度约束的程度如何？进言之，国家层面的正式制度是否毫无差异地对不同行动主体产生影响，如果不是，不同行动主体是否会采取策略性的行动，进而对约束他们的制度做出一定的调试？如果将薯县的不同行动主体视作审慎地权衡利弊的理性人，那么薯县识别贫困户的不同行动主体的目标都与国家"不漏一户、不落一人"的目标一致吗？如果不是，这些行动主体分别持有什么样的利益取向？最后，在迥异的利益取向与制度约束下，不同的行动主体分别有着什么样的行动逻辑，它们将贫困识别的制度指引向何处？

（二）研究意义

农村贫困人口是一个广泛定义的概念，它"仅表示农村贫困现象的存在而非指代具体可认定的对象"[①]。如何提高扶贫的瞄准精度是一个全球性的难题[②]，而在中国，伴随着扶贫的基本

① 邓大松、王增文：《"硬制度"与"软环境"下的农村低保对象的识别》，《中国人口科学》2008 年第 5 期。

② Robert Walker, *Social Security and Welfare: Concepts and Comparisons*, Bershire: Open University Press, 2005, p. 200.

瞄准单元不断下沉，以户为基本单元的人口瞄准较之以前的区域瞄准[①]识别难度更大。在以往对贫困对象的识别中，存在贫困对象的“瞄偏”问题。具体表现为两种误差，分别是符合条件的目标群体没有全部受益的弃真型误差，以及不符合条件的群体却获取了扶贫政策益处的存伪型误差。[②] 新时期扶贫开发工作中，也报道查出过“广西马山县有3000多名扶贫对象超过贫困线标准”[③]，“辽宁省通过大数据排查发现有14.7万人不是贫困人口”[④] 等瞄偏现象。正如维特根斯坦所言，“洞见或透识隐藏于深处的棘手问题是艰难的，因为如果只是把握这一棘手问题的表层，它就会维持原状，仍然得不到解决。因此，必须把它‘连根拔起’，使它彻底地暴露出来；这就要求我们开始以一种新的方式来思考。”[⑤]

本书具有以下几个方面的价值和意义：一是，立足于贫困识别的制度性因素，以正式的文本制度的不足作为研究的起点，完整地呈现县域贫困识别背后所潜在的多种制度因素，对产生作用的不同制度进行深入剖析，有助于从学理上增进对制度的理解，使我们清楚地看到在县域贫困识别进程中制度所产生的效力，并更好地理解正式制度与非正式制度所存在的张力。二是，从互动的角度，研究政策制定者、政策执行者以及政策目标群体对识别贫困户的正式制度的理解，剖析他们面向的制度约束与利益驱动，以及由此形成的迥异的行动逻辑，在此基础上描绘出贫困识别进程中正式的文本制度的生成、消解以及最后演变为实践中的制度的实然图景，透视文

---

① 以县或村为基本单元的瞄准都属于区域瞄准。

② 左停、杨雨鑫、钟玲：《精准扶贫：技术靶向、理论解析和现实挑战》，《贵州社会科学》2015年第8期。

③ 《审计署：广西马山县违规认定3000多名扶贫对象》，2015年10月，新华网（http://www.xinhuanet.com//politics/2015－10/08/c_1116756133.htm）。

④ 《审计如何用大数据推动精准扶贫》，《北京青年报》2016年5月19日。

⑤ 转引自［法］皮埃尔·布迪厄、［美］华康德：《实践与反思——反思社会学导引》，李猛、李康译，中央编译出版社1998年版，第1页。

本的制度转变为实践中的制度这一过程背后所潜在的规律。本研究构建县域贫困识别的完整叙事，不仅是为了经验材料的积累，更是为了从学理上对“瞄准偏差”做出深度解读，从而有助于从一个更为广阔的视野反思扶贫开发工作。三是，通过对不同行动主体推动正式的文本制度不断演变的洞察，本研究力图将县域深层次的权力关系结构挖掘出来。因此，本书以县域贫困识别的正式的文本制度作为研究的出发点，将制度、利益、多元行动主体整合在一起，从而洞察贫困识别的制度实践。

第二节 研究回顾

由于本书是从制度的视角开展贫困识别的研究，因而在研究回顾部分，笔者主要围绕两个方面展开论述：对贫困识别的相关研究进行梳理，尤其是着眼于精准扶贫中存在的农村贫困人口“瞄准偏差”现象；通过对制度与行动的相关梳理，耙梳制度与行动的相关关系，为接下来的研究提供一定的理论启示。

一 贫困识别的研究综述①

长期以来贫困识别得到了中国政府、学界以及社会的广泛关注。由于以户为瞄准单元的扶贫模式是近年来才提出并实施的，因而学术界关于贫困人口瞄准效果的研究除了对精准识别的关注外，更多地见于对农村低保制度的研究。学者们主要从以下几个方面解释农村贫困识别的“瞄偏”问题。

（一）政策本身的缺失

该类研究认为瞄准偏离是由于政策自身的不完备造成的。谭秋

① 部分内容作为论文《国家话语与乡土情境——精准扶贫视域下农村贫困人口“瞄准偏差”研究综述》发表于《社会科学动态》2018 年第 10 期。

成在剖析中央政策在农村的执行容易走样的原因中提到了两点：一是政策目标常常是定性的、多重的，甚至各项目标之间是有冲突的，因而造成政策目标难以度量；二是由于政策面对复杂多样和不断变化的环境因素，以及政策制定过程中政策制定者获取信息有限等因素导致政策本身是不完备的。[①] 政策自身的不完备在解释贫困识别的“瞄准偏离”时同样适用。

首先，由于贫困人口的瞄准机制具有简约化和通用性的内在要求，因此瞄准机制的政策在落地的过程中与乡土的复杂环境发生碰撞，因而不可避免地影响贫困人口识别的效果。[②] 具体来说，在贫困识别中“精准”二字一直作为重要话语加以强调，但这与乡土社会的“非规则性”不产生碰撞。一方面，农民对自己的收入本身并没有一个清晰、明确的认知，而且农民也不愿意透露自己的隐私信息，这使得农户主动地、真实地、准确地透露自己的收入存在困难。如李博、左停指出，农民的思维方式很大程度上受到“过日子经济”的逻辑影响，这在农业生产和生活中的直观表现就是粗放、模糊，使得农民本身就缺乏对自己收入的精确掌握。[③] 王雨磊认为，掌握农户的收入水平是数字治理的体现，但是农户的家计知识和生活知识都缺乏对收入水平的关注，加之农民的“财不可露白”心理，农民的收入水平实际上是悬浮于乡村生活的。[④] 另一方面，用数字准确地测量农户的收入也遇到一些现实的阻碍。如詹国辉、张新文指出，乡土是一个丰富且繁杂的场域，农户的收入具有不可货币化、不稳定的特征，因而使得用统一的核算标准来计算农户的收

---

① 谭秋成：《农村政策为什么在执行中容易走样》，《中国农村观察》2008 年第 4 期。

② 李棉管：《技术难题、政治过程与文化结果——“瞄准偏差”的三种研究视角及其对中国“精准扶贫”的启示》，《社会学研究》2017 年第 1 期。

③ 李博、左停：《谁是贫困户？精准扶贫中精准识别的国家逻辑与乡土困境》，《西北农林科技大学学报》（社会科学版）2017 年第 4 期。

④ 王雨磊：《数字下乡：农村精准扶贫中的技术治理》，《社会学研究》2016 年第 6 期。

入存在一定的难度。[①] 何绍辉也指出，农村存在显性和隐性两种收入类型，而稻谷、牲口、偶尔的临工等都是不可量化的隐性收入。[②] 何立华也指出，在农民的收入构成中，生产经营性收入严重依赖于市场价格，工资性收入则不太稳定，因而这两类收入波动很大，是仅为农户个人掌握的私人信息，因而信息采集人员在测量农户收入时存在信息不对称的瓶颈。[③] 概言之，贫困识别的政策话语要求精准地掌握农户的真实收入，但政策话语中的"精准"要求具有一定的理想化特征，在现实的具体情境中存在操作的难题。

其次，贫困识别的瞄准机制过于强调数字的"精准"，这反而会遮蔽识别精准的内核。如何绍辉指出，"数理"上的精准更能够反映实质的经济状况，而精准扶贫强调的是"数字"的精准，也就是说瞄准机制过于关注字面上的精准，却忽视了"数理"上的精准。[④] 陈辉、张全红也强调，在贫困户的识别中对收入标准的过于看重会使得贫困的多维福利特征得不到体现，健康、住房等因素在识别标准中则不受重视。[⑤] 张永丽、卢晓认为，当前农村贫困已转向发展性贫困，收入上的贫困仅是农民贫困的一个维度，其重要程度低于教育和健康维度的贫困。[⑥]

除此之外，也有学者指出现阶段中国农村贫困人口瞄准主要采

---

① 詹国辉、张新文：《"救困"抑或"帮富"：扶贫对象的精准识别与适应性治理——基于苏北R县X村扶贫案例的田野考察》，《现代经济探讨》2017年第6期。

② 何绍辉：《从"技术"到"伦理"：精准扶贫研究的范式转换》，《求索》2018年第1期。

③ 何立华：《精准扶贫背景下的贫困人口识别：理论、实践与政策》，《中南民族大学学报》（人文社会科学版）2017年第2期。

④ 何绍辉：《从"技术"到"伦理"：精准扶贫研究的范式转换》，《求索》2018年第1期。

⑤ 陈辉、张全红：《基于多维贫困测度的贫困精准识别及精准扶贫对策——以粤北山区为例》，《广东财经大学学报》2016年第3期。

⑥ 张永丽、卢晓：《贫困性质转变下多维贫困及原因的识别——以甘肃省皋兰县六合村为例》，《湖北社会科学》2016年第6期。

取的是“福利配额制”，它从制度上为瞄准偏差创造了空间。仇叶对福利配额制导致瞄准偏差的原因做出了三点解释：一是它所依赖的主要瞄准方式是宏观数量控制，要求分配的贫困人口总量最大程度地切合瞄准范围内的实际贫困人口数量。但由于宏观数量控制层级较高，难以有效地对接具体的、微观的贫困户数据，因而不可避免地产生“数量性偏差”。二是福利配额制需要通过地方性的次级分配来实现，但这种分配方式为地方性规则的运作提供了机会，并进一步强化了瞄准偏差。三是福利配额制的有效运行离不开行政化的配额权，也即给予了基层代理人极大的自由裁量权，从而滋生了贫困人口瞄准中的权力寻租空间。[①] 简言之，福利配额制产生了极大的中间损耗，这正是导致瞄准偏离的根本性制度因素。

（二）瞄准机制的偏差

该类研究认为瞄准偏离主要是由瞄准机制造成的。李小云指出，在以区域为瞄准单元的机制中，贫困县和贫困村中占80%的人口往往并非真正的贫困人口。[②] 社区瞄准机制是农村低保制度的实际救助对象与政策规定目标人群相背离的一个重要原因。[③] 汪三贵、Park A. 认为扶贫资源的增多并未达到显著的减贫效应，在农村低保覆盖率高于贫困发生率的情形下，绝对贫困人口的减少并不理想。究其原因在于贫困人口的识别机制不一致，国家统计局以经济上的贫困人口为识别标准，而民政部门则以残疾人、慢性病人等特殊人群作为依据，这样的结果是国家统计局选出来的贫困人口多是经济收入低于贫困线但具有劳动能力的人群，而民政部门选出来的低保户多是不具有劳动能力但经济

① 仇叶：《从配额走向认证：农村贫困人口瞄准偏差及其制度矫正》，《公共管理学报》2018年第1期。

② 李小云：《我国农村扶贫战略实施的治理问题》，《贵州社会科学》2013年第7期。

③ 刘凤芹、徐月宾：《谁在享有公共救助资源？——中国农村低保制度的瞄准效果研究》，《公共管理学报》2016年第1期。

收入在贫困线之上的人群。[①] 杨龙、李萌、汪三贵指出，贫困人口的建档立卡中存在表达与实践的相背离。也就是说，在界定贫困对象与确定贫困人口规模时，采用福利测量方法，将人均纯收入、最低生活标准和农村扶贫标准等定量指标作为重要依据。然而，在具体实践中，却采取"民主评议"的农户参与方法。[②] 世界银行的社会保障专家 Ravallion M. 也认为政策表达的"收入贫困"与实际瞄准机制的贫困测量方法存在错位的问题。[③]

（三）瞄准目标的偏离

该类研究认为瞄准目标偏离是贫困识别中瞄准偏离的深层次原因。在精准扶贫的官方文件中，屡次出现"巩固温饱成果""加快脱贫致富""消除贫困""摆脱贫困""共同富裕""扶贫济困"等字样，这些官方表达无不彰显国家在精准扶贫战略中的"减贫"决心。由此可见，精准扶贫的瞄准目标是"减贫"。但是在精准扶贫政策落地的过程中，国家的"减贫"话语却受到乡土社会的消解，也即瞄准目标出现偏离。

一方面，乡土社会在转译国家的"减贫"目标时出现了一定的偏差，这从客观上导致了瞄准目标的偏离。徐娜、李雪萍指出，国家在精准扶贫中主要强调的是全体社会成员的基本社会权利都应得到保障，从而使得最为弱势的贫困人口也能满足最低生活需求，共享发展成果。这种"减贫"话语也可以被理解为机会公平，也即国家在精准扶贫中看重的是机会公平。然而，村集体将常识性的公平正义感置于最为重要的位置，也就是侧重于强调程序公平。而村民

---

① 汪三贵、Albert Park：《中国农村贫困人口的估计与瞄准问题》，《贵州社会科学》2010年第2期。

② 杨龙、李萌、汪三贵：《我国贫困瞄准政策的表达与实践》，《农村经济》2015年第1期。

③ Martin Ravallion, "Miss-Targeted or Miss-Measured?", *Economics Letters*, Vol. 100, No. 1, 2008.

则更为关注结果公平，并将结果公平作为判断识别是否精准的主要依据。概言之，分配公平包括机会公平、程序公平和结果公平三个不同的维度。国家层面关注的是机会公平，而在乡土情境中则看重程序公平和结果公平。① 王雨磊指出，精准扶贫在国家层面的政策原则主要是“帮穷”，其内容实质与本书提到的“减贫”话语并无二致。但是，“帮穷”的原则与乡土社会的社群伦理之间存在着一定的张力：关系的亲疏，勤劳抑或懒惰，是否因残疾、伤病等外在原因致贫，以及是否有迫切的需要都是社群伦理的重要考量因素。因而，国家的“减贫”话语中暗含的是“帮穷”的公平观念，而乡土社会的公平观念则将“帮能”“帮亲”“帮弱”“帮需”等涵盖其中。②

另一方面，基层代理人在执行上级政府的政策时，也将国家“减贫”话语中所表露的“脱贫”“致富”的目标替换，转而追求“资源获取”“完成工作”等目标。王雨磊认为，扶贫瞄准的政策落地有赖于县扶贫办、村干部、驻村干部这三只“具体的手”。但是“这三只手”在具体的瞄准过程中，都没有将公平标准作为主要的瞄准依据，即没有严格地遵循贫困识别标准。县扶贫办在瞄准贫困村的过程中，将“福利共享”理念置于优先级，以此来平衡各行政村的利益诉求；行政村的村干部在瞄准贫困户的过程中，将自己所处的自然村的利益置于优先级；而驻村干部在核查纠偏的过程中，将脱贫考核置于优先级，从而造成核查纠偏趋于形式化、表面化。精准识别的三重对焦都将目光偏离公平标准，“瞄不准”现象也自然难以避免。③ 雷望红认为，受到治理成本高昂、治理资源有

① 徐娜、李雪萍：《公平视角下精准识别的基层实践困境——以武陵山区两类识别纠纷为切入点》，《湖湘论坛》2017 年第 5 期。

② 王雨磊：《技术何以失准？——国家精准扶贫与基层施政伦理》，《政治学研究》2017 年第 5 期。

③ 王雨磊：《精准扶贫何以“瞄不准”——扶贫政策落地的三重对焦》，《国家行政学院学报》2017 年第 1 期。

限以及压力考核等因素的制约，基层干部不是将精准扶贫看作帮扶贫困户的政策，而是将其视为隐秘的资源分配政策以及为了应付考核工作而必须完成的任务目标。① 何绍辉指出，村干部在评选贫困户的时候主要遵循“最恰当”原则，也就是选择既不会引发村民质疑，又能够有利于村庄工作开展的贫困者。在这种原则的导向下，贫困户的最终名单不仅包含了经济确实困难的贫困户，也掺杂了部分钉子户和关系户。② 陆汉文、李文君则指出，基层政府并未将“精准”作为识别贫困户的真正目标。相反，他们主要考虑的是如何最大化地利用扶贫政策来获取扶贫资源，因而在识别贫困户时利用信息优势以及信息不对称的条件，将符合本级利益诉求的“非贫困户”上报为“贫困户”。③ 钟涨宝、李飞指出，村庄中不同主体存在着迥异的社会心态，如村民代表和党员主要抱有“不得罪人走形式”的态度，村干部考虑的是完成工作，驻村干部存有“过客心理”诸如此类，这些心态与国家的“减贫”目标背道而驰，因而也会影响贫困瞄准的效果。④ 李棉管指出，政治维度也会对瞄准偏差产生诱致性因素，这主要是因为社会政策的社会发展诉求与国家治理的政治性诉求之间不完全一致。⑤ 在这种观念的指引下，政策执行者更为关注的是如何利用这种稀缺资源以及如何通过扶贫的各类考核。因而，国家话语中所表露的“脱贫”目标被政策代理人置换为“治理”目标。概言之，在精准扶贫政策的执行中，政策代理

---

① 雷望红：《论精准扶贫政策的不精准执行》，《西北农林科技大学学报》（社会科学版）2017 年第 1 期。

② 何绍辉：《从“技术”到“伦理”：精准扶贫研究的范式转换》，《求索》2018 年第 1 期。

③ 陆汉文、李文君：《信息不对称条件下贫困户识别偏离的过程与逻辑——以豫西一个建档立卡贫困村为例》，《中国农村经济》2016 年第 7 期。

④ 钟涨宝、李飞：《插花贫困地区村庄的不同主体在精准扶贫中的心态分析》，《西北农林科技大学学报》（社会科学版）2017 年第 2 期。

⑤ 李棉管：《技术难题、政治过程与文化结果——“瞄准偏差”的三种研究视角及其对中国“精准扶贫”的启示》，《社会学研究》2017 年第 1 期。

人对国家的“减贫”话语中所表露的“脱贫”“致富”的目标做了重新的解读。简言之，“减贫”话语在乡土情境中出现了话语转译和目标替代。

（四）执行过程的失范

该类研究关注精准识别的各个环节中出现的一系列失范现象，强调不同的行动主体都基于自身的利益取向、价值观念等因素对贫困人口的识别加以不同程度的干预，并从行动上制造了“瞄准偏差”。

第一，宣传动员环节。按照国家“规范”话语的要求，村干部应该扎实、广泛地开展宣传动员以确保扶贫信息被广大农户所知晓，并动员困难的农户申请为贫困户，但现实情况是部分真正困难的人并没有提出贫困户的申请。葛志军、邢成举发现，真正的贫困户并没有广泛、积极地参与精准识别的事务中，这主要是由于他们的信息受阻；而其他农户或因为外出务工或出于自利考虑也缺乏参与贫困识别的热情。① 邓维杰分析，这主要是由于信息传递不到位，使得部分扶贫目标群体没有及时提交申请。除此之外，传统文化和社区优势群体的影响也会一定程度上消磨部分贫困户递交申请的积极性。②

第二，入户调查环节。何立华指出作为代理人的地方官员应该细致、认真地完成入户调查等工作以确保贫困识别的精准度。然而，地方官员是否不折不扣地完成上述工作难以评判，这种委托人与代理人之间的信息不对称使建档立卡中的“被脱贫”与“假脱贫”现象成为可能。③

---

① 葛志军、邢成举：《精准扶贫：内涵、实践困境及其原因阐释——基于宁夏银川两个村庄的调查》，《贵州社会科学》2015 年第 5 期。

② 邓维杰：《精准扶贫的难点、对策与路径选择》，《农村经济》2014 年第 6 期。

③ 何立华：《精准扶贫背景下的贫困人口识别：理论、实践与政策》，《中南民族大学学报》（人文社会科学版）2017 年第 2 期。

第三，民主评议环节。一类观点认为，村组干部的变通执行弱化了贫困户识别的精准度。胡联、汪三贵指出，召开村民代表大会并不是贫困识别中的必备环节。村干部的任职年限越长，其通过召开村民代表大会来集体评议贫困户人选的可能性就越低，他们的个人意愿对贫困户名单的支配权力也越大，进而导致了贫困户评选的精英俘获。[①] 许汉泽、李小云将民主评议环节中贫困指标的分配概括为“选择性平衡”，即出于村庄稳定的考虑，平衡各个村民小组的贫困户指标。[②] 李博等指出，村干部和乡村精英构成评选贫困户的评审小组，他们在具体的识别过程中形成了一个自己人的圈子。“规范”的规则与章程被搁置，转而从乡土社会的非正式制度中寻求智识，并以人情、面子、关系等作为重要的参考依据，从而评选出一些并非是贫困户的亲属或朋友。[③] 邓维杰指出，部分村干部为了个人私利而“恶意排斥”真正的贫困户。[④] 另一类观点认为，农户的参与度不足也使得民主评议的效果大打折扣。钟晓华指出，贫困农户在精准扶贫中占据主体性地位，但他们的参与意识和参与能力的匮乏使得他们不能有效地参与精准扶贫的各环节中。[⑤] 詹国辉、张新文调查发现，68.41%的村民在村庄评选贫困户的活动中态度消极，11.51%的村民由于在外打工或居住等原因而远离了村庄公共事务，其余热心参与评选活动的代表则有相当一部分与贫困农户存在亲属关联。[⑥] 吴雄周、丁建军指出，村民参与贫困识别的冷漠

---

① 胡联、汪三贵：《我国建档立卡面临精英俘获的挑战吗?》，《管理世界》2017 年第 1 期。

② 许汉泽、李小云：《“精准扶贫”的地方实践困境及乡土逻辑——以云南玉村实地调查为讨论中心》，《河北学刊》2016 年第 6 期。

③ 李博、左停：《谁是贫困户？精准扶贫中精准识别的国家逻辑与乡土困境》，《西北农林科技大学学报》（社会科学版）2017 年第 4 期。

④ 邓维杰：《精准扶贫的难点、对策与路径选择》，《农村经济》2014 年第 6 期。

⑤ 钟晓华：《可行能力视角下农村精准扶贫的理论预设、实现困境与完善路径》，《学习与实践》2016 年第 8 期。

⑥ 詹国辉、张新文：《“救困”抑或“帮富”：扶贫对象的精准识别与适应性治理——基于苏北 R 县 X 村扶贫案例的田野考察》，《现代经济探讨》2017 年第 6 期。

态度对贫困识别的瞄准效果产生影响，他分析村民的参与排斥主要是由村民自身文化水平不高、扶贫利益不明朗、扶贫的政策较为模糊等因素造成的。[①]

第四，公示环节。贫困户建档立卡要求对民主评议的贫困户名单进行公示，从而接受广大农户的监督。但是，公示环节对于纠正“瞄准偏差”的效果十分有限。有学者指出，村干部在公示环节中变通地选择公示的地点。如雷望红在赣南宋村调查发现，村干部为了避免不必要的麻烦，将最终确定的贫困户名单张贴于村委会六楼的会议室。[②] 也有学者认为，公示环节的监督作用不太明显。由于社会流动的加速使得大量农村精英流出，留守在乡村的许多农户缺乏获取扶贫信息的能力或者出于自利的考虑而远离村庄公共事务。[③]

二　制度约束与行动能动的研究综述

制度与行动是一对不可分割的概念，它们二者是相互影响共同作用的。制度是行动的基础，行动的开展必须建立在相关制度约束与导向的基础之上，离开了制度，行动也失去了明确的方向。同时，制度也不能孤立地存在，没有具体的行动做支撑，制度只不过是空中楼阁。当然，制度约束下的行动并非毫无弹性空间，而是具有一定的能动性。在制度约束与行动能动的二元关系中，学术界主要从以下三种不同的解释路径开展具体的讨论。

（一）刚性—弹性：制度约束与行动空间

周怡以一个集体主义村庄 H 村为例，指出在村庄转型和村民分

---

① 吴雄周、丁建军：《精准扶贫：单维瞄准向多维瞄准的嬗变——兼析湘西州十八洞村扶贫调查》，《湖南社会科学》2015 年第 6 期。

② 雷望红：《论精准扶贫政策的不精准执行》，《西北农林科技大学学报》（社会科学版）2017 年第 1 期。

③ 葛志军、邢成举：《精准扶贫：内涵、实践困境及其原因阐释——基于宁夏银川两个村庄的调查》，《贵州社会科学》2015 年第 5 期。

化的既定事实下，村庄共同体却依然高度整合。究其原因，主要缘于该村刚性的制度环境：作为非正式规则的集体主义惯习对村民的消费行为、个人流动以及休闲行为具有决定性的影响；作为正式规则的村规民约则对村民生产、生活等方面的诸多行为施加限制。在这种刚性的制度约束下，村民没有多少可供选择的行为空间，其诸多行为让旁观者匪夷所思，但也正是这样刚性的、强制的制度约束才确保了村庄共同体层面上的价值认同以及集体经济秩序保持不变。①

陈映芳在对都市运动的研究中指出，构成社会运动的重要因素包括权利意识、行动能力以及可动员资源。囿于权利意识较为模糊、行动能力较差以及可动员资源的匮乏，下层市民往往面临利益表达受阻或无效的困境。然而，尽管城市中产阶层在上述三个方面拥有远优于下层市民的条件，当他们面临房产与物业纠纷、权利与经济利益遭受侵害时，其行动选择与效果仍然不甚理想。追根溯源，在于城市中产阶层在维权过程中形成的市民自主组织受到了一系列制度的限制：中产阶级维权主要依靠法律手段，而维护法院裁决公正的制度缺失在无形中滋生了权力干预司法的土壤；维权成立的自主团体不具备组织合法性，缺乏法律或政治制度的支持；中产阶级的社会资源动员同样没有相应的制度保证。简言之，政治与法律制度的瓶颈限制了城市中产阶级的维权行为，使得他们不具备充足的行为空间。②

吴莹等认为女性生育决策这一行为并不由个人的主观意愿决定，而是同时受到内生性的传统生育文化和后致性的计划生育制度的影响。根据这两种规范的影响力的强弱，作者区分了四种不同的

① 周怡：《共同体整合的制度环境：惯习与村规民约——H村个案研究》，《社会学研究》2005年第6期。

② 陈映芳：《行动力与制度限制：都市运动中的中产阶层》，《社会学研究》2006年第4期。

社区类型：制度影响力强—文化影响力强的“村改居”社区；制度影响力弱—文化影响力强的单位制社区；制度影响力弱—文化影响力强的劳动力外流的农村社区以及制度影响力弱—文化影响力弱的其他社区。作者分别剖析了上述社区中女性的生育行为，并据此分析制度与文化限制了女性的生育选择，而其选择是否具有弹性空间以及弹性程度则取决于社区的类型。[①] 需要注意的是，人们不仅在现实的社会生活中需要服从制度，而且在虚拟的网络空间中也没有绝对的自由。郭茂灿通过对调查问卷的分析，指出网民在虚拟的天涯社区仍会受到制度的约束：现实生活中的制度约束通过根深蒂固的道德观移植到了虚拟世界；同侪评价和虚拟社区中成文或不成文的规定也会对网民的行动产生影响。由此可见，即使是在虚拟的网络社区，道德观和规定等制度因素都会约束人们的行动。[②]

制度约束也不全然是刚性的，相反，在新制度取代旧制度的过程中，不仅会受到旧制度的残余及其代理人的钳制，而且新制度的不断完善也受到时间和经验积累的约束。这样造成的后果就是，新制度出台、成型和完善的过程中难以有效规避“制度漏洞”的问题。[③] 所谓“制度漏洞”，通俗地说，也就是制度非但不是刚性的，反而是弹性的、软化的、不具有约束效力的。伴随着制度漏洞产生的，是一系列意料之外的后果和行为。严霞、王宁发现，约束政府公务接待的正式制度在语义表述、制度设计、制度内容以及制度间相互关系等方面存在缺陷，给制度漏洞的形成创造了条件。同时，在制度执行的过程中，约束政府公务接待的下位制度经常让位于维护经济绩效合法性的上位制度。因此，在

---

① 吴莹、杨宜音、卫小将、陈恩：《谁来决定“生儿子”？——社会转型中制度与文化对女性生育决策的影响》，《社会学研究》2016 年第 3 期。

② 郭茂灿：《虚拟社区中的规则及其服从——以天涯社区为例》，《社会学研究》2004 年第 2 期。

③ 王宁：《制度漏洞根源与“改革悖论”》，《人民论坛》2011 年第 S2 期。

制度漏洞与制度的软约束下，人情文化这一非正式制度得以大肆滋长，它不仅使得“公款大吃大喝”这一行为获得合法性，而且还对宴请标准、参宴代表、接待标准等提供了相应的非正式制度规范。简言之，“公款大吃大喝”这一行为是约束政府公务接待的正式制度约束缺位的结果。[①]

（二）强势—弱势：制度约束与行动建构

行动者在受到制度约束的同时，也具有一定的自主性。换言之，他们能够通过对行动的建构来应对刚性或弹性的制度约束。在此过程中，行动者被分化为两种主要的类型，作为正式制度代理人，他们可以通过强势建构的方式实现自主性应变；作为社会底层，他们主要以弱势建构的方式达致权宜性的生产。

一是强势建构，即正式制度代理人的自主性应变。正式制度代理人（也即“国家相关制度的代理人”）在代理国家相关制度的同时，也会受到科层制的各种制度的约束和保护，他们类似韦伯所说的“官员”，对自己的职位有“一种特殊的职务忠诚义务”。[②] 尽管正式制度代理人忠诚地履行自己的职责，但是他们所处的环境往往是正式制度与非正式制度交织并存的，为了贯彻国家的正式制度，他们通常采用一系列非正式的行为。

不言而喻，正式制度代理人面临沉重的、自上而下的体制性压力。中国是一个体量庞大的“帝国”[③]，“在帝国的大一统架构中，

---

① 严霞、王宁：《“公款吃喝”的隐性制度化——一个中国县级政府的个案研究》，《社会学研究》2013 年第 5 期。

② 肖瑛：《从“国家与社会”到“制度与生活”：中国社会变迁研究的视角转换》，《中国社会科学》2014 年第 9 期。

③ 在当代思想体系中，“帝国”多象征着强权侵略、殖民统治，意识形态和价值判断的意蕴较浓。但史学家伯班克和库柏（Burbank and Cooper，2010）则发表了不同的看法，认为帝国架构不同于民族国家。如果说民族国家体现在族群、文化和宗教信仰的单一或高度同质性上，那么帝国架构则包含了多元的文化、广阔的地域以及不同的种族。从这个意义上看，中国被视为一个庞大的帝国。（参见周雪光《从“黄宗羲定律”到帝国的逻辑：中国国家治理逻辑的历史线索》，《开放时代》2014 年第 4 期）

疆土辽阔，多元民族构成、不同区域在经济、文化、社会组织上的千差万别都给国家治理带来了几乎不可逾越的困境"①。概言之，中央集权体制趋于权力、资源向上聚敛，而地方性差异则要求更多的灵活性和自由裁量权，这引发了"权威体制与有效治理之间的基本矛盾"。② 为了调和这一矛盾，以寻求中央与地方关系平衡的一个支点，许多制度安排应运而生，如"行政逐级发包制"③ "上下分治的制度"④ 等。但是中华帝国的治理特征并非"行政逐级发包制""上下分治的制度"等所能概括的，事实上，权威体制与有效治理之间的矛盾得以有效减缓与消解的关键在于正式制度与非正式制度之间微妙而隐蔽的转换。也即在实际的运行过程中，在正式制度保持稳定不变的前提下，非正式制度被默许或鼓励在适当的范围和程度内调整和演变。⑤ 概言之，正式制度代理人一定程度上具有自由裁量权，在不挑战正式制度的前提下通过自主的、灵活的、因地制宜的非正式行为来有效地应对多元的治理情境。

正式制度代理人自主的、灵活的、因地制宜的非正式行为主要体现为一系列的"变通"行为，它们是对制度执行的灵活性的折

---

① 周雪光：《从"黄宗羲定律"到"帝国的逻辑"：中国国家治理逻辑的历史线索》，《开放时代》2014 年第 4 期。

② 周雪光：《权威体制与有效治理：当代中国国家治理的制度逻辑》，《开放时代》2011 年第 10 期。

③ 周黎安：《转型中的地方政府：官员激励与治理》，格致出版社 2008 年版。

④ "上下分治的制度"指的是治官权和治民权的分设。具体来说，中央政府掌握选拔、任命、考核、奖惩官员的权力，而地方官员则具有直接管治民众的权力，如治理民众公共事务、管制民众的行为、向民众征收税以及征集资源等权力。曹正汉通过"分散烧锅炉"的形象比喻，指出上下分治的体制相当于是中央政府将一个"大锅炉"分成不计其数的"小锅炉"，然后挑选锅炉管理员并对其进行监督。利用"分散烧锅炉"的原理，"上下分治的制度"不仅能够分散中央政府的执政风险，而且还能自发地调节集权程度。也正是基于上述两个优点，"上下分治的制度"得以一直持续。（参见曹正汉《中国上下分治的治理体制及其稳定机制》，《社会学研究》2011 年第 1 期）

⑤ 周雪光：《从"黄宗羲定律"到帝国的逻辑：中国国家治理逻辑的历史线索》，《开放时代》2014 年第 4 期。

射。孙立平以华北 B 镇为例，指出面对国家在农村的权力处于衰败之中这个大的社会环境，农村基层干部既要完成国家征收定购粮这一“强加型契约”，又因国家收购价远低于市场价格而遭到农民的极力抵抗。面对硬性的制度约束和农民的不情愿，基层干部通过“软硬兼施”“情境建构”“情境逼迫”等“正式权力的非正式运作”方式无可奈何而又巧妙地利用了正式权力之外的本土性资源，进而贯彻执行了国家规定的收粮任务。① 吴毅凝练地刻画出乡镇政治中的“擂”与“媒”的行为特征：传统计划体制下的高效推动难以为继，为了应对自上而下的压力型体制和数字化的政绩考核，“擂”作为非制度化的推动行为便应运而生。除了通过“擂”实现压力的层层传递之外，乡镇干部还辅之以“媒”这种柔性的行为方式实现压力传递的艺术化。② 应星生动形象地提炼出基层干部在缓和与化解基层冲突中的“摆平术”，即在应对大河移民上访的过程中采用了“拔钉子”“开口子”“揭盖子”“冷处理”等“摆平”的行为。③ 马明洁指出联产承包责任制实行后国家对农村的控制减弱，乡镇干部也更新了其动员农民的理念，以往“组织式动员”的行为方式转变成为“经营式动员”的行为方式，从而实现“逼民致富”。④ 戴慕珍所谓的地方法团主义，实际上也是一种地方上广义上的变通。⑤ 概言之，正式制度代理人在执行国家政策或正式指令

① 孙立平、郭于华：《“软硬兼施”：正式权力非正式运作的过程分析——华北 B 镇定购粮收购的个案研究》，载清华大学社会学系《清华社会学评论：特辑》，鹭江出版社 2000 年版，第 21—46 页。

② 吴毅：《小镇喧嚣——一个乡镇政治运作的演绎与阐释》，生活·读书·新知三联书店 2007 年版，第 614—618 页。

③ 应星：《大河移民上访的故事：从“讨个说法”到“摆平理顺”》，生活·读书·新知三联书店 2001 年版。

④ 马明洁：《权力经营与经营式动员——一个“逼民致富”的案例分析》，载清华大学社会学系《清华社会学评论：特辑》，鹭江出版社 2000 年版，第 47—79 页。

⑤ Jean C. Oi，*Rural China Takes off*：*Institutional Foundations of Economic Reform*，，Berkeley：University of California Press，1999.

难以奏效时，采取“变通”或“上有政策、下有对策”的非正式方式软化正式制度，并“汲取非正式制度及其实践策略的智慧”。[①]

需要注意的是，尽管研究者不一定意识到，但是以上对变通行为的剖析都是从积极的方面着手，都暗含了正式制度代理人贯彻国家政策的努力和决心，他们的变通是为了自主地、灵活地、因地制宜地应对地方情境。但正式制度代理人的非正式行为不全是正面的、积极的，也有负面消极的“歪曲执行”的另一面。艾云通过对某农业县计划生育年终考核的分析，指出下级政府为了应对接连不断的“检查”或“考核”，采用了“造假”“陪同”“拉关系”“给红包”“收买”“越级求助”等策略性行为，“应对”的反复发生与广泛存在消解了“考核检查”的价值。[②] 欧阳静指出乡镇干部为追求眼前的、短期的目标，以“策略主义”作为行为指导，在日常工作中为了达成目标可以采取一切具体的、权宜的和任意的方式。在桔镇的招商引资中，乡镇干部的“共谋”“布景”“数字游戏”等行为即是明证。[③] 如果说“应对”和“策略主义”还是源于自上而下的科层制的压力，多少有些迫不得已的成分，那么乡村精英在灾后财富分配中的行为却是积极主动的。徐晓军、瞿谋指出在灾后财富分配中，正式制度与非正式制度的并存事实上为乡村精英提供了操作空间。乡村精英既借助农民“平均主义”的公平观念以及资源稀缺的现实，夸大受灾程度和范围以争取到更多的财富；又在向下分配财富时，借着执行国家政策的名目以谋取自身利益。简言之，乡村精英在灾后财富分配中交错运用正式制度和非正式制度，从而

---

① 肖瑛：《从“国家与社会”到“制度与生活”：中国社会变迁研究的视角转换》，《中国社会科学》2014 年第 9 期。

② 艾云：《上下级政府间“考核检查”与“应对”过程的组织学分析——以 A 县“计划生育”年终考核为例》，《社会》2011 年第 3 期。

③ 欧阳静：《压力型体制与乡镇的策略主义逻辑》，《经济社会体制比较》2011 年第 3 期。

谋取自身利益。[①]

无论是“正式权力的非正式运作”“摆平”等积极行为，还是“应对”“策略主义”等消极行为，都是“变通”这一行为的变体。除了变通之外，“共谋”也是软化正式制度约束的典型行为。所谓“共谋行为”，指的是“基层政府与它的直接上级政府相互配合，采取各种策略应对来自更上级政府的政策法令和检查监督”。尽管共谋行为通常背离了正式制度，但是由于组织结构和组织制度的矛盾、政策制定与政策执行的分离以及激励机制的不适当等原因，共谋行为得到了一定程度的默许，是一种“制度化了的非正式行为”。[②] 但是，“变通”与“共谋”的行为并不总是畅通无阻的，当基层政府无法通过“变通”来完成正式制度规定的目标或者无法以“共谋”来应付更上级政府的正式制度时，“申诉”这一行为便应运而生。“申诉”这一行为是通过与上级政府的磋商达成的，通过反映基层工作的困难，与上级政府“讨价还价”并使其变更治理目标。吕方指出在国务院扶贫办提出了“三个确保”的目标并加强了资金专项化管理之后，地方政府处于任务陡增而资源锐减的窘境，加之贫困村与贫困户的不满，使得地方政府开展整村推进的工作更加艰难。基于此，武陵市扶贫办通过申诉这一行为，分别使用了“双重文本”和“双重管道”，使得武陵市扶贫的地域特殊性得到照顾。[③]

二是弱势建构，即社会底层的权宜性生产。正式制度代理人因为具有一定的“自由裁量权”，因而在面对不适宜的制度、规则安排时，通常可以采用较为积极、主动的方式建构制度。然而，没有

① 徐晓军、瞿谋：《制度空间与建构行动：灾后财富分配中的乡村精英——以四川省 S 村为例》，《贵州社会科学》2011 年第 4 期。

② 周雪光：《基层政府间的“共谋现象”——一个政府行为的制度逻辑》，《社会学研究》2008 年第 6 期。

③ 吕方：《治理情境分析：风险约束下的地方政府行为——基于武陵市扶贫办“申诉”个案的研究》，《社会学研究》2013 年第 2 期。

任何主动权的社会底层在面对不利于自己的制度安排时，往往会求助于“各种不可战胜的‘变通’、非正式运作策略及其他‘日常形式的反抗’”[①]。换言之，社会底层作为“无权者”尽管不具有修改制度的合法性，也难以通过正面对抗来表达对制度、规则的不合作，但这并不意味着他们完全是束手无策的。相反，他们手中握有“弱者的武器”（weapons of the weak）[②]，使得以一种非暴力的形式冲破制度的硬壳成为可能。

周其仁通过对国家和所有权关系的讨论，指出国家通过集中农业剩余、剥夺农民私有权及制造集体所有权等方式实现了集体公有制这一非合约性的制度安排。然而，集体公有制下的经济安排是无效或者低效的，它不仅难以计量和监督劳动者的劳动成果从而激发他们的劳动积极性，而且对集体经济中的管理者也缺乏有效的激励。然而，集体公有制的低下效率并不足以敦促国家改变原有的制度安排，缺乏“退出权”和自由“叫喊权”的农民被迫留在公社体制内。当然，留在公社体制内的农民也并不是完全被动的，他们拥有“局部退出权”，也即可以通过减少劳动投入或者降低劳动质量等消极怠工的方式表达对公有制体制的不认同，并进而要求国家的让步。[③]

项飚通过对北京“浙江村”这一知名的外来人口聚居区的跟踪调查，发现尽管进京务工的经商人在从浙江向北京流动的过程中，面临着“国家限制流动人口向城市流动的政策，独特的工业化和城市化战略、城乡二元结构、户籍制度以及城市中的‘单位制’”等

① 肖瑛：《从“国家与社会”到“制度与生活”：中国社会变迁研究的视角转换》，《中国社会科学》2014 年第 9 期。

② James C. Scott, *Weapons of the Weak: Everyday Forms of Peasant Resistance*, New Haven: Yale University Press, 1985.

③ 周其仁：《中国农村改革：国家和所有权关系的变化（上）——一个经济制度变迁史的回顾》，《管理世界》1995 年第 3 期。

一系列制度限制。[①] 但是“浙江村”的农民工商户自始至终都从未直接与制度进行正面的对抗，他们从早期的“游击战”，到后期的“阵地战”和“拉锯战”，实质上都是采取的一种“逃避”的行为方式架空原有的制度安排。最终，“浙江村”的外来人口不仅没有被驱散，反而队伍不断发展壮大。[②]

彭玉生通过对生育制度的研究，指出自20世纪80年代以来，国家推行的正式生育制度与上千年来的非正式生育规范产生了不可调和的矛盾。具言之，严厉的计划生育政策借助国家机器的强制力，强烈冲击了农民一贯持有的多子多福、养儿防老的生育观念，也极大地限制了农民的生育行为。但是，在宗族网络紧密的村庄，村民可以依凭强大的宗族凝聚力来实现对正式生育制度的规避或集体抵抗，从而弯曲国家计划生育政策的铁杠。[③]

吴毅认为“种房”是农民作为社会底层对长期以来受到社会体制与政策的不公平对待所采取的一种无可奈何的行为，他将农民的“种房”形象地概括为弱者的反“制”。通过“种房”这一弥散和无组织的行为，农民得以冲击既有的社会游戏规则，使其部分失效，从而虚构出一个强弱“错置”的场景。[④] 王三意、雷洪进一步指出在不合理的土地征收的相关政策与制度面前，农民是被制约者，缺乏权力甚至毫无权力。尽管农民无权抵抗某种程度上不科学、不合理的开发或征地政策，也无法遏制政府在实施其他政策时出现的某些不严格、走后门、以权谋私等现象。然而，利益意识和理性意识日渐增强的农民，通过“种房”这一行为表达对政策的不

---

① 王汉生、刘世定、孙立平、项飚：《“浙江村”：中国农民进入城市的一种独特方式》，《社会学研究》1997年第1期。

② 项飚：《逃避、联合与表达：北京“浙江村”的故事》，《中国社会科学季刊》1998年总第22期。

③ 彭玉生：《当正式制度与非正式规范发生冲突：计划生育与宗族网络》，《社会》2009年第1期。

④ 吴毅：《农民“种房”与弱者的反“制”》，《书城》2004年第5期。

满以及政策实施的不信任。[①]

汪玲萍、苏红通过对苏北L中学的调查，发现在学校这一有着正式科层制的单位组织中，普通教师的等级序列低于教学骨干、非实权领导和实权领导，位于最末。在L中学的教师升级游戏中，普通教师经常处于不利地位：他们的教学能力、精力和经验不够突出，而这三个方面的要求恰好是确定高三老师名单的仪式性规则。因此，他们通常与连续教高三或继续教高二的“占庄”状态无缘，而多是随着学生的年级升级而流动的“循环”状态，甚至是不能随着所教学生的升级而上升的“留级”状态。为了淡化升级游戏的仪式性规则对普通教师的不利影响，他们或是通过考研或跳槽等行为退出原有的制度安排；或是通过应付任务这一“混”的行为，找关系、打招呼或贿赂等“幕后解决”的行为以及“闹”的行为达致耗蚀、破坏既有的正式制度，使制度安排朝着对自己有利的一面发展。[②]

卢晖临以安徽南部的汪家村为例，分析集体制度是如何形成的。在研究中，他发现国家政权通过土改、合作化、公社化等方式使得地主、富农和中农的利益逐渐转移至贫雇农。尽管集体制度在强大国家的推动和组织下，带有很大的强迫性，但是农民并非全然被动的接受者，而是基于自己的文化意识和经验去理解与建构制度。最终，集体制度的实质既非纲领性文件规定的“按劳分配”原则，也不是官方倡导的集体主义精神，而是“农民平均主义”。[③]

（三）单元—多元：制度约束与行动互动

如前所述，汪玲萍、苏红指出普通教师位列苏北L中学的正式

---

① 王三意、雷洪：《农民“种房”的行动理性——对W市S村的个案研究》，《社会》2009年第6期。

② 汪玲萍、苏红：《策略、规则及权力结构——一所中学高三教师名单的公布》，《社会》2007年第5期。

③ 卢晖临：《通向集体之路：一项关于文化观念和制度形成的个案研究》，社会科学文献出版社2015年版，第158—161页。

科层制的等级序列的最末，他们通过“退出”“混”“幕后解决”“闹”等行为耗蚀、破坏既有的正式制度，使制度安排朝着对自己有利的一面发展。但是，L中学以教学能力、精力和经验作为高三老师选拔的规则并不是普通教师单向改变的，而是在普通教师、教学骨干与领导的互动中改变的。除了普通教师使用“弱者的武器”外，教学骨干通过去苏南地区转转这一行为发出离职威胁，或是通过与领导建立特殊主义人际关系以有效传递自己的信息。在此过程中，领导作为在规则上掌握主动权的群体，通过“落聘”的威胁或“安抚”来实现对普通教师和教学骨干的行为破解。至此，通过普通教师、教学骨干和领导这三个群体的互动，最终L中学选拔高三教师的规则并不是完全依凭教学能力、精力和经验，而是形成了正式规则之外的潜规则。①

陈心想通过对A村土地分配的研究，指出原有的土地分配规则秉承着绝对平均主义的精神，无论男女老少，也无论贫富差异，土地的分配都是等量、等质的，而一旦村民去世或是户口转出本村，则需将土地全部退回。但此后，随着假离婚和隐婚群体的出现，以及户口转出者的增多，这些村民对原有的规则提出了质疑。由此，围绕着土地规则的分配形成了改革派、中立派和传统派三个各执一词的群体，他们以上级文件、利益制约、权力较量及乡土特点作为重要砝码，在反复博弈的过程中塑造出了土地分配的新规则。②

胡荣以理性选择制度学派为研究视角，区分了制度形式和制度规范两种不同类型的制度，它们分别对应的是表达出来的制度和付诸实践的制度。在村委会选举中，村民、村委会候选人以及选举主持者与监督者都受到村委会选举制度这一制度形式的限制。但是，

① 汪玲萍、苏红：《策略、规则及权力结构——一所中学高三教师名单的公布》，《社会》2007年第5期。

② 陈心想：《一个游戏规则的破坏与重建——A村村民调田风波案例分析》，《社会学研究》2000年第2期。

上述三类主体又都是理性的行动者，都是以自身利益诉求为出发点在选举中寻求自身利益的最大化。基于此，村民计算自己的利益得失从而决定是否投票以及将票投给谁，候选人也在通盘考虑自己的成本、效益以及胜算后决定是否竞选。而作为选举主持者与监督者的村选举领导小组和乡镇选举指导组在认真贯彻村委会选举制度意图的同时，也希望选出能够支持他们工作的干部。因而，他们根据村民的参与程度以及候选人的竞选热情决定它们的行动策略，当村民参与程度高、候选人竞争热情高时，他们便严格地实施选举规则，反之亦然。简言之，在村民、候选人及主持者的三方互动下，选举制度或严格实施，或加以折扣。①

张静从社会学的“法律观念”出发，认为对土地使用规则的关注不应拘泥于法律条文或政策文本，而应放眼于规则得到社会成员承认并履行的现实世界。她指出，在具体的使用土地的实践中，国家的土地政策、村干部决策、集体意愿和当事人合约等都可以作为土地使用的备选规则。不仅如此，上述的规则没有任何一个能恒定地保持优势性地位：国家可以强制推行土地政策或“废止”土地合约；基层干部可以在土地的审批、管理、分配等具体的执行过程中因地制宜，甚至还可以对土地政策予以不同的解释；群众集体可以借助集体行动对土地决策施加影响；当事人亦可以“废止”国家政策。国家、基层干部、群众和当事人都对土地的使用规则有着充分的话语权，因而在规则选择的过程中上述不同主体也会对土地的使用规则进行再一次的确认。在“再次确认”的实践中，不同行动主体的利益及其力量的变动是最终决定选择何种土地规则的关键性要素。②

---

① 胡荣：《理性选择与制度实施——中国农村村民委员会选举的个案研究》，上海远东出版社 2001 年版，第 43 页。

② 张静：《土地使用规则的不确定：一个解释框架》，《中国社会科学》2003 年第 1 期。

周雪光指出，尽管村民选举制度在1987年就已经正式推出，但是在相当长的一段时期、在相当广阔的农村地区，地方政府（即镇政府）都牢牢把控着村庄选举的脉动。其中，控制选举过程、圈定候选人以及操纵选票等方式都使得镇政府能有效地左右村庄选举的结果。然而，在对FS镇的调查中，作者发现随着时间进程的推移，村庄选举的程序得到了规范执行、村民参与积极，且镇政府在村庄选举中也不再是操纵者而是变成了维护程序公正的监督者。村庄选举制度何以变迁呢？作者认为，“一票否决”制使得镇政府在村庄选举中将维护社会稳定看得比选出自己满意的候选人更为重要，而“干部轮换政策”也强化了镇政府对村庄选举的中立态度。此外，村民的权利意识增强，他们通过村庄选举的规则来约束基层干部并从中受益。最后，外部机会的增多和村干部职位的吸引力下降也使得候选人对村干部这一职位不再执着。概言之，由于制度本身的内部冲突，以及镇政府、村干部、村民这三类不同行动者的迥然不同的目的，以往作为仪式性存在的象征性选举在多方互动下不经意地步入了正轨。①

三 现有研究的不足与努力的方向

通过对已有文献的梳理和反思，笔者认为贫困识别的研究主要存在以下三个方面的不足：侧重于对行动主体的考察，将贫困识别的瞄偏归因于行动主体的不当实践，缺乏对贫困识别的制度挖掘；在对行动主体的研究中，先验地将行动主体假定为追求利益最大化的理性人，但是忽略了行动主体同时具有一定的道义观念；对行动主体的研究聚焦于政策执行者，尤以对村组干部的研究居多，忽视了政策目标群体在贫困识别中的作用。基于此，本书将着重从这三

① 周雪光：《一叶知秋：从一个乡镇的村庄选举看中国社会的制度变迁》，《社会》2009年第3期。

个方面进行完善和努力。

（一）对贫困识别中的制度挖掘不够

在已有的贫困识别的研究中，学者们侧重于对行动主体的考察，将贫困识别的瞄偏归因于行动主体的不当实践。具体而言，学者们主要从“自上而下”与“自下而上”两种路径解释贫困识别的偏离。[①] 在研究中，基层干部、村组干部是研究者关注的重点。毋庸置疑，行动主体在贫困识别中的利益考量是无法回避的。但是，“人不仅是一种追求目的（purpose-seeking）的动物，而且在很大程度也是一种遵循规则（rule-following）的动物”。[②] 尤其是在对精准扶贫大力投入的宏观环境下，中央对各级政府实行目标管理责任制，采取“一票否决”的策略。在薯县扶贫开发的过程中，全县上下对精准扶贫工作高度重视，各部门、各乡镇也将精准扶贫视为工作的重中之重。乡镇干部、村组干部在政策执行过程中的走样虽不能避免，但在“一票否决”的政策背景下，将贫困识别的瞄偏归因于行为主体的不当实践不仅没有做到价值中立，而且也凸显出浓厚的工具性意蕴。换言之，这种分析方式削弱了行为内在的张力以及行为生成的复杂性，行为被简化为行动者身份的辨识工具。[③] 然而，治理从本质上来说是治理者与被治理者根据一定的规则在互动中对公共资源进行配置，对基本秩序进行建构。[④] 这也意味着，治理主体只是治理规则得以实践的躯体——不是主体在治理，而是规则通过主体实现了治理。[⑤] 因此，“如何治理”成为当前中国农村

---

① 刘磊：《基层社会政策执行偏离的机制及其解释——以农村低保政策执行为例》，《湖北社会科学》2016 年第 8 期。

② ［英］弗里德利希·冯·哈耶克：《法律、立法与自由》（第一卷），邓正来、张守东、李静冰译，中国大百科全书出版社 2000 年版，第 7 页。

③ 狄金华、钟涨宝：《从主体到规则的转向——中国传统农村的基层治理研究》，《社会学研究》2014 年第 5 期。

④ 同上。

⑤ 同上。

基层治理关注的焦点。[①] 在此路径下，研究者假定个体的行为是被他生存其中的（正式或非正式的）制度所刺激、鼓励、指引和限定的。[②] “如何治理”的研究路径为我们的研究提供了一定的启示，我们不仅应将贫困识别的目光投向行动主体，也应更多地挖掘贫困识别中的制度。而在贫困识别的研究中，除了有关学者提出政策本身的不完备之外，没有对贫困识别的制度进行纵深的思考，这是我们接下来要寻求突破的方向。

（二）对行动主体的道义观念的关注不足

在对行动主体的研究中，学者们先验地将行动主体假定为追求利益最大化的理性人，这符合当前基层治理研究中的趋势。在基层治理的研究中，学者们关注基层治理的行动主体逐渐从传统治理的取向转为治理中的盈利诉求。尤其是在市场化转型之中，地方政府被卷入资产、市场、资金和信息的垄断活动之中。[③] 学者们相继对地方政府做出如下概括：“地方法团主义”“地方政府即厂商”“地方性市场社会主义”“村镇政府即公司”“谋利型政权经营者”等。[④] 张静也提出了“政权经营者”这一概念。[⑤] 在诸多分析中，学者们一致认同地方政府是一个独立的利益主体，具有独立的利益诉求和广阔的利益空间。进言之，地方政府的利益“既超脱于中央利益，又区别于社区公益”[⑥]。尤其是税费改革之后，地方政府日益呈现出

---

① 狄金华、钟涨宝对规则与制度的概念做出了区分。但在本书中，笔者并不认为规则与制度有较大差异，因而对他们并没有做出明确的区分。

② 参见张静《基层政权：乡村制度诸问题》，浙江人民出版社 2000 年版。

③ 同上。

④ 丘海雄、徐建牛：《市场转型过程中地方政府角色研究述评》，《社会学研究》2004 年第 4 期。

⑤ 张静：《基层政权：乡村制度诸问题》，浙江人民出版社 2000 年版。

⑥ 荀丽丽、包智明：《政府动员型环境政策及其地方实践——关于内蒙古 S 旗生态移民的社会学分析》，《中国社会科学》2007 年第 5 期。

“悬浮型”的特征。[1] 同样，虽然学者们对村干部的角色有着不同的观点，但村干部的牟利动机和行为却得到了广泛的共识。[2] 尽管不同的行动主体在贫困识别中具有一定的利益诉求，但这不能掩盖他们同时具有道义观念。在以往对贫困识别的研究中，学者们对行动主体的道义观念的关注不足，而这也促成了本书接下来努力的方向。

（三）忽视了政策目标群体在贫困识别中的作用

在现有的对贫困识别的研究中，学者们不仅聚焦于对行动主体的利益考量，而且对行动主体的考察也以政策制定者和政策执行者为主，尤其是对以村组干部为主体的政策执行者的研究居多。而对于以广大农户为代表的政策目标群体在贫困识别中的作用，学者们则缺乏足够的关注。学者们不仅忽视了农户的道义观念，将农户视作为紧盯小我的理性人，而且更多时候学者们认为农户在贫困识别的过程中参与不足，因而对他们缺乏足够的关注。在笔者看来，政策目标群体在贫困识别中发挥了不容小觑的作用。政策目标群体是扶贫开发政策的直接受益者，因而他们对于扶贫开发的政策保持着相当的敏感性和关注度。与此同时，由于生活在乡土社会，他们所持有的地方性知识与贫困识别的正式制度不可避免地存在张力，这也会促使他们对贫困识别的制度做出一定程度的反馈。事实上，在制度约束与行动能动的相关研究中，政策目标群体作为弱势的一方可以通过弱势建构，实现社会底层的权宜性生产。在本书中，笔者也关注政策目标群体在贫困识别中发挥了什么样的作用，而这是在以往的贫困识别研究中不太注重的地方。

---

① 周飞舟：《从汲取型政权到“悬浮型”政权——税费改革对国家与农民关系之影响》，《社会学研究》2006 年第 3 期。

② 辛允星：《村干部的“赢利”空间研究——以鲁西南 X 村为例》，《社会学评论》2016 年第 2 期。

第三节 概念界定

著名哲学家维特根斯坦在《哲学研究》一书中写道："概念引导我们进行探索。概念表达我们的兴趣，指导我们的兴趣。"① 在本书中，"贫困识别"和"制度"这两个关键性的概念贯穿于文章的始终，而它们恰巧又在千百年来的学术史中积淀了丰厚的底蕴。因此，笔者有必要对这两个概念进行梳理和说明。

一 贫困识别

贫困识别，由"贫困"和"识别"两个词语构成。"识别"的含义十分简单明确，即辨认、辨别。贫困识别，也就是辨认出贫困、辨别出贫困的意思。贫困识别这一概念不易理解，主要在于对贫困这一概念需要进行深入剖析。这是因为贫困是一项横亘古今、贯穿中外的经久不衰的议题，因而具有丰富的、充满张力的含义。早在东汉年间，《说文解字》便对"贫"作了注解："贫，财分少也。"②《尚书大传·略说》则写道"行而无资谓之乏，居而无食谓之困"③。可见，"贫""困"二字皆有缺乏钱财、生活困难之意。国外最早关注贫困问题的是法国资产阶级民主主义者让·卢梭（Jean-Jacques Rousseau），他在《论人类不平等的起源和基础》一书中指出私有制的出现打破了原始的平等，人类因而有了富人和穷人的划分。英国经济学家马尔萨斯（Thomas Robert Malthus）对私有制是贫困产生的根本原因这一观点予以否认，他认为人口过快增长导致生活资料的匮乏才是贫困发生的诱因，也即在毫无约束的状

① ［英］路德维希·维特根斯坦：《哲学研究》，陈嘉映译，上海人民出版社 2001 年版，第 234—235 页。

② 许慎：《说文解字》，中华书局 1978 年版，第 131 页。

③ 左民安：《细说汉字——1000 个汉字的起源与演变》，九州出版社 2005 年版，第 192 页。

态下，生活资料的增长速度远不及人口的繁殖速度，因为二者的增加方式分别为算术比率和几何比率。[①] 马克思则认为资本主义的生产方式是贫困问题的根源，资本家无偿占有工人的剩余价值，工人由此陷入贫困。[②] 尽管如此，贫困在相当长的时间内都是一个只能意会的、难以捉摸的概念，没有一个确切的定义。

第一个系统地提出贫困的定义并将这一概念量化的，当属英国经济学家朗特里（Benjamin. Seebohm. Rowntree）。他借用生物学的方法，从个体的角度将贫困界定为“一个家庭的总收入不足以支付仅仅维持家庭成员生存需要的最低量生活必需品开支”[③]。根据食品、住房、衣着以及其他必需品，朗特里计算了最低生活支出，也即贫困线。但是，朗特里狭义的绝对贫困的概念也受到了质疑，原因在于准确地衡量最低量生活必需品并非易事。最低营养标准因地区差异、气候条件、经济发展状况等因素而有所区别，同时，饮食习惯、消费习惯的不同也会影响商品组合的选择。对于非食物类的必需品而言，最低生活量的计算还需要将商品和劳务的相对价格和总量考虑在内。[④] 在对朗特里的绝对贫困概念的反思中，学者们提出了相对贫困的概念。[⑤]“相对贫困是一个较为主观的标准，它建立在将穷人的生活水平与其他的较为不贫困的社会成员的生活水平相比较的基础上，通常包括对作为研究对象的社会的总体平均水平的

---

① ［英］马尔萨斯：《人口原理》，朱泱等译，商务印书馆 1996 年版，第 7—8 页。

② ［德］马克思：《雇佣劳动与资本》，沈志远译，生活·读书·新知三联书店 1949 年版。

③ B. Seebohm Rowntree, *Poverty: A Study of Town Life*, London: Macmillan, 1901, p. 103.

④ ［印］阿马蒂亚·森：《贫困与饥荒——论权利与剥夺》，王宇、王文玉译，商务印书馆 2001 年版，第 19—21 页。

⑤ 阿马蒂亚·森警醒我们相对贫困的分析方法并不能替代绝对贫困的分析方法，它只是对绝对贫困分析方法的有益补充。“相对贫困观—甚至包括它的所有变形—并不能真正成为贫困概念的唯一基础。在我们的贫困概念中存在着一个不可缩减的绝对贫困的内核，即把饥饿、营养不良以及其他可以看得见的贫困，统统转换成关于贫困的判断，而不必事先确认收入分配的相对性”。（参见［印］阿马蒂亚·森《贫困与饥荒——论权利与剥夺》，王宇等译，商务印书馆 2001 年版，第 53 页）

测度。”[①] 首个将相对贫困标准付诸实践的是美国经济学家 V. 法克思（Fuchs Victor），他以全国人口中值收入的 50% 作为美国的相对贫困线。[②] 后来的许多学者沿用了这种确定相对贫困线的方法，有的学者使用均值的 40% 或其他比率。[③] 雷诺兹（Lloyd G. Reynolds）则提出用全国全部家庭收入的均值替代中值来估计贫困人口。[④]

绝对贫困与相对贫困都属于收入贫困的范畴，随着经济社会发展水平的稳步提高，人们对贫困的理解也不断深化，逐渐认识到贫困不全然是一个经济问题。印度经济学家阿马蒂亚·森（Amartya Sen）创造性地提出了“权利贫困”的概念，并将贫困形成的原因与权利联系在一起。在他来看，权利是一个人可以用来换取食品的能力，而权利分配不均或权利受到剥夺则会导致贫困。换言之，贫困与饥荒的主要诱因在于“权利丧失”。阿马蒂亚·森认为人主要具有四种类型的权利，分别是以贸易为基础的权利、以生产为基础的权利、劳动的权利、继承与转移的权利。在他来看，当个人的交换权利出现萎缩时，饥荒便接踵而来。20 世纪 80 年代，阿马蒂亚·森进一步提出“能力贫困”的概念，认为贫困是基本的可行能力的缺失。[⑤] 阿马蒂亚·森深化了对贫困的认识，丰富了贫困概念的内核外延，将贫困理论研究引向了新的发展阶段。阿马蒂亚·森之后，也有不同的经济学家做出丰富贫困概念的努力，他们先后试图从脆弱性、无话

---

① Pete Alcock, *Understanding Poverty*, London: Macmillan, 1993.

② Fuchs Victor, “Redefining Poverty and Redistributing Income”, *Public Interest*, Vol. 8, 1967.

③ 岳希明、李实、王萍萍等：《透视中国农村贫困》，经济科学出版社 2007 年版，第 74 页。

④ ［美］劳埃德·雷诺兹：《微观经济学：分析和决策》，马宾译，商务印书馆 1982 年版，第 432 页。

⑤ ［印］阿马蒂亚·森：《以自由看待发展》，任赜、于真译，中国人民大学出版社 2012 年版，第 15 页。

语权、无权无势以及社会排斥等视角予以解释。[①]

在精准扶贫阶段，贫困识别包括识别贫困村和识别贫困户两个方面的内容。而在本书中，笔者仅就识别贫困户展开讨论，对贫困村的识别则不予关注。精准扶贫阶段，薯县识别的贫困户分为四种类型，分别是一般贫困户、低保贫困户、低保户和五保户。其中，五保户特指年满六十周岁、无儿无女的孤寡老人。低保贫困户和低保户均指家中有成员享有低保，但它们分别指代不同的群体。低保贫困户是指家庭中部分成员享有低保，而低保户则是指家庭中全部成员享有低保。一般来说，低保户有以下两种情况[②]：（1）以单个人为单位的“低保户”：主要指无儿无女，但是未年满六十周岁的贫困人口。这既包括年纪较长的男性光棍，也包括部分因严重残疾或疾病而缺乏劳动能力的中青年男性光棍。（2）以家庭为单位的低保户：由于家庭经济状况差，因而家庭全部成员均享受低保。[③] 低保贫困户、低保户、五保户之外的贫困户，则为一般贫困户。在贫困识别中，识别出五保户几乎是最容易且几乎没有争议的，其次是低保贫困户和低保户的识别，识别的难度相对较大，而最为困难且争议最多的是一般贫困户的识别。在本书的研究中，最为理想的情境是将研究对象聚焦，仅就一般贫困户的识别展开讨论。但是，在田野调查中，调查对象不一定能够清楚地说明自己属于哪种贫困户类型。因而，本书的贫困识别以一般贫困户的识别为主要的研究对象，但并不排除其他贫困户的类别。

---

① 胡永和：《中国城镇新贫困问题研究》，中国经济出版社2011年版，第32页。

② 刘磊：《基层社会政策执行偏离的机制及其解释——以农村低保政策执行为例》，《湖北社会科学》2016年第8期。

③ 在以往的评定中，也存在这样一种情况，即老年人与子女分户，且老年人患有疾病或劳动能力较差，也被纳入贫困户。但是薯县在此次贫困识别中，将老年人与子女分户的情况全部剔除。

二 制度

什么是“制度”？根据《现代汉语词典》的解释，制度包括以下两个方面的含义：大家共同遵守的办事规程和行动准则；或一定历史条件下形成的政治、经济、文化等方面的体系。但是在经济学家韦森来看，汉语词典中所指的“制度”更接近 regime 或 system 一词的含义，而不是西方制度理论中所对应的 institution。韦森进一步强调，regime 和 system 两个英文单词在含义及规定性方面有许多共通之处，但是 institution 与这两个词的含义却截然不同。[①] 因而，要给本书所指的“制度”下一个合适的定义，必须跳出现代汉语里面对制度定义的桎梏，转而从西方的制度理论中寻求资源。

在西方的制度理论中，制度是一个包含广泛的集合，不仅在政治学、经济学、社会学等学科之间存在差异，而且在同一学科内部，对制度的定义也未达成一致。在社会学之父孔德那里，制度是社会生活中的稳定规定性。[②] 实证社会学的真正奠基人迪尔凯姆将制度与具有外在性、强制性和普遍性的社会事实画上了等号。更具体地说，社会学巨擘迪尔凯姆所指的制度可以理解为人们的行为方式、思维方式和感觉方式。[③] 韦伯区分了两种不同的制度，分别是惯例（又被称为“等级习俗”）和法律。惯例相当于社会制度，个人不仅能真切地感受到惯例的限制，而且在偏离制度时，还会受到指责；法律则近似于国家制度，它通过成立一个专门的班子实现其强制性，并对法律的违背施以惩罚。[④] 结构功能主义代表人物帕森

① 韦森:《难得糊涂的经济学家》，天津人民出版社 2002 年版，第 34—44 页。

② ［法］奥古斯特·孔德：《论实证精神》，黄建华译，商务印书馆 2001 年版，第 40—41 页。

③ ［法］迪尔凯姆:《社会学方法的准则》，狄玉明译，商务印书馆 1995 年版，第 19 页。

④ ［德］马克斯·韦伯:《经济与社会》（上卷），林荣远译，商务印书馆 1997 年版，第 64—66 页。

斯将制度界定为“调节个人间关系和界定个人（或组织）之间的关系应该是什么样的关系的规范系统”①。吉登斯将制度界定为“在这些总体时空延伸程度最大的那些实践活动”②。除此之外，威廉·G. 萨姆纳（William Graham Sumner）、托马斯·库利（Thomas Cooley）、帕克、埃弗里特·休斯（Everett Hughes）等社会学家都对制度概念做出了重要的阐述。

虽然制度的定义纷繁复杂，但是“关于制度的定义不涉及谁对谁错的问题，它取决于分析的目的”③。本书所指的“制度”，并不是旧制度主义理论所阐述的制度，而是以新制度主义作为理论指导。本书对新制度主义的流派划分依据的是彼得·豪尔（Peter A. Hall）和罗斯玛丽·泰勒（C. R. Taylor）的三分法，即将新制度主义划分为理性选择制度主义、历史制度主义和社会学新制度主义三大流派，这三大流派对制度的理解各有侧重。理性选择制度主义代表人物奥斯特罗姆对制度做出了这样的界定：“工作规则的组合，它通常用来决定谁有资格在某个领域制订政策，应该允许或限制何种行动，应该使用何种综合规则，遵循何种程序，必须提供或不提供何种信息，以及如何根据个人的行动给予回报。”④ 历史制度主义将制度界定为嵌入政体或政治经济组织结构中的正式或非正式的程序、规则、规范和惯例。它们的范围可以包括宪政秩序、官僚体制内的操作规程和对工会行为及银行—企业关系起着管制性作用的一些惯例。总之，历史制度主义所说的制度是与组织和正式组织所制

① Parsons, Talcott, “Prolegomena to a Theory of Social Institutions”, *American Sociological Review*, Vol. 55, No. 3, 1990.

② ［英］安东尼·吉登斯：《社会的构成：结构化理论大纲》，李康、李猛译，生活·读书·新知三联书店 1998 年版，第 80 页。

③ ［日］青木昌彦：《比较制度分析》，周黎安译，上海远东出版社 2001 年版，第 11 页。

④ ［美］埃莉诺·奥斯特罗姆：《公共事物的治理之道——集体行动制度的演进》，余逊达、陈旭东译，上海三联书店 2000 年版，第 82 页。

定的规则和惯例相连的。[①] 社会学新制度主义倾向于在更广泛的意义上来界定制度，它们所界定的制度，不仅包括正式规则、程序、规范，而且还包括人为的行动提供“意义框架”的象征系统、认知模式和道德模板等。[②]

美国新制度经济学家道格拉斯·C. 诺斯（Douglass C. North）认为制度是“一个社会的游戏规则，更规范地说，它们是为决定人们的相互关系而人为设定的一些制约”。[③] 这些制度制约有正规与非正规之分，其中政治规则、经济规则、合同等人类设定的规则属于正规规约的范畴，而社会规范、惯例和道德准则等被划分至非正规规约的界限内。在诺斯的概念定义里，制度除了包括正式规则与非正式规则之外，还包括这些规则的执行机制：“制度规约既包括对人们所从事的某些活动予以禁止的方面，有时也包括允许人们在怎样的条件下可以从事某些活动的方面。”[④] 依照诺斯对制度的理解，本书所指的贫困识别中的制度不仅包括国家层面设计的贫困识别的正式制度，也涵盖省、市、县制定的相关文件。除此之外，农民的公平观念作为一种道德准则属于非正式制度的范畴。简言之，凡是对贫困识别指引方向成文的、不成文的制约都属于本书的制度范畴。

第四节 研究设计

在中国社会学的研究历程中，研究单位经历了一个不断变迁的

---

① 彼得·豪尔、罗斯玛丽·泰勒：《政治科学与三个新制度主义》，何俊智译，《经济社会体制比较》2003 年第 5 期。

② 同上。

③ ［美］道格拉斯·C. 诺斯：《制度、制度变迁与经济绩效》，刘守英译，上海三联书店 1994 年版，第 3 页。

④ 同上书，第 4—5 页。

历程。在本书中，出于研究的需要，笔者选择县域作为研究的基本单位。与此同时，为了“走出个案”，笔者同时选用拓展个案法开展深入的调查研究。

一　县域——研究单位的选择

社区研究是中国农村社会学的一个重要研究传统。20 世纪 30 年代中期，中国社会学的重要思想先驱吴文藻先生吸收了以帕克为代表的美国芝加哥学派的人文区位学方法和以马林诺夫斯基（Bronislaw Malinowski）、布朗（Alfred R. Radcliffe-Brown）为代表的强调整体性的英国功能学派人类学思想，大力推崇“社区研究”。吴文藻先生将“社区”与“社会”这一抽象的概念区分开来，指出社区是“一地人民实际生活的具体表词，它有物质的基础，是可以观察得到的”①。然而，“社区的单位可大可小，小之如邻里、村落、市镇，大之如都会、国家、世界，这一切统可称为社区”②。因此，研究单位的选择一直是社区研究争辩不休的核心议题之一。最初，以费孝通、林耀华、杨懋春、黄迪等为代表的研究者承袭吴文藻先生的学术主张，分别撰写了《江村经济》《金翼》《一个中国村庄：山东台头》《清河村镇社区》等著作并铸就了社区研究的辉煌。他们的社区研究毋宁说是村落社区研究，是通过聚焦于小型的单一村落的微观社会学研究以实现考察“全盘社会结构的格式”③的学术追求。然而，具体的社区与抽象的社会之间并不存在泾渭分明的界限，相反，“社区是整体社会不可分割的一部分，而且是‘大社会’结构转化到人们行为之间的桥梁”④。利奇（Edmund

---

① 吴文藻：《社区的意义与社区研究的近今趋势》，载吴文藻《论社会学中国化》，商务印书馆 2010 年版，第 440 页。

② 吴文藻：《现代社区实地研究的意义和功用》，《社会研究》1935 年第 66 期。

③ 费孝通：《社会调查自白》，知识出版社 1985 年版，第 94 页。

④ 项飚：《社区何为——对北京流动人口聚居区的研究》，《社会学研究》1998 年第 6 期。

R. Leach）和弗里德曼（Maurice Freedman）等汉学人类学者提出了"小型社群的实地考察不足以代表中国的大社会"[①]的批评性意见，进而对单一村落的解释力提出质疑。

在对村落社区研究的反思中，对社区的视域进行拓展成为社区研究的可行路径之一。[②]施坚雅率先超越了社区研究聚焦于村落的传统，将"基层市场共同体"作为基本的研究单位，并指出"农民的实际社会区域的边界不是由他所住村庄的狭窄的范围决定，而是由他的基层市场区域的边界决定"[③]。此后，学者们又将研究单位提升至"乡镇"或"集市"，最具代表性的研究是日本学者福武直在《中国农村社会的构造》一书中用"乡镇共同体"[④]这一概念替换了以往的"村落共同体"概念，以及吴毅在《小镇喧嚣》一书中对"乡域政治"[⑤]的深入剖析。除此之外，改革开放之后，以县域为分析单位的研究逐渐进入人们的视野，其中尤以杨雪冬对涞源县的研究引人瞩目，也正是他提出了县域研究的基本框架。[⑥]

在本研究中，笔者将县域作为基本的研究单位，主要基于以下几个方面的考虑：从研究操作的角度来看，县作为研究单位能够为研究者展现贫困识别运行的一幅全面的、完整的画卷。村落、乡镇等较低层级的分析单位虽然具有全面细致地把握贫困识别的运行优

---

① 王铭铭：《小地方与大社会——中国社会的社区观察》，《社会学研究》1997年第1期。

② 钟涨宝、狄金华：《中国的农村社区研究传统：意义、困境与突破》，《社会学评论》2013年第2期。

③［美］施坚雅：《中国农村的市场和社会结构》，史建云、徐秀丽译，中国社会科学出版社1998年版，第40页。

④ 郑浩澜：《"村落共同体"与乡村变革——日本学界中国农村研究述评》，载吴毅主编《乡村中国评论（第1辑）》，广西师范大学出版社2006年版，第222—228页。

⑤ 吴毅：《小镇喧嚣——一个乡镇政治运作的演绎与阐释》，生活·读书·新知三联书店2007年版。

⑥ 杨雪冬：《市场发育、社会生长和公共权力构建——以县为微观分析单位》，河南人民出版社2002年版。

势，但是存在研究不够完整和体系化不足等缺陷。究其原因，在于村落、乡镇一级并不是完整的政府，很多职能无法承担。① 而县一级则有完整的地方人大机构、政府行政机构和司法机构，是“基层最完备的国家体现物”和“整个制度稳定存在的基础构件”，可以充分地发挥地方国家的作用。② 换言之，县在某种程度上可以说已经被视为一个较为完整的空间体系、经济体系、社会体系、文化体系，它是基层意义上最完备的“国家”。③ 而更高层级的中央、省、市则属于宏观的分析单元，研究者难以把握。县作为一个完整的地域社会，其提供给研究者的便利是显而易见的：“一是其有一定的人口和地理规模，拥有完整的政治行政功能，可以反映出国家行为的一致性和制度的整体性，二是其处于国家与社会的交接面上，与其他更高层次的政治单位相比，和微观社会组织的联系更直接、密切、运行也更具有多样性。”④ 因而，尽管面临难以兼顾结构和过程的诘问，但县仍然是本研究中最为合适的研究单位。⑤ 从制度架构来看，县一级毫无争议地具有举足轻重的地位。自秦立郡县制以来的长达两千多年的漫长历史中，朝代更迭如过眼云烟，地方建制也历经了混乱的变革，县以上的行政建制不仅有二级制、三级制、四级制、五级制的变换，而且行政名称也有郡、州、府、路、道、省的殊异。仅以明代一朝为例，就有省—府—州—县制四级制、省—

---

① 于建嵘：《农村综合改革的落脚点应是“强县”》，《农民日报》2007 年 7 月 25 日。

② 杨雪冬：《市场发育、社会生长和公共权力构建——以县为微观分析单位》，河南人民出版社 2002 年版，第 52—53 页。

③ 樊红敏：《县域政治运作形态学分析——河南省 H 市日常权力实践观察》，《东南学术》2008 年第 1 期。

④ 杨雪冬：《论“县”：对一个中观分析单位的分析》，《复旦政治学评论》2006 年第 1 期。

⑤ 狄金华认为，由于县内地域的广阔，单个的研究者不可能轻易地把握县域农村的全部图景。因而，研究者往往在田野研究中无法兼顾结构和过程这两方面，从而有可能既无法很好地发挥田野研究揭示复杂情态的优势，又自废了制度性分析的长处。（参见狄金华《中国农村田野研究单位的选择》，《中国农村观察》2009 年第 6 期）

府—县三级制、省—州—县三级制和省—州两级制等地方政制，历朝历代行政建制的变换可见一斑。① 尽管如此，县这一行政单元不仅沿用至今，而且县级单位的数目也没有太大幅度的变动，甚至许多地方使用的仍然是秦代的县名，县可谓是最稳定的行政单元。除此之外，县作为稳固存在的最低一层的政府还是中国真正的政治基础。尤其是农村税费改革之后，乡镇的财政主要是由上级政府转移支付，人权、事权和财权主要交由县来支配，乡镇政府实际上转变成为县级政府的派出机构，是县级政府的“政权依附者”。② 县级政府的重要性愈显突出，它取代了乡镇政府的角色，成为连接国家上层与地方基层、中央领导与地方治理、城市与乡村的“接点”部位。③ 其从扶贫的具体实践来看，县域也是扶贫开发中的重要单元。尽管改革开放以来扶贫瞄准的单元经历了从县—乡（镇）—村—户的不断下沉，但县域在贫困识别中并未隐身而是占据着重要的地位。具体而言，现阶段中国实行的是贫困县、贫困村与贫困户三者结合起来的扶贫瞄准机制，其中县域是扶贫资金的基本整合统筹单元。④ 概言之，以县域作为研究单位不仅能够揭示出贫困识别的复杂样态，而且还能呈现出一定的地方性特征。

二 个案介绍

本研究选取了H省东北部的一个国家级贫困县作为田野调查的地点。按照学术惯例，本书对田野调查中涉及的所有的人名、地名

---

① 陈奇：《我国历代县制约论》，载张炳楠《地方自治论文集》，华冈出版社1974年版，第186—188页。

② 饶静、叶敬忠：《税费改革背景下乡镇政权的“政权依附者”角色和行为分析》，《中国农村观察》2007年第4期。

③ 徐勇：《“接点政治”：农村群体性事件的县域分析——一个分析框架及以若干个案为例》，《华中师范大学学报》（人文社会科学版）2009年第6期。

④ 刘磊：《精准扶贫的运行过程与“内卷化”困境——以湖北省W村的扶贫工作为例》，《云南行政学院学报》2016年第4期。

都进行了化名处理，该县盛产红薯，而经济又较为落后，当地人常戏称“我们县没有什么特产，要说的话，就是苕（sháo）特别多”。“苕”是红薯的别称，“苕特别多”，除了客观描述该县的农业产出外，在当地的方言语系中，“苕”也常用于形容人傻、不够聪明。[①]形容人“苕”有时也做褒义，或体现亲近，或指人实诚、笨得可爱。[②] 回望该县的近现代史，薯县人民在现代革命中前仆后继，数以万计的青壮年做出巨大的贡献与牺牲，其憨厚、朴实、坚贞不屈的精神可歌可泣，因而笔者在本书以“薯县”这个化名代替该县真实的名称。

个案选取需要全面衡量研究者的研究旨趣、现实可行性以及是否能够有较大的收获等因素。[③] 在选取田野研究的地点时，出于对现实可行性的重要考量，最终选定了薯县。薯县是我的故乡，我的父辈们成长于斯，并在这里积累了丰富的学缘、业缘与地缘关系，这为田野调查的开展提供了充足且多样化的渠道。我不仅可以通过官方渠道进入薯县扶贫办，参与扶贫办的日常工作中，而且还可以借助亲属资源，通过非官方的途径对村民进行深入访谈，从而勾勒薯县贫困识别的真实图景。另外，笔者祖籍薯县，生于斯，却非长于斯。20 世纪 90 年代初期，尚在襁褓之中便随同父母来到距薯县一百余公里的省城，此后仅有每年春节的时候才有机会返乡探亲。薯县于我是“陌生的”，童年时每年的短暂返乡仅留下些许支离破碎的记忆，除此之外，只有在填写祖籍或与亲属交谈时，我才会被

---

① 在当地的方言语系中，人们将人心是否有孔窍与一个人是否聪明联系起来。譬如说，当地人常用“有心窍”“有心眼”“有心空儿”来形容一个人聪明。而用“梗心”来形容一个人比较愚笨。由于红薯的块根是实心的，既无孔又无瓤，因此常被用于形容人傻、不够聪明。

② 在非正式话语中，“苕”常有亲近之意，如长辈叫小孩“苕伢”，特是指喜欢这个小孩，拉近距离；有时苕也用于称赞一个人实在，如“你怎么这苕呢”，这并非批评一个人傻，而是夸赞他实在、不耍心眼。

③ 卢晖临、李雪：《如何走出个案——从个案研究到扩展个案研究》，《中国社会科学》2007 年第 1 期。

提醒自己是薯县人，薯县于我的“半陌生化”客观上化解了农村研究的“家乡化”带来的弊端。[①] 此外，薯县是一个典型的山区农业县，也是集革命老区、贫困地区、优抚集中区、资源匮乏区为一体的国家贫困县。在“小康不小康、关键靠老乡”的政治话语下，作为革命老区的薯县的脱贫致富被置于尤为突出的位置。

明朝嘉靖四十二年（1563），薯县建县，命名薯县，有求“地方宁谧，生民安妥”之意。然而，历史上的薯县却与贫穷、创伤紧密相连。晚清年间，薯县被编织进政权、神权、族权严密的大网，地理位置的闭塞与政治的守旧相互作用，共同形塑了薯县落后的经济。彼时，除了农业外，薯县的工业以家庭经营的手工业为主，商业萧条。囿于落后的交通条件，县内货物的运输主要靠人挑、驴驮及倒水河排运这三种传统的方式。农民期望“乐岁终身饱、凶年免于死”的生活，然而终年的辛苦耕耘也难以饱腹。除此之外，因卫生条件恶劣，农民深受天花、麻疹、疟疾、地方性甲状腺肿和头癣等疾病折磨，当时有“薯县山高水恶、不是瘪颈就是气脚”一说。[②] 20 世纪 20 年代，现代革命爆发，战火连绵不断，人民前仆后继地投入战争之中，不仅对经济造成了严重的破坏，而且人民牺牲重大，给薯县造成了巨大的战争创伤。中华人民共和国成立后，薯县在中国共产党的领导下，经济迅速发展，生产力得到巨大解放，人民生活水平也得到较大的提高。但是这种提高主要是纵向的历史比较，从横向上与全省、全地区进行对比的话，薯县无论是经济实力还是人民生活水平都稍显落后。除了历史原因带来的创伤，

---

① 许多学者将研究的地点和对象选在自己的家乡，这为研究者迅速进入现场并获取相关资料提供便利，然而，这种研究的“家乡化”也常常为学者带来弊端。研究者通常将自己想象的农村比附现实中的农村进行研究，使得研究者事实上是在以超越事实的主观认知来理解研究对象。（参见徐晓军《乡镇街坊：结构与关系——武汉市郊兰乡街坊的个案研究》，华中师范大学出版社 2007 年版，第 205—219 页）

② 薯县县志编纂委员会：《薯县县志》，上海人民出版社 1992 年版，第 2 页。

薯县的贫困与其地理位置、地形条件、气候特征、土壤特质等息息相关。

薯县位于H省东北部，地处大别山南麓，位于东经114°23′—114°49′，北纬30°56′—31°35′之间。全境南北长73公里，东西宽38公里，总面积1796平方公里。薯县是丘陵地带，南北长，东西窄，地势北高南低。西部、南部有少量河谷平原，东部和北部是绵延起伏的山峰，西北部为丘陵地带，南部则是平缓的低丘山冈，形成了以丘陵为主、低山岗地为次的地貌特点。境内大小河流100条，加上水库、塘堰，总水面18.2万亩，耕地57.92万亩，故有"六山半水二分半田，一分道路与庄园"之说。[①] 属北亚热带大陆性季风气候，夏季、冬季时间较长，春季、秋季则时间较短。薯县年均总日照1998.8小时，占可照时数45%。依托这一特点，薯县在扶贫开发工作中，大力推进"光伏发电"，以利用光照充足的优势为贫困户增收。除此之外，雨量充沛是薯县的另一特点，即便是降雨量最少的冬季，也能达到季平均降水量89.0毫米。然而，夏季暖湿气流强盛却时常给薯县带来水患，洪涝灾害频发。而夏季风强弱变化不稳定又致使夏季雨量失常。一般来说，薯县夏初暴雨频发，而盛夏却又炎热少雨，洪涝与伏旱常依次进行。以2016年为例，入梅之后四轮特大暴雨使薯县4.18万亩的水产面积绝收，52.1万亩的农作物受灾。出梅以后，薯县又经历了旱情，降雨量比往年少了近九成，农业收成受到极大影响。

薯县资源较为匮乏，全县主要收入来源为种植、养殖和劳务输出，农产以水稻、小麦、花生为主，同时旅游资源开发起步较晚，尚未形成规模。薯县下辖13个乡镇（场、处），402个行政村（社区），3824个村民小组。2014年年底，薯县农村共有建档立卡贫困

---

① 薯县县志编纂委员会：《薯县县志》，上海人民出版社1992年版，第78—82页。

户40781户，占全县农户总数（13.475万户）的30%；共有建档立卡贫困人口112849人，占全县农村户籍人口总数（53.9362万人）的21%，贫困发生率为21%。[①] 精准扶贫工作开展以来，薯县已通过各种帮扶手段减少贫困人口，截至2016年9月1日，薯县贫困户已减少为22036户，贫困人口50583人，其中一般贫困户6389户、19186人；低保贫困户11002户、26598人；五保贫困户4645户、4789人。其中，薯县农民的致贫原因主要有以下六个方面：一是因病致贫，主要是指家庭成员有一人及以上患有重病或常年抱病，从而导致家庭经济困难的。数据显示，薯县因病致贫9566户、38264人，占全县贫困户的比例高达54.7%。二是因劳动力缺乏而致贫，这部分农户以老弱病残为主，不仅无法外出打工，而且在家也只能种点微薄的口粮以维持生存。薯县因劳动力缺乏而致贫的农户有5485户、21940人，占总贫困户的31.4%。三是缺智致贫，主要是因为缺技能、技术以及信息。这部分农户的素质较低、缺乏相应的维持生存的技能或知识，不仅没有一技之长，甚至连农民最基本的种田本领也没有掌握。他们主要靠在当地打短工，从事搬运、建筑类的苦力活来赚取微薄的收入。但是一旦他们遇到三病两痛，则没有任何收入来源。薯县因缺智致贫2144户、8576人，占总贫困户的11.4%。四是因学致贫，主要是因为家庭有小孩上大学或多个小孩上学，学费开支在家庭支出中所占比重较大而致贫。薯县因学致贫的有279户、1116人，占总贫困户的1.7%。五是因灾致贫，主要是因为天灾人祸、交通事故等不可抗拒的因素致贫。以2013年为例，薯县因灾致贫69户、276人，占全县贫困户的0.4%。六是因超生致贫，这类的贫困人口主要是受到农村“传宗接代”和“重男轻女”的守旧思想影响，生育了较多的子女而负

① 资料来源于薯县扶贫办。

担较重并因此陷入贫困。数据显示，薯县因计划生育超生致贫66户、264人，占总贫困户的0.4%。①

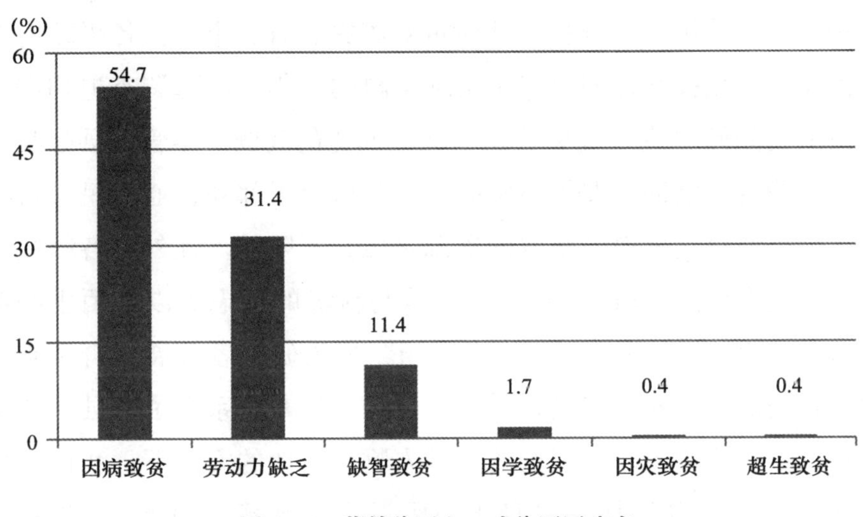

图1—1　薯县贫困人口致贫原因分布

三　研究方法

在研究方法上，本书采取个案研究法。囿于样本规模较小、缺乏描述事件的标准等缺陷，个案研究饱受质疑，而批评的矛头最常指向的是代表性问题。然而，代表性问题不足以否定个案研究的价值，在缺乏明确研究总体的客观情况下，个案自然不能严格按照统计学的方法从总体中抽取出来，但既然个案不是统计学意义上的样本，那么也就不一定需要代表性。② 此外，通过个案实现对社会的代表性和普遍性的理解并不是学者采用个案研究的初衷，个案研究的意义在于“以个案来展示影响一定社会内部之运动变化的因素、

① 薯县人民政府扶贫开发办公室：《薯县贫困人口现状调查》，2014年7月22日。

② 王宁：《代表性还是典型性？——个案的属性与个案研究方法的逻辑基础》，《社会学研究》2002年第5期。

动力、机制与逻辑”[①]。

在具体的操作层面，本研究通过参与观察、非结构式的深入访谈获取县级干部、乡镇干部、村级干部和普通村民对贫困户识别的心理、行为等第一手资料，并注重对国家、省、市、县各级政府对贫困识别等相关文件的第二手文献资料的收集。田野调查迫切需要解决的是如何“进入现场”这一无法回避的问题。尽管薯县是我的家乡，我可以借助亲友关系网络对一些村组干部和普通村民进行访谈，但是通过这种渠道获取的资源是极其有限的。此外，各级政府机构是闭合性的场域，“官吏的防范与村民的疑虑足以使陌生的调查者裹足难前”[②]。因而，“进入现场”成为研究者开展田野调查难以逾越的藩篱。幸运的是，辗转通过几位长辈联系到了薯县扶贫办主任，他是我进入研究现场的关键人物。在他的安排下，我进入薯县扶贫办“实习”从而置身于田野调查的现场。2015 年 12 月到 2016 年 2 月实习期间，我参与薯县扶贫办的日常工作中，与扶贫办工作人员一起整理贫困人口名单、接待上访村民、旁听例常会议，并多次与扶贫办领导及工作人员走访各乡镇、村庄考察精准扶贫工作的开展。在此过程中，我尽可能地化解田野调查中“深入性”与“科学性”两难的困境。[③] 尽管扶贫办的领导及工作人员都知道我是来做调查的博士生，但是我尽量淡化自己的调查者身份，而是凸显自己的实习生角色。很快，我同扶贫办的领导、同事都建立了良好的关系，他们亲切地喊我“小周”，并且我也因与他们的近距离

① 吴毅：《小镇喧嚣——一个乡镇政治运作的演绎与阐释》，生活·读书·新知三联书店 2007 年版，第 182 页。

② 曹锦清：《黄河边的中国：一个学者对乡村社会的观察与思考》，上海文艺出版社 2000 年版，第 2 页。

③ 在田野调查中，研究者往往面临“深入性”与“科学性”两难的困境：“深入性”需要调查者以“局内人”的身份参与观察，而“科学性”又要求调查者在进入现场后与调查对象保持合适的界限，从而维持社区的“原生态”。（参见应星《大河移民上访的故事：“从讨个说法到摆平理顺”》，生活·读书·新知三联书店 2001 年版，第 343 页）

相处得以直观地观察与感知他们在工作中的真实心态与想法。此外，由于我可以以“局内人”身份参与扶贫办的日常工作中，所以也得以体验式观察到薯县在“前台”对贫困识别政策的正式文本的制作及实际过程的开展等工作在“后台”的剧场运作。[①] 在假借“实习”之名进行参与观察的同时，我也接触到了许多乡镇干部和上访村民。此外，由于扶贫办主任对我的关照，我在薯县扶贫办获取文献资料也如鱼得水，从而收集到薯县有关识别贫困户的政策文件、县级领导班子在会议中的讲话、工作报告、会议纪要、贫困户的数据汇总、被剔除贫困户的信息以及村民上访和干部接访的文字记录。通过文件与会议记录，我了解到识别贫困户是如何生产出来的，而贫困户的数据汇总尤其是被剔除贫困户的信息以及村民上访和干部接访却能更真实地透视贫困识别是如何“实践”的。

作为一名“公开的观察者”[②]，我参与扶贫办的日常活动，并收集到大量贫困识别的相关资料。在此过程中，我虽然也多次下乡，接触到多名乡镇干部、村干部和贫困户并展开“见缝插针式”的访谈。但由于我每次下乡都是陪同扶贫办的工作人员检查或指导工作，我也被视为“跟上面一起来的领导”，因而这种官方的入场方式也常常因现场被“破坏”而信息失真。基于此，我在 2016 年 8 月到 9 月启用私人关系网络开展非结构式访谈。我前往了亲属所在的 M 村、D 村、J 村，同学所在的 E 村以及在薯县结识的好友所在的 L 村，通过“亲友关系网”与多名村民和村组干部开展非结构式的深入访谈。然而，这种私人关系虽然使我迅速进入现场，但也

① 戈夫曼的拟剧理论认为，社会机构犹如舞台，有“前台”与“后台”之分。“后台”是一个封闭性的空间，不能向外人随便展示。（参见［美］欧文·戈夫曼《日常生活中的自我呈现》，冯钢译，北京大学出版社 2008 年版）

② 风笑天基于研究者是否显露研究身份这一维度，将参与观察者的角色划分为“隐蔽的观察者”和“公开的观察者”。（参见风笑天《论参与观察者的角色》，《华中师范大学学报》（人文社会科学版）2009 年第 3 期）

给部分村组干部和村民带来疑虑——他们担心我在与村内的亲属或好友交流时无意识地透露谈话内容，从而给他们带来不利的人际影响。因此，为了确保访谈的信度，我还以陌生人的身份“曲线闯入”[①] J村、F村等其他村庄，采用一种非概率随机的抽取方式，与村庄内随机碰到的被调查者闲聊。除此之外，我还独自前往薯县的多个乡政府，由于之前有过一些接触，对部分乡镇干部已经较为熟悉，我得以同他们顺利地开展非官方的访谈。概言之，我通过对扶贫办扶贫工作开展的观察、询问和感知，对薯县扶贫办领导、工作人员、乡镇干部、村组干部和普通农户的非结构式访谈，以及对文献资料的分析，获取了丰富的、客观的、可靠的资料。在此基础上，我采用了“文本概括法”处理调查者的资料和话语，将它们慢慢地咀嚼，并转化成为比较精练、条理化的文本语言。[②]

四 表述框架及行文思路

本书的研究总共包括六个章节，分述如下。

第一章，导论。在导论部分，除了介绍选题背景之外，重点阐述了研究问题的形成。在此基础上，对贫困识别的相关研究和制度约束与行动能动的相关研究做了梳理和述评。贫困识别和制度是本书的两个核心概念，本书在梳理相关研究成果的同时也对这两个概念予以了专门的澄清。最后，本书对研究的单位、薯县的概况和田野研究的方法和过程做出了解释。

第二章，理论资源及研究框架。该章首先回顾了制度研究的古典基础，与此同时，对比了新制度主义中制度分析的两岐路径：算计的路径与文化的路径。最后，将算计的路径、文化的路径，制度

---

① 郑欣：《田野调查与现场进入——当代中国研究实证方法探讨》，《南京大学学报》（哲学·人文科学·社会科学版）2003 年第 3 期。

② 李培林：《透视“城中村”——我研究“村落终结”的方法》，《思想战线》2004 年第 1 期。

嵌入性视角以及多层次的行动者框架糅合在一起，形成了一个综合性的分析框架。

第三章，正式制度的演进：精准目标作为刚性制约。该章主要介绍精准目标作为正式制度的演进过程。在贫困识别过程中，国家贫困线是不可逾越的硬指标。然而，国家贫困线的标准在识别贫困户的过程中过于理想化，在现实的具体情境中难以执行。为了确保国家贫困线的神圣性，同时实现“精准扶贫，不漏一户，不落一人”的总体要求，薯县先后以“四看”标准、“几不准”标准和“负面清单”标准作为精准识别的辅助性标准。无论是国家贫困线，还是薯县在实践中运用的辅助性标准，它们都是刚性的、强制性的正式制度，以政府机构的强制执行作为推动力量。

第四章，非正式制度的重构：公平观念作为弹性标准。该章主要介绍了农民的公平观念。农民在面对自己的事情时，是处于情境之中的，因而往往以一种“内外有别”的公平观念来做出自己关于贫困瞄准是否公平的自我判断。但是，当农民置身事外，以一种超然的心态看待贫困瞄准这一事情时，农民则有一套自己的公正观念。在介绍了农民的公平观念之后，该章着重分析了正式制度与非正式制度的融合与冲突。

第五章，道义与利益的指引：多元主体的行动导向。该章主要介绍政策制定者、政策目标群体和政策执行者所受到的不同利益和道义的指引。对于政策制定者来说，他们处于目标管理责任制之下，面对的是可能的奖励性的政治利益和惩罚性的政治损益。他们可能存在的利益或损益都要求他们一定要认真完成好包括识别贫困户在内的精准扶贫工作，这也符合识别出真正的贫困户的要求。因此，对于县级政策制定者来说，他们的道义和利益是相契合的，因而他们的行动导向是“干大事”。对于政策目标群体来说，他们面对的是“一主十二附”政策之下的巨大的经济利益，但由于不是所有的人都能当上贫困户，他们的利益与道义是分化的，他们的行动导向是“不怕事”。对于政策执行者来说，他们的利益则更加错综复杂，从政治生涯和社会性收益的角度看，他们的利益和道义相一致。但是，他们面对的是乡土社会，还需要考虑乡土社会中的小队利益、宗族利益以及人情关系等。基于多重利益的制约，政策执行者的道义和利益是失衡的，因此他们的行动导向是“不出事”。

第六章，多元主体在贫困识别中的具体行动。该章分别介绍了政策制定者、政策目标群体和政策执行者的不同行动，他们分别是维护与构建制度、表达与反抗制度以及对制度的重构和嬗变。最终，贫困识别的制度实现了变迁。

结语。笔者简要回顾本书的理论基础与研究方法，并提出以下思考：贫困识别是一个多元主体不断互动、不断博弈的过程；影响贫困识别走向的不仅有多元主体的利益，也与多元主体所嵌入的制度高度相关；贫困识别的文本制度经历了一个不断转化的过程，最终实践的制度与文本的制度存在着一定的张力。在制度的不断调整中，贫困识别从形式精准向实质精准逐步迈进。

第 二 章

理论资源及研究框架

通过上文的梳理，制度与行动这两个概念及其相互之间的关系对于理解本书的研究具有极其重要的意义。除了在浩如烟海的文献中梳理出制度与行动的相关经验研究，更为关键的是打开理论的“工具箱”，从而增进对研究的纵深理解。由于“制度与行动的关系问题在任何制度研究中都具有基础性的地位”①，因而爬梳制度研究的理论脉络及其不同视角便成了题中之义。本章在回顾制度研究的古典遗产的基础上，对比了新制度主义中制度分析的两歧路径：算计的路径与文化的路径。最后，将算计的路径、文化的路径，制度嵌入性视角以及多层次的行动者框架糅合在一起，形成了一个综合性的分析框架。

第一节　重访制度：制度研究的古典遗产

“制度”这一概念，自社会学创立伊始，便占据核心地位。社会学之父奥古斯特·孔德（Auguste Comte）将实证社会学划分为社会静力学和社会动力学两大类，二者都是对社会体系的规

---

① Peter A. Hall and Rosemary C. R. Taylor, “Political Science and the Three New Institutionalisms”, *Political Studies*, Vol. 44, No. 5, December 1996.

律研究：前者聚焦于存在的条件和作用，后者则关注社会体系的发展与变化。[①] 虽然孔德没有明确地提及制度，但是在他对社会体系规律的研究中，已经隐含了制度是社会生活中的稳定规定性的意蕴。[②] 赫伯特·斯宾塞（Herbert Spencer）则秉持社会进化论与社会有机体论的观点，将社会看作是一个不断适应其生存环境的有机系统。在社会有机体从简单社会向复杂社会的进化过程中，逐渐形成了满足各组成部分机能均衡的“器官”，也即制度子系统。[③] 由是观之，早期的社会学家们在其浩瀚巨著中已然揭开了制度研究的序幕，尽管他们并未称其为“制度”。而到了实证社会学的真正奠基人迪尔凯姆那里，制度作为社会学的研究对象才被明确地提出，社会学被界定为“关于制度及其产生与功能的科学”[④]。此后，韦伯、帕森斯、托马斯·库利、吉登斯等社会学家都对制度做了重要论述，制度研究蔚为大观。

如上所述，虽然社会学从一开始便关注制度，但是初期并没有清晰地勾勒出制度概念的内涵，对制度的研究隐含在如“社会生活中的稳定性”或“社会有机体的器官”等生动比喻中。同样，最早的制度研究也并未直接阐释“制度—行动”的相互关系，但通过品读早期的制度研究成果，不难发现早期制度研究主要侧重于“制度中的规范与价值观要素，制度通过个体人格系统对调节性规范或规则体系的内化来对行动发生作用”[⑤]。简言之，制度对行动产生了

---

① 席恒：《孔德其人及对社会学的理论贡献》，《西北大学学报》（哲学社会科学版）2001年第4期。

② ［法］奥古斯特·孔德：《论实证精神》，黄建华译，商务印书馆2001年版，第40—41页。

③ Spencer, Herbert, *The Principles of Sociology*, London: Appleton-Century-Crofts, 1910.

④ ［法］E. 迪尔凯姆：《社会学方法的准则》，狄玉明译，商务印书馆1995年版，第19页。

⑤ 蒋晓平：《实践理性：新制度主义视阈中的制度—行动关系》，《中共杭州市委党校学报》2014年第2期。

单向约束，而个人的行动常常被视作无能为力的。

社会学巨擘迪尔凯姆是在关注社会秩序的基础上展开对制度的研究，他秉承方法论整体主义，认为构成社会秩序的“建筑材料”绝不是个体行动的聚合，而是与有机体现象和心理事实严格划清界限的“社会事实”。[①] 迪尔凯姆明确地指出，社会学区别于生物学和心理学的独特之处在于它的研究对象是社会事实。他对社会事实做出了清晰的界定：“一切行为方式，不论它是固定的还是不固定的，凡是能从外部给予个人以约束的，或者换一句话说，普遍存在于该社会各处并具有其固有存在的，不管其在个人身上的表现如何，都叫做社会事实。”[②] “从外部给予个人以约束”反映了社会事实的外在性，“普遍存在于社会各处”体现了社会事实的普遍性。而社会事实最鲜明、最典型的特征还在于它的强制性。无论个人内心的主观意愿如何，都必须遵从施加于他的具有约束性力量的行为或思想，否则就会被施加压力、纠正行为乃至给予惩罚。[③] 在指出社会事实是社会学的研究对象并阐明社会事实的概念内涵的基础上，迪尔凯姆同时提到制度是社会事实的形成方式和存在方式，社会学因而是“制度的科学”。迪尔凯姆这样论述道：“有一个词只要把它的一般含义稍微扩大，就可以确切表达社会事实这个极其特殊的存在方式，这就是 institution（制度）一词。实际上，我们可以不曲解这个词的原意，而把一切由集体所确定的信仰和行为方式称为‘institution’。”[④]

通过阐释社会事实的概念内涵，迪尔凯姆将“制度”这一概念引出来，制度被理解为社会事实的形成方式和存在方式。至此，迪

---

① 倪志伟：《社会学新制度主义的来源》，载何俊志、任军锋、朱德米编《新制度主义政治学译文精选》，天津人民出版社 2007 年版，第 230—231 页。

② ［法］E. 迪尔凯姆：《社会学方法的准则》，狄玉明译，商务印书馆 1995 年版，第 34 页。

③ 同上书，第 23—27 页。

④ 同上书，第 16—19 页。

尔凯姆也对社会事实的本质做出回答，在他的研究中“社会事实实质上是制约人们社会行动的制度”[①]。在迪尔凯姆的制度研究中，他最为关注的是社会成员所共享的价值观念和道德规范等非正式制度，将它们凝练为“集体意识”或“集体表象”的概念并延伸至劳动分工、自杀和宗教生活等领域的研究。在劳动分工的研究中，他指出无论是机械团结的传统社会还是有机团结的现代社会，尽管有程度轻重的区别，但个体的意识和行为都无法摆脱社会意识或集体意识的支配。换言之，在迪尔凯姆的思想体系中，社会是第一性的，而个人是第二性的。[②] 在迪尔凯姆对自杀问题的研究中，他进一步深入探讨了道德观念和价值取向对个人行为的形塑。在他看来，种族、心理状态、遗传因素或自然条件等非社会因素或许可以对个体的自杀行为做出部分解释，但是若想全面地、真正地理解个体的自杀行为，一定要追根溯源，从社会的道德规范和集体原则的源头把脉。据此，他发现除了由社会混乱引起的反常自杀外，自杀行为还包含利己自杀和利他自杀两种，这两种自杀行为分别受到利己主义和利他主义这一对泾渭分明的价值取向的影响。[③] 综上观之，迪尔凯姆在对由道德、伦理、宗教、风俗、习惯和惯例等构成的非正式制度的研究中，着重强调的是制度对个体行为的广泛的强制性制约。[④]

继迪尔凯姆之后，韦伯也对制度进行了广泛而深入的探讨。在经典著作《经济与社会》中，韦伯用大量笔墨阐述了国家与社会中存在的诸种社会制度，其制度框架包含习俗、惯例、社

---

① 刘少杰：《个人行动的社会制约——评迪尔凯姆关于个人行动、集体表象和社会制度的论述》，《黑龙江社会科学》2009 年第 5 期。

② ［法］雷蒙·阿隆：《社会学主要思潮》，葛智强、胡秉诚、王沪宁译，华夏出版社 2000 年版，第 217 页。

③ ［法］埃米尔·迪尔凯姆：《自杀论》，冯韵文译，商务印书馆 2001 年版，第 2 页。

④ 刘少杰：《个人行动的社会制约——评迪尔凯姆关于个人行动、集体表象和社会制度的论述》，《黑龙江社会科学》2009 年第 5 期。

会规则、宗教、文化信仰、家庭、亲属关系、种族、社群、组织、阶级、特权团体、市场、法律和国家等丰富的内容。制度概念在韦伯的理论体系中的重要性可见一斑，甚至于说“制度在韦伯概念体系中的中心地位，犹如竞争观念在经济学中的地位”也毫不为过。[①] 与迪尔凯姆不同的是，韦伯采取了截然不同的方法论来探讨制度与行动之间的关系。具言之，韦伯摒弃了孔德、迪尔凯姆所坚持的方法论整体主义，转而采纳方法论个人主义。他察觉到制度对个人行为的约束和限制，并对此展开讨论。他将包罗万象的制度划分为两种不同的类型，分别是惯例（又被称为“等级习俗”）和法律。他指出惯例相当于社会制度，个人不仅能真切地感受到惯例的限制，而且在偏离制度时，还会受到指责；而法律则近似于国家制度，它通过成立一个专门的班子实现其强制性，并对法律的违背施以惩罚。[②] 韦伯将他的制度思想运用到新教伦理和资本主义精神的研究中，他认为新教徒的行为受到诸多的制约，其中最为典型的是新教伦理。概言之，韦伯可以称之为背景限定理性路径的引路人。在他看来，我们不能单纯地理解“理性”和“选择”这两个概念，而应该将他们放置于特定社会和历史阶段的制度框架背景中。[③]

结构功能主义代表人物帕森斯将制度界定为“调节个人间关系和界定个人（或组织）之间的关系应该是什么样的关系的规范系统”。[④] 他力图通过社会行动理论对制度做出解释，在他看来，社会

---

① Lachman, L. M., *The Legacy of Max Weber*, Berkeley, CA: The Glendessary Press, 1971.

② ［德］马克斯·韦伯：《经济与社会》（上卷），林荣远译，商务印书馆 1997 年版，第 64—66 页。

③ 倪志伟：《社会学新制度主义的来源》，载何俊志、任军锋、朱德米《新制度主义政治学译文精选》，天津人民出版社 2007 年版，第 233 页。

④ Parsons, Talcott, "Prolegomena to a Theory of Social Institutions", *American Sociological Review*, Vol. 55, No. 3, 1990.

行动是一个包含众多子系统的大系统，制度仅作为一个子系统出现。在帕森斯的制度理论中，规则和价值观被置于极其重要的位置。在帕森斯来看，与其说是行为或社会关系模式塑造了制度，毋宁说是规则和价值观对制度产生了深刻且具有决定性的影响。帕森斯将规则和价值观理解为文化信仰的组织系统，而这也是他所说的制度框架。有学者评论道："在强大的规范和价值等文化信仰（制度分析的框架）的作用下，社会行动者要么显得缺乏理解能力，要么缺乏实践意识，成了一个文化傀儡。"[①]

除了上文所述的迪尔凯姆、韦伯、帕森斯之外，其他学者也对制度理论做出了重要的贡献。作为常人方法学的代表，加芬克尔将制度的形成与行动者的社会建构勾连起来，他认为行动者的认知因素对制度的形成产生了重要的影响。符号互动论的代表学者托马斯·库利则从互动的视角来阐释制度，他认为个人与制度是互相依存的，"制度需要通过个人的互动才能形成并得以维持……个体始终既是制度的原因，又是制度的结果"[②]。吉登斯是从一个略微抽象的角度对制度进行界定，他认为制度是社会当中跨越时空的互动系统。在吉登斯的制度理论中，离不开资源，当规则和资源被再生产出来的时候，制度就存在于一个社会之中。[③]从吉登斯关于规则的两层阐释中，我们可以看出他是在结构和行动两个层面上展开其理论脉络：行动者利用结构（狭义的制度），并在利用的过程中改变或再生产了结构。换言之，吉登斯的制度研究中强调了行动者的能动作用。[④] 综观上述研究，可

① 参见吴宗友、张军《制度研究在社会学中的分化与融合》，《学术界》2011 年第 6 期。

② 参见［美］W. 理查德·斯科特《制度与组织——思想观念与物质利益》，姚伟、王黎芳译，中国人民大学出版社 2010 年版，第 14—15 页。

③ ［美］乔纳森·特纳：《社会学理论的结构》，邱泽奇译，上海远东出版社 2001 年版，第 172—173 页。

④ 张运良：《制度：一个社会学概念的演化》，《吉林广播电视大学学报》2006 年第 5 期。

以发现古典时期的制度研究主要有两种倾向：从客观面向来展开制度的研究，即突出制度对个人的制约；以及将主观面向摆放在更为重要的位置，认为制度是社会建构的、惯例的再生产程序和规则系统，强调认知过程在制度研究中的作用。[①] 无论是制度研究的主观面向还是制度研究的客观面向，上述学者的制度研究都是重要的理论资源。

第二节　新制度主义的两歧路径：“算计路径”与“文化路径”

自 20 世纪 50 年代以来，行为主义和理性选择理论在社会科学的研究中大放异彩。詹姆斯·马奇（James G. March）和约翰·奥尔森（Johan P. Olsen）在《新制度主义：政治生活中的组织因素》一文中尖锐地指出行为主义和理性选择理论具有背景论、化约论、功利主义、功能主义和工具主义的特征。[②] 自该开创性论文问世以来，“新制度主义”得到了极大的关注，并步入学术中心舞台：新制度主义的研究呈现出喷发之势，研究视域不断发散、分析路径持续拓宽，对政治学、经济学与社会学等学科都产生了广泛而深远的影响，以至于有人惊呼“现在我们都是新制度主义者了”[③]。新制度主义在汲取了早期制度理论涵养的基础上，发展出纷繁复杂的理论流派。根据不同的划分标准，学者们对新制度主义做了不同的理

① 吴宗友、张军：《制度研究在社会学中的分化与融合》，《学术界》2011 年第 6 期。

② ［美］詹姆斯·马奇、约翰·奥尔森：《新制度主义：政治生活中的组织因素》，载何俊志、任军锋、朱德米《新制度主义政治学译文精选》，天津人民出版社 2007 年版，第 19—25 页。

③ Mark D. Aspinwall and Gerald Schneider, “Same Menu, Separate Tables: The Institutionalist Turn in Political Science and the Study of European Integration”, *European Journal of Political Research*, Vol. 38, No. 5, 2002.

论划分，其中较有代表性的是“八分法”[①]“四分法”[②]“两分法”[③]和“三分法”[④]。在本书中，笔者采纳新制度主义研究者最为认可的划分方式——彼得·豪尔（Peter A. Hall）和罗斯玛丽·泰勒（Rosemary C. R. Taylor）在《政治科学与三个新制度学派》一文中提出的三分法，从理性选择制度主义、历史制度主义与社会学新制度主义三个方面分析新制度主义的研究进路。概言之，这三种不同的制度主义都要处理制度与行动之间的关系问题，但是他们采取的路径则截然不同，一种是算计的路径，另一种是文化的路径。

一 算计的路径

最典型的以算计路径开展制度研究的是理性选择制度主义。顾名思义，理性选择制度主义与理性选择理论存在密不可分的关联。20 世纪 70 年代，理性选择理论在吸收亚当·斯密（Adam Smith）的古典经济学思想的基础上发展成为政治学研究中最主要的一个理论。根据理性选择理论，行动者总是理性、自私且最大化追求自身

① 早前，盖伊·彼得斯（B. Guy Peters）的新制度主义流派划分法被称为“七分法”，他区别了七种不同的新制度主义流派：规范制度主义（Normative Institutionalism）、理性选择制度主义（Rational Choice Institutionalism）、历史制度主义（Historical Institutionalism）、经验制度主义（Empirical Institutionalism）、社会学制度主义（Sociological Institutionalism）、利益代表制度主义（Institutions of Interest Representation）和国际制度主义（International Institutionalism）。近年来，彼得斯又增加了“话语制度主义或建构制度主义”（Discursive and Constructivist Institutionalism）这一流派。所以彼得斯的“七分法”实际上已经修正为“八分法”。（参见［美］B. 盖伊·彼得斯《政治科学中的制度理论：“新制度主义”》，王向民、段红伟译，上海人民出版社 2016 年版）

② 西蒙·雷奇（Simon Reich）在划分政策类型的基础上提出了历史制度主义、新经济学制度主义、规范制度主义和行动者的制度主义的四分法。（参见 Simon Reich，“The Four Face of Institutionalism：Public Policy and a Pluralistic Perspective”，*Governance*，Vol. 13，No. 4，October 2000）

③ 普林斯顿大学的克拉克教授（William Robert Clark）则认为按照严格的方法论标准，新制度主义只有以行动者为中心的新制度主义和以结构为基础的新制度主义两种分析路径。

④ 除了文中提到的彼得·豪尔的“三分法”外，迪马齐奥（Paul J. DiMaggio）和奈尔森（Klaus Nielsen）也将新制度主义分成了三种：理性—行动的新制度主义、社会—建构主义者的新制度主义、调节—冲突的新制度主义。

利益的。这一假设具有强大的解释力，但是它将利他主义和集体行为排除在研究的范围之外，而对美国国会行为的研究更是将理性选择理论推向了争议的风口浪尖。如果按照传统理性选择理论的假设，“投票悖论”（Voting Paradox）[①] 便难以避免。因为在国会立法的过程中议员们偏好排序的多种可能与议案本身的多维特征可以产生出众多的排列组合，这也意味着多数议员通过的议事规则将会不断地被新的多数所推翻。诺贝尔经济学奖得主肯尼斯·阿罗（Kenneth Arrow）提出的“不可能性定理”也否定了在民主制度中存在着一种既能满足所有成员的个体偏好又可以从中推导出集体偏好的投票系统。既然建立这样一种完美兼顾个体偏好和社会偏好的投票系统的可能性近乎为零，那么从理论上来说国会的立法每次通过的多数就应该一直处于变幻不定的状态。但为何在现实的立法过程中，国会投票的结果又呈现出极大的稳定性？理性选择理论阵营内部的分析者在探寻答案的过程中对理性选择理论的简化思维进行了反思，并引入制度因素，进而形成了理性选择制度主义。概言之，理性选择制度主义生发于理性选择理论，是对理性选择理论的批判性吸收而非彻底摒弃。

在理性选择制度主义这个大旗之下，并不存在一个单一的整体，而是至少有三种不同的分析视角：第一种是以规则为基础的制度模式，它以艾利诺·奥斯特罗姆为其代表，认为规则具有规定、禁止和允许某种行为的作用。他们将制度定义为组织或制度成员的规则集合体，并认为制度或组织之内的成员能从遵循规则中获益。在以规则为基础的制度模式中，构成行为要素的理性突出表现在两

---

① “投票悖论”是现代公共选择文献讨论的一个重点，它最早是由法国思想家孔多塞提出。此后，C. L. 道奇森、邓肯·布莱克和肯尼思·阿罗等学者又做了进一步的研究。所谓“投票悖论”，也就是如果存在着至少三个可由社会成员以任何方式自由排序的备选方案，就可能会出现循环的选择结果，即采用少数服从多数的投票原则，最终的选择结果可能不是唯一的，而是依赖于投票过程的次序安排，不同的投票次序会导致不同的集体选择结果。

个方面：一方面，个体可以从制度或组织的成员关系中获得一定的回报，因此他们在权衡付出与回报的利弊时，选择做出一定的牺牲以获取更大的收益；另一方面，个体的理性追求也不全然是利大于弊，也有可能带来令人沮丧的集体结果，此时规则对于调节个体行为的作用便凸显出来。[①] 第二种，是制度性委托—代理模式，这一制度模式主要运用于组织之内的分析，也适用于分析公共部门中的机构性群体的互动。[②] 第三种，是博弈论的制度模式。在博弈论的制度模式中，研究者聚焦于服从问题。也就是说，在这一制度模式之下，相当一部分行动者卷入被要求服从的博弈活动之中，官僚体制内的行动者则通常渴望更大的行动空间。[③]

概言之，以理性选择制度主义为代表的算计路径聚焦于策略性算计基础上的工具性行为。他们假定，个体寻求最大化地实现自己的一系列目标，而目标又由特定的偏好所设定，他们实现这一目标的手段也是策略性的。[④] 换言之，他们会通盘衡量所有的方案，并从中选取最大程度地实现自身利益的方案。[⑤] 在算计的路径中，理性的、追求私利的行动者是关注的焦点，制度规则仅是最优化行为发生的策略情境。[⑥]

二 文化的路径

与算计的路径不同，文化的路径并没有将行为的算计置于最为突出的位置上，虽然它并不否认个人的理性。从文化的路径来看，

---

① [美] 盖伊·彼得斯：《理性选择理论与制度理论》，载何俊志、任军锋、朱德米编《新制度主义政治学译文精选》，天津人民出版社 2007 年版，第 79—81 页。

② 同上书，第 83 页。

③ 同上书，第 84—85 页。

④ 同上书，第 49 页。

⑤ 同上。

⑥ Kenneth A. Schepsle, "Studying Institutions: Some Lessons from the Rational Choice Approach", *Journal of Theoretical Politics*, Vol. 1, No. 2, 1989.

与其说利益是个体行动的指南针，毋宁说个体的价值观形塑了最终的行动。在文化的路径下，个体主要通过建立规则或类似的行为模式来实现目标的程度。此时，个体不是追求私利的、寻求利益最大化的理性人，而是满意而止的人。个体的行动并非缘于理性的、策略性的算计，而是依赖于个体对形势的理解。在文化的路径之下，制度为解释和行动提供了道德或认知模板。个体被看作深深地嵌入制度世界之中，而由符号、教义和惯例所构成的制度，又为行动者对行动情景和自身的解释起到了过滤作用。特定的行动是在经过制度的过滤后才被构建出来的。制度不仅提供了何种策略才会有用的信息，而且还影响着行动者的身份认同、自我印象和偏好。[①] 如果说理性选择制度主义主要采取的是算计的路径，那么社会学新制度主义则主要采取的是文化的路径，历史制度主义则是算计路径与文化路径的结合。

概言之，算计的路径与文化的路径是新制度主义的两歧路径。它们分别强调策略性计算和道德、认知模板。在算计路径下，个人遵循某种行为模式是出于利益的考量；而在文化的路径下，个人遵循某种行为模式则是出于习惯或“自然而然”。

第三节　制度、利益与行动者：一个综合性的分析框架

在本节中，算计的路径与文化的路径被有机地结合在一起。除此之外，还引入制度嵌入性视角以及多层级的行动者框架，最终形成了一个综合性的分析框架。

---

①　彼得·豪尔、罗斯玛丽·泰勒：《政治科学与三个新制度主义》，何俊智译，《经济社会体制比较》2003 年第 5 期。

一 算计路径与文化路径的结合

在算计的路径下，理性选择制度主义强调个人是寻求利益最大化的理性人，“具有目的性、意向性并追求私利”①，而制度规则仅仅是“最优化行为发生的策略情境”②。正因如此，制度主义也被称为“以行动者为中心的制度主义”③。但是，在文化的路径下，文化的作用好像可有可无。“只有在面对多种潜在的均衡，必须选择某一种均衡时，文化观念的重要性才显现出来。”④ 换言之，算计的路径几乎与文化的路径势不两立、水火不容。有学者这样解释：“文化因素的作用，或者是在开端处帮助这一世界定位，或者作为辅助机制促进行动者的整合，或者作为行动者偏好的来源，但仅此而已。”⑤ 而在文化的路径下，“理性人”这一概念销声匿迹，而“社会人”这一概念则大放异彩。所谓的“行动”，实际上是文化在社会生活中的演绎，而“社会行动者”，则不过是角色承担者，或者是“文化傀儡”。⑥ 换句话说，如果理性选择制度主义是一种算计的路径，为我们提供了一幅个人或组织追求利益最大化的世界图景的话。那么文化的路径则为我们提供了一幅个人或组织寻求用社会适宜的方式界定和表达他们认同的世界图像。在文化的路径

---

① 卢晖临：《通向集体之路：一项关于文化观念和制度形成的个案研究》，社会科学文献出版社 2015 年版，第 28 页。

② Shepsle, Kenneth A., “Studying Institutions: Some Lessons from the Rational Choice Approach”, *Journal of Theoretical Politics*, Vol. 1, No. 2, 1989.

③ 参见卢晖临《通向集体之路：一项关于文化观念和制度形成的个案研究》，社会科学文献出版社 2015 年版，第 28 页。

④ 卢晖临：《通向集体之路：一项关于文化观念和制度形成的个案研究》，社会科学文献出版社 2015 年版，第 28 页。

⑤ Meyer J. Boli, John, Ramirez, F. and Thomas, G., “Theories of Culture: Institutional Vs. Actor-Centered Approaches: The Case of World Society”, Paper Read at the Annual Meeting of the American Sociological Association, Aug. 20, 1995, DC.

⑥ 参见卢晖临《通向集体之路：一项关于文化观念和制度形成的个案研究》，社会科学文献出版社 2015 年版，第 30 页。

下，几乎看不到利益的存在，但这无疑是一种针对理性选择理论的矫枉过正。事实上，一个行动者的行为，也许既会受到有关其他行动者可能出现的策略性算计的影响，也有可能受到类似于道德或认知模板的影响。[①] 因此，在本研究中，笔者结合了算计的路径和文化的路径，认为行动者既受到利益的驱使，同时他们的行为也离不开他们所持有的观念的影响。

二 制度嵌入性视角的引入

“嵌入性”（embeddedness）概念肇始于波兰尼对新古典经济学的批评，在《大转型：我们时代的政治与经济起源》一书中，波兰尼批判了市场脱嵌于社会，甚至能支配社会的观点。他认为，经济并非如经济学家们所以为的自足的，而是无时无刻都被政治、宗教和社会关系等所影响，“经济体系，从原则上说，是嵌入在社会关系之中的；物质货品的分配是通过非经济动机来保证的”[②]。真正将嵌入性研究引入“繁盛期”的是格兰诺维特，1985 年，他在《经济行动与社会结构：嵌入性问题》一文中提出了“经济行为是嵌入于人际关系网络”的论点。虽然格兰诺维特对嵌入性的表述晚于波兰尼，但是二者对嵌入性的理论研究并没有延续性。更准确地说，波兰尼与格兰诺维特对嵌入性的研究分属两种不同的学术取向，即社会构建论与社会建构论。[③] 然而，格兰诺维特对于嵌入性的研究局限于关系嵌入性（或网络嵌入性）。祖京与迪马吉奥则扩展了嵌入性的类型，将嵌入性区分为四种形式，分别为结构嵌入性、认知

---

① 何俊志、任军锋、朱德米：《新制度主义政治学译文精选》，天津人民出版社 2007 年版，第 68 页。

② ［英］卡尔·波兰尼：《大转型：我们时代的政治与经济起源》，冯钢、刘阳译，浙江人民出版社 2007 年版，第 50 页。

③ 符平：《“嵌入性”：两种取向及其分歧》，《社会学研究》2009 年第 5 期。

嵌入性、文化嵌入性与政治嵌入性。① 其中，制度嵌入通常被视作为政治嵌入，指限制经济权力的国家角色与制度法规。②

使制度嵌入性引起学界重视的是倪志伟等学者，倪志伟与尹格兰批评了格兰诺维特在嵌入性研究中过多强调“关系嵌入性”，而忽视了制度嵌入性作为嵌入性的一种类型。Brinton 和 Kariya 在比对日本的历史数据时发现，在寻求高端职业的过程中，往往是“制度嵌入性”发挥作用，而非“关系嵌入性”。③ Hamilton 和 Feenstra 也在研究经济组织现象中突出强调制度嵌入性。在研究东亚的经济组织中，他们指出，原子主义的自上而下的模式在解释东亚的经济组织中失效，而制度嵌入性的视角却起到作用，因为东亚的经济组织嵌入家长制等权威关系中。④ Frank 从制度嵌入性视角出发，分析了“赢者通吃”市场。Western 在劳动力市场的研究中，也运用制度嵌入性解释。⑤

尽管有关嵌入性与制度嵌入性的研究颇丰，但是关于他们的概念却没有明晰的界定。国内消费社会学的学者王宁对此做了自己的解释，他指出嵌入性是指受到所嵌入环境的约束，而制度嵌入性则

---

① 结构嵌入指的是行动者之间的物质特征与结构关系；认知嵌入指引领经济逻辑的结构化的心智过程；文化嵌入指形塑经济目标的共享信念与价值观。［参见 Zukin, S. and P. DiMaggio (eds.), “Introduction.” In Zukin, S. and P. DiMaggio (eds.), *Structures of Capital: The Social Organization of the Economy*, Cambridge: Cambridge University Press, 1990］

② Zukin, S. and P. DiMaggio (eds.), “Introduction.” In Zukin, S. and P. DiMaggio (eds.), *Structures of Capital: The Social Organization of the Economy*, Cambridge: Cambridge University Press, 1990.

③ Brinton, M. C. and T. Kariya, “Institutional Embeddedness in Japanese Labor Markets”, in M. C. Grinton and V. Nee (eds.), *The New Institutionalism in Sociology*, California: Stanford University Press, 1998, pp. 181 – 207.

④ Hamilon, G. G. and R. Feenstra, The Organization of Economies, in M. C. Grinton and V. Nee (eds.), *The New Institutionalism in Sociology*, Stanford Califonia: Stanford University Press, 1998, pp. 153 – 180.

⑤ 参见王宁《消费行为的制度嵌入性——消费社会学的一个研究纲领》，《中山大学学报》（社会科学版）2008 年第 4 期。

是指人的选择行为受到所嵌入其中的制度（包括正式制度与非正式制度）的约束。[①] 王宁具体分析了制度如何约束人们行为的选择：制度限制了选择的范围与边界；制度影响了选择的方向（即不同群体面临着截然不同的制度约束类型）；制度限制了选择行为的理性程度（即不同人群在面对同样的制度约束类型时，其所受到的约束强度存在差异）；制度约束会在社会化或再社会化过程中内化到人的心理结构中，并构成人们习惯性的“行动纲领”，从内部支配人们的行为。[②] 在本研究中，笔者认为政策制定者主要受到正式制度的嵌入，政策目标群体主要受到非正式制度的嵌入，而政策执行者则既受到正式制度的嵌入，又受到非正式制度的嵌入。

三　制度、利益与行动者：一个综合性的分析框架

在薯县贫困识别的过程中，行动者既受到利益的驱使，同时他们的行为也离不开个人观念的影响。在结合算计路径与文化路径的基础上，本书引入了制度嵌入性的视角，认为政策制定者主要受到正式制度的嵌入，政策目标群体主要受到非正式制度的嵌入，而政策执行者则既受到正式制度的嵌入，也受到非正式制度的嵌入。这个分析的基础缘于本书建构的一个多层级的行动者的分析框架，分别是政策制定者、政策执行者和政策目标群体，他们是社会政策中的互依三角。[③]

当然，政策制定者与政策执行者的概念是相对的，在省一级的概念中，省扶贫办是政策制定者，但是在薯县这个贫困识别的单元里，除了起到穿针引线、上传下达的作用之外，也具有一定的自由

---

① 王宁：《消费行为的制度嵌入性——消费社会学的一个研究纲领》，《中山大学学报》（社会科学版）2008 年第 4 期。

② 同上。

③ 赵蜜、方文：《社会政策中的互依三角——以村民自治制度为例》，《社会学研究》2013 年第 6 期。

裁量权。因而在薯县，县级扶贫攻坚领导小组是政策制定者，而乡镇和村一级的主要干部是贫困识别的政策执行者，他们执行具体的识别贫困户的任务，最终政策的目标群体是普通村民。结合之前的理论视角，本书构建了一个制度、利益与行动者的综合分析框架：在这一分析框架下，有政策制定者、政策目标群体和政策执行者这三个不同类型的行动主体。这三类行动主体分别受到正式制度和非正式制度的影响。除此之外，它们也受到利益的驱使和道义的指引。在此基础上，政策制定者生产出贫困识别的相关制度，政策目标群体主要是对制度进行一种表达，而政策执行者则执行具体的贫困识别制度。在这三类行动主体的互动下，贫困识别的制度发生了变迁。

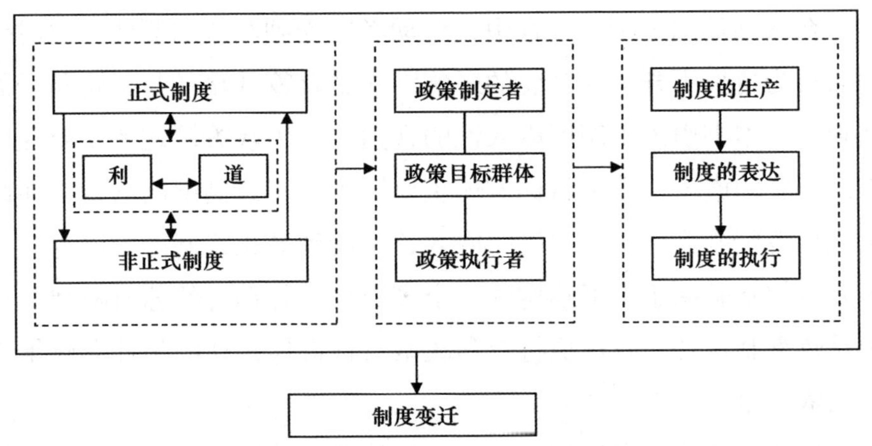

图 2—1 制度、利益与行动者：一个综合性的分析框架

第三章

正式制度的演进：精准目标作为刚性制约

诺斯指出，正式制度是人类设定出来的规则。[①] 各种成文的法律、法规、政策、规章、契约等内容都属于正式制度的范畴。国家贫困线作为正式的政策性规范，自 1986 年便开始运用于中国的扶贫开发工作。2014 年建档立卡工作启动之后，中国自上而下地推行以人均纯收入 2736 元为标准的国家贫困线。然而，国家贫困线的标准对于识别贫困户的实践过于理想化，在现实的具体情境中难以执行。为了确保国家贫困线的神圣性，同时实现“精准扶贫，不漏一户，不落一人”的总体要求，薯县先后以“四看”标准、“几不准”标准和“负面清单”标准作为精准识别的辅助性标准。无论是国家贫困线，还是薯县在实践中运用的辅助性标准，它们都是刚性的、强制性的正式制度，以政府机构的强制执行为推动力量。

第一节　变动中的神圣：不可逾越的国家贫困线

自 1986 年中国正式成立扶贫机构并启动扶贫开发工作以

① ［美］道格拉斯·C. 诺斯：《制度、制度变迁与经济绩效》，刘守英译，生活·读书·新知三联书店上海分店 1994 年版，第 1 页。

来，国家贫困线作为中央政府制定的正式制度就从未隐身。作为扶贫对象瞄准与扶贫资源分配的指南，中国的国家贫困线经历了从绝对贫困标准与低收入标准共存到以低收入标准作为唯一依据的变迁，瞄准单元经历了从贫困地区、贫困线、贫困村到贫困户的不断下沉。虽然贫困线一直呈现不断上升的增长趋势，但无论如何，国家贫困线始终是确定瞄准对象的正式制度，且具有神圣性，即选出来的瞄准对象不允许超过国家贫困线的限制。

一 迈向精准：不断下沉的扶贫瞄准单元

精准扶贫，所谓“精准”，是相对于以往扶贫瞄准单元“不太精准”的一种反义表述，随着中国经济水平的不断提高以及贫困人口的持续减少，贫困瞄准也逐渐从“不太精准”逐步迈向“精准”。1949 年中华人民共和国成立初期，中国处于满目疮痍、“一穷二白”的落后状况，普遍性的绝对贫困是当时农村的真实写照。为了迅速从根本上改变这种贫穷落后的状况，中国政府先后开展了土地改革、农业合作化运动、人民公社运动等以有效地解放并发展农村地区生产力。与此同时，中国农村地区的社会保障制度、社会救助制度以及社会救济制度也已初步成型。概言之，1949 年中华人民共和国成立到 1978 年改革开放的近三十年间，中国主要是以计划经济体制推动经济发展的方式消除贫困，是计划经济体制下的“广义扶贫”[①]。1978 年党的十一届三中全会之后，中国开始实施经济体制改革、对外开放等一系列具有划时代意义的政策，开启了农村经济快速增长的新篇章，中国的农村贫困状况也得到了有效的、较大程度的缓

① 国家行政学院编写组：《中国精准脱贫攻坚十讲》，人民出版社 2016 年版，第 33—35 页。

解。至此，中国的专项扶贫行动正式进入议程。

纵观改革开放以来中国的扶贫开发历程，大致可分为四个阶段。

第一个阶段是经济体制改革下的大规模缓解贫困期（1978—1985 年）。这一阶段主要是通过设立“支援经济不发达地区发展资金”、“三西”扶贫开发建设、“以工代赈”等专项扶贫行动对农村集中贫困地区的发展和建设予以扶持，扶贫的瞄准单元是贫困地区。在这一阶段，扶贫开发的工作重点是加强基础设施建设、提高公共服务水平，通过提高贫困地区的生产和生活水平，使得相当一部分农户能够参与效率更高的生产活动，从而获得更多收益并从贫困的生活中脱离出来。

第二个阶段是有组织、有计划的大规模扶贫开发期（1986—2000 年）。为了有效应对经济体制改革持续推进中经济增长所伴生的减贫效应不断递减和贫富差距不断扩大的现象，中国政府正式走向了开发式扶贫之路。不同于以往小规模的救济式扶贫，中国的扶贫开发行动从 1986 年开始呈现出有组织、有计划、大规模的典型特征。1986 年，中国成立了从中央到省、地、县的专门的、官方的扶贫机构，与此同时，确立了县级瞄准机制。最初，中国根据 1986 年的贫困标准确定了 331 个国家贫困县，直至 1994 年《国家八七扶贫攻坚计划》出台后，中国重新调整贫困标准，国家贫困县的数量随之增长到 592 个。以县作为扶贫瞄准单元在当时是合理、可行、有效的，数据显示，中国的农村贫困人口经历了从 1985 年的 2.5 亿人到 1993 年年底的 8000 万人直至 2000 年的 3000 万人的锐减过程，农村贫困人口发生率也从 1985 年的 30.7% 降低到 2000 年的 3%。[①] 但是，随着时间的推移，县级瞄准机制对于扶贫开发的益处逐渐减少，而弊端却愈发显现。扶贫区域一定几年不变，没有

① 国务院扶贫办:《中国农村扶贫开发概要》，2016 年 11 月，中国政府网（http://www.gov.cn/zwhd/ft2/20061117/content_447141.htm）。

做到有贫必扶。① 这也意味着贫困县能够覆盖到的贫困人口范围是在不断缩减的，到了2000年，贫困县只能覆盖全国54.3%的绝对贫困人口②，有接近一半的绝对贫困人口因为不是生活在国家贫困县而从制度上被排挤出扶贫瞄准范围。此外，即使生活在贫困县，绝对贫困人口也不一定能享受到扶贫资源。一些扶贫资源被具有更强经济能力的非贫困人口“俘获”，虽然这对于从整体上推动贫困县的经济发展起到了良好的促进作用，但是却不能有效地改善绝对贫困人口的经济状况。③

第三个阶段是“大扶贫”格局的形成和发展阶段（2001—2013年）。这一阶段扶贫瞄准单元由县下移至村。这既迎合了自21世纪以来中国农村贫困人口呈现的“大分散、小集中”的特点，同时也破解了原有的非贫困县的贫困人口享受不到扶贫资源的难题。2001年，中国开展了整村推进的工作，并在全国范围内确定了14.8万个重点贫困村，这些重点贫困村分布于全国1861个县（区、市），覆盖了全国80%的农村贫困人口。④ 但是，村级瞄准机制在具体的实践过程中也显现出一些弊端。为了科学合理地遴选出贫困村，国务院扶贫办制定出一套标准的识别方法，但由于这套识别方法的耗时性以及程序的复杂性，对资源和技术的要求较高，因而被一些省份束之高阁。这些省份虽然简化了贫困村的识别方法，但也使得贫困村在识别程序上出现了瞄准偏差。⑤ 有学者研究表明，村级瞄准机制的错误率为48%，高于2001年的

① 洪名勇：《开发扶贫瞄准机制的调整与完善》，《农业经济问题》2009年第5期。

② 汪三贵、Albert Park等：《中国新时期农村扶贫与村级贫困瞄准》，《管理世界》2007年第1期。

③ 李棉管：《区域性开发式扶贫的瞄准机制研究——以湖南省J县为个案》，载郑也夫、沈原、潘绥铭《北大清华人大社会学硕士论文选编》，山东人民出版社2006年版。

④ 黄承伟、覃志敏：《我国农村贫困治理体系演进与精准扶贫》，《开发研究》2015年第2期。

⑤ 汪三贵、Albert Park等：《中国新时期农村扶贫与村级贫困瞄准》，《管理世界》2007年第1期。

县级瞄准机制的25%的错误率。[①] 此外，村级瞄准机制仍然无法避免“精英俘获”，村级扶贫项目对贫困群体的覆盖率只有16%，远低于中等户的51%和富裕户的33%。[②]

第四个阶段是脱贫攻坚和精准扶贫阶段（2014年至今）。这一阶段延续了2005年《关于进一步加强贫困人口建档立卡和扶贫动态监测工作的通知》提出的“进行贫困户识别并建档立卡”的工作，对贫困农户进行新一轮的建档立卡，并开启精准扶贫、精准脱贫的工作。在这一阶段，扶贫瞄准的主要单元是贫困户。

总体而言，从“大规模缓解贫困期”到“大规模扶贫开发期”到“‘大扶贫’格局的形成和发展阶段”直至“脱贫攻坚和精准扶贫阶段”，中国的扶贫瞄准单元经历了从贫困地区—贫困县—贫困村—贫困户的不断下沉的历史进程。扶贫瞄准也由原来的以经济增长的“涓滴效应”为主转向为更加注重“靶向性”，对目标人群直接加以扶贫干预的动态调整。[③]

表3—1　　中国扶贫开发瞄准单元调整的发展历程[④]

阶段	瞄准单元	年份	事件	内容
经济体制改革下的大规模缓解贫困期（1978—1985年）	农村集中贫困地区	1980	中央财政设立“支援经济不发达地区发展资金”	支持老革命根据地、少数民族地区、边远地区和贫困地区的发展

① 汪三贵、Albert Park等：《中国新时期农村扶贫与村级贫困瞄准》，《管理世界》2007年第1期。

② 李小云、唐丽霞、张雪梅：《我国财政扶贫资金投入机制分析》，《农业经济问题》2007年第10期。

③ 左停、杨雨鑫、钟玲：《精准扶贫：技术靶向、理论解析和现实挑战》，《贵州社会科学》2015年第8期。

④ 此表是在对相关文献进行梳理的基础上而得出的。具体可参见国家行政学院编写组《中国精准脱贫攻坚十讲》，人民出版社2016年版；申秋《中国农村扶贫政策的历史演变和扶贫实践研究反思》，《江西财经大学学报》2017年第1期。

续表

阶段	瞄准单元	年份	事件	内容
经济体制改革下的大规模缓解贫困期（1978—1985年）	农村集中贫困地区	1982	“三西”扶贫开发建设	支持甘肃省定西地区、河西地区和宁夏西海固地区的发展
		1984	“以工代赈”扶贫活动	支持贫困地区基础设施建设
		1984	《关于帮助贫困地区尽快改变面貌的通知》出台	划定18个贫困地带
有组织、有计划的大规模扶贫开发期（1986—2000年）	贫困县	1986	成立从中央到省地县的专门的、官方的扶贫机构	首次确定国家贫困县标准，并确定331个国家贫困县
		1994	《国家八七扶贫攻坚计划》出台	国家贫困县标准调整，贫困县的数量随之增加到592个
“大扶贫”格局的形成和发展阶段（2001—2013年）	贫困村	2001	《中国农村扶贫开发纲要（2001—2010年）》出台	开展整村推进，在全国范围内确定了14.8万个重点贫困村
		2005	《关于进一步加强贫困人口建档立卡和扶贫动态监测工作的通知》出台	要求在全国开始进行贫困户的识别和建档立卡，要根据当时的贫困标准将农村贫困人口识别出来
		2011	《中国农村扶贫开发纲要（2011—2020年）》出台	确定14个连片特困地区[①]
		2013	《关于创新机制扎实推进农村扶贫开发工作的意见》出台	强调要建立精准扶贫工作机制，识别贫困人口

① 14个集中连片特困地区分别为六盘山区、秦巴山区、武陵山区、乌蒙山区、滇桂黔石漠化区、滇西边境山区、大兴安岭南麓山区、燕山—太行山区、吕梁山区、大别山区、罗霄山区等11个片区和西藏、四省藏区、新疆南疆三地州。

续表

阶段	瞄准单元	年份	事件	内容
脱贫攻坚和精准扶贫阶段（2014 年至今）	贫困户	2015	《关于打赢脱贫攻坚战的决定》出台	强调把精准扶贫、精准脱贫作为基本方略，坚决打赢脱贫攻坚战

二 以线为限：持续调整的扶贫刚性标准

如前所述，从 1986 年中国正式开启有组织的扶贫开发工作以来，中国的扶贫瞄准单元不断下沉，分别经历了贫困地区—贫困县—贫困村—贫困户的瞄准过程。在这个过程中，有一个重要的衡量贫困的指标，也就是国家贫困线。

历史上，两种类型的贫困线都被称为国家贫困线，其中一条是低贫困线，被称作“绝对贫困标准”，它可以被理解为生存标准或极端贫困标准；另一条是高贫困线，也叫作“低收入标准”，它相当于是一种温饱标准。2008 年以前，中国采用“马丁法”[①] 作为测算贫困的标准，因而这两种不同类型的国家贫困线标准曾在不同的场域发挥作用。中央政府自 1986 年开始有组织的扶贫开发工作后，以 1984 年的历史资料和 1986 年国家统计局农调总队对全国 617 万户农村居民的收支调查为基础，测算出当年的贫困线，这个贫困线是绝对贫困标准。[②] 而在地方层面，一些经济水平较高的地区在扶贫开发工作中则以低收入标准为参考依据。2008 年，中央政府明确提出要“逐步提高扶贫标准”，随之，绝对贫困标准进入了历史的垃圾箱，中国正式启用低收入标准作为国家贫困线。至此，两条国

① “马丁法”是以世界银行研究贫困问题的经济学家马丁·瑞沃林命名的。马丁指出，贫困线应该包含两条，一条是食品贫困线，也就是文中所说的“绝对贫困标准”，另一条是“非食品贫困线”，也就是“低收入标准”。

② 王增文：《中国农村贫困线及贫困率的测定：基于拟合收入分布函数法》，《西北人口》2009 年第 5 期。

家贫困线合而为一。[①] 由图3—1可知，无论是绝对贫困标准，还是低收入标准，都是随着时间的进程在逐步增长的。

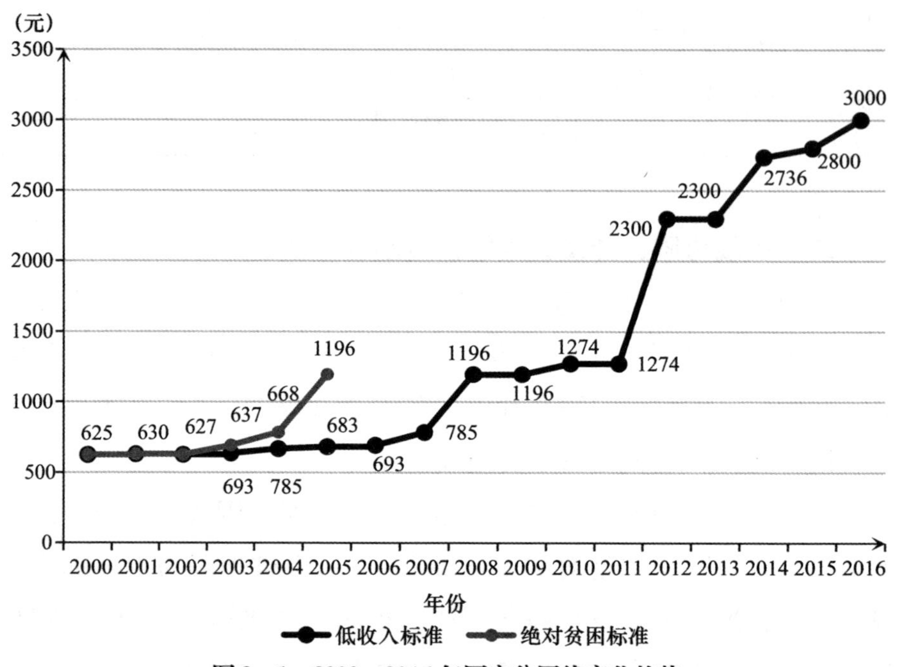

图3—1　2000—2016年国家贫困线变化趋势

资料来源：国家统计局住户调查办公室：《2011中国农村贫困检测报告》，中国统计出版社2012年版，第11页；中国人权研究会：《中国人权事业发展报告NO.3（2013）》，社会科学文献出版社2013年版，第59页。

虽然中国的扶贫瞄准单元在不断缩小，中国国家贫困线的标准也是动态演进的，但是有一点不可否认的是，国家贫困线始终是确定扶贫对象、分配扶贫资金的重要依据。国家贫困线作为中央政府有意识地规范扶贫行为的硬约束，是“人为设计生成”[②] 的、刚性

---

① 国家统计局住户调查办公室：《2011中国农村贫困检测报告》，中国统计出版社2012年版，第11页。

② 林毅夫指出，正式制度的产生主要有两种方式，一种是自然演化生成的，也即诱致性变迁；另一种是人为设计生成的，被称为强制性变迁。（参见林毅夫《关于制度变迁的经济学理论：诱致性变迁与强制性变迁》，载［美］R. 科斯、A. 阿尔钦、D. 诺斯等《财产权利与制度变迁——产权学派与新制度学派译文集》，刘守英等译，上海三联书店、上海人民出版社1994年版，第395页）

的、强制的正式制度。自国家1986年成立专门的扶贫机构以来，国家贫困线一直是推行扶贫开发工作的指南针。而精准扶贫工作启动之后，国家贫困线也成为"扶持谁"的唯一指南，被国务院扶贫办等相关组织机构强制推行。在此过程中，以国务院扶贫办为代表的中央政府是强制推行国家贫困线的主要力量，省市县扶贫办则以此作为执行的规范和蓝本。为了将国家贫困线作为扶贫瞄准的主要标准制度化，国务院发布了《扶贫开发建档立卡工作方案》，并明确要求："以2013年农民人均纯收入2736元（相当于2010年2300元不变价）的国家农村扶贫标准为识别标准。"此后，省市县相关扶贫机构先后发文，要求以国务院扶贫办规定的人均纯收入2736元为准。2014年，薯县即以此为标准，展开了建档立卡的工作。

第二节 操作中的困境：存在难以施行的贫困标准

精准识别是精准扶贫工作的基础和前提，随着扶贫瞄准单元下沉到户，识别出真正的贫困户便成了精准扶贫工作的重中之重。走进薯县扶贫办的办公大楼，映入眼帘的是一行整齐的标语："精准扶贫，不漏一户，不落一人"。按照"不漏一户，不落一人"的要求，理想的精准识别程序应该是各村按照2736元的国家贫困线标准上报符合条件的农户。凡是人均纯收入低于2736元的农户，均应上报为贫困户；反之，凡是人均纯收入高于2736元的农户，则一律不得入选为贫困户的范畴。年人均纯收入2736元的贫困线标准不仅是一个指导性的意见，更是一个刚性的、不可逾越的标准。然而，年人均纯收入2736元的贫困线标准却存在"制度漏洞"[①]。其主要表现为该标准过于理想化，在现实的具体情境中难以执行。

① 王宁：《制度漏洞根源与"改革悖论"》，《人民论坛》2011年第S2期。

简言之，年人均纯收入 2736 元的标准具有简约化的、通用性的内在要求，它并不能够适应社会环境的复杂现实。①

一　数字困境：相对偏低的贫困标准

数字困境，主要是指评选出贫困人口的标准相对偏低，这也意味着严格执行贫困人口的标准并不符合薯县的实际情况。在薯县贫困户识别阶段，依据的是年人均纯收入 2736 元的贫困线标准，但在具体的执行过程中，普遍反映 2736 元这个标准偏低。一位乡镇干部对 2736 元的标准做出了这样的回应：

> 我估计按照这个 2736 的标准，县里面真正符合情况的都很少。现在 2736 能干什么呀？不可能只有 2736，他就是要饭也不可能只搞到两三千块钱，你说这现实不？（20160825HF）

按照该乡镇干部的说法，严格执行国家贫困线的标准几乎是一件不可能完成的事，因为薯县符合这个贫困线标准的人很少。关于 2736 元的贫困线标准较低的认知并不是感性的、随意的情绪抒发，相反，这种认知一定程度上折射出薯县选出“真正的贫困户”存在数字困境的真实现状。这其中最突出的原因是较长时间以来中国制定的贫困线标准相对偏低，这使得遴选出低于贫困线标准以下的人口本身就存在一定的困难。从贫困线的绝对水平来看，自 2000 年到 2011 年，中国的贫困线标准在这十余年的时间都低于国际标准，是国际标准的 70% 左右，甚至在 2006 年，中国的贫困线标准只有国际标准的 44%。尽管从 2012 年开始，中国的贫困线标准开始反超国际标准，但是反超的幅度并不大，2012 年中国的贫困线标准也

---

① 李棉管：《技术难题、政治过程与文化结果——“瞄准偏差”的三种研究视角及其对中国“精准扶贫”的启示》，《社会学研究》2017 年第 1 期。

仅仅是国际标准的119%。考虑到国际贫困标准在制定时主要依据的是极端贫困国家的情况，制定的标准本身就已经很低，因而中国贫困线对国际标准的略微反超也无法掩盖中国贫困线的绝对水平偏低的事实。此外，从国家贫困线的相对水平来看，与中国综合国情接近的巴西、南非的贫困线标准分别是人均纯收入的14%、7%，而中国的贫困线则仅为人均收入的3%，远低于同为中高收入国家的巴西、南非。不仅如此，中国的贫困线相对水平还低于中低收入水平的越南和印度，其贫困线占人均收入的比例分别为5%—6%、4%。最后，尽管中国不断提高贫困线的标准，但是贫困线的增长速度仍然较为滞后，其增长速度远远赶不上人均收入以及人均GDP的增长。[①] 概言之，无论是从贫困线的绝对水平或相对水平，抑或是从贫困线增长速度的角度来衡量，中国的贫困线标准都是偏低的，这也就意味着如果严格按照2736元的贫困线标准执行，那么真正符合标准的贫困人口并不多。

此外，中国的贫困线是一个通用的标准，它适用于全国绝大部分地区。这也意味着，中国贫困线标准偏低的问题，在中国各贫困县广泛存在。而如果考虑到薯县被选为国家贫困县的历史与政治因素，就会发现，薯县被评为贫困县有一定的政治照顾性的考虑，这主要基于薯县所做出的历史贡献。也就是说，薯县虽然贫穷，但是薯县被选为贫困县并不仅仅是因为贫穷这一单方面的原因。对于这一点，上至薯县的县级领导、下至薯县的乡镇干部都并不讳言：

> 说句老实话，我们薯县也确实穷，但是呢，我们选上这个贫困县也有政策照顾的意思在里面。所以呢，2736这个标准啊，在我们薯县真的行不通。现在真正到了2736以下的不多，

---

① 王晓琦、顾昕:《中国贫困线水平研究》,《学习与实践》2015年第5期。

真的不多。(20160120XZR)

中国在评选贫困县的时候，本身就带有一定的政治色彩和偏向性，对少数民族地区和革命老区予以优先考虑。[①] 作为革命老区县，薯县自 1986 年入选为国家贫困县以来，一直执行的是一套不同于普通地区的、更为宽松的贫困线标准，具体来说，中国自 1986 年确定了 331 个国家级贫困县后，又分别于 1994 年、2001 年和 2011 年对贫困县做出了“扩充—微调—双管齐下”的渐进式调整。[②] 在对贫困县进行调整的同时，确定贫困县的标准也在随之变化，但不变的是对民主革命时期做过重大贡献的老革命根据地予以政策倾斜，也就是适当降低入选标准。如表 3—2 所示，1986 年，中国在确定了以县为瞄准单元的扶贫机制的同时，首次规定了贫困县的确定标准，并在全国范围内确定了 331 个国家贫困县：凡是 1985 年人均纯收入在 150 元以下的县均被认为是特困县，但是对少数民族自治县、牧区县（旗）或半牧区县（旗）以及民主革命时期做过重大贡献的老革命根据地进行适当照顾，其中在民主革命时期做过重大贡献的老革命根据地县的标准放宽至年人均纯收入低于 300 元。1994 年，中国调整国家贫困县的标准并重新选定了 592 个国家贫困县，以 1992 年的年人均纯收入 400 元为界，高出 400 元的县退出国家扶持范围，而低于 400 元的县则纳入国家贫困县。同时，鉴于对民族、历史等因素的综合考量，原有的贫困县（即 1986 年确定的贫困县）的贫困线标准适当放宽，贫困线标准比原有的非贫困县标准高出 300 元，即以年人均纯收入 700 元为界。[③] 2001 年，中

---

① Albert Park, Sangui Wang and Guobao Wu, “Regional Poverty Targeting in China”, *Journal of Public Economics*, Vol. 86, No. 1, 2002.

② 郭君平、荆林波、张斌：《国家级贫困县“帽子”的“棘轮效应”——基于全国 2073 个县区的实证研究》，《中国农业大学学报》（社会科学版）2016 年第 4 期。

③ 刘存信、唐圣玉：《中国贫困监测系统研究》，《调研世界》1995 年第 2 期。

国对扶贫重点县的标准进行了第三次调整，各省[①]按照“631”指数法自行在省内确定贫困县的名单：各省贫困人口占全国的比重为60%（其中绝对贫困人口与低收入人口各占80%和20%）；农民人均纯收入较低的县数占全国的比例为30%（人均纯收入一般地区以1300元为标准，老区、少数民族和边疆地区人均纯收入标准放宽至1500元）；人均GDP低的县数（低于2700元）和人均财政收入低的县数（低于120元）占全国的比例为10%。[②] 综观数次国家贫困县的确定和调整，每次都在遴选贫困县的时候综合考量了民族、历史等因素，对革命老区、少数民族地区和边疆地区予以适当照顾。

表3—2　　国家级贫困县的评定情况对比（单位：元/年）

评定时间	评定依据	一般地区贫困县标准	少数民族地区贫困县标准	老革命根据地县贫困县标准	薯县人均纯收入
1986年	1985年人均纯收入	150	200	300	317
1994年	1992年人均纯收入	400	700	700	577
2001年	2000年人均纯收入	1300	1500	1500	1921

薯县是典型的革命老区县，20世纪薯县人民在现代革命中前仆后继，数以万计的青壮年，做出了巨大的牺牲与贡献。据薯县县志记载，仅在大革命和土地革命时期，薯县就牺牲了十余万群众，有记载的烈士多达2.2万余人。[③] 至今，薯县人民仍然对“小小薯县，人人好汉；铜锣一响，四十八万；男将打仗，女将送饭”这段

① “各省”不包括辽宁省、山东省、浙江省、福建省、广东省及西藏自治区。辽宁、山东、浙江、福建、广东五省的贫困县均退出国家贫困县的范畴，西藏自治区则作为一个整体的扶贫单位。（参见吴国宝《准入和退出：如何决定贫困县去留》，《人民论坛》2011年第36期）

② 吴国宝：《准入和退出：如何决定贫困县去留》，《人民论坛》2011年第36期。

③ 薯县县志编纂委员会：《薯县县志》，上海人民出版社1992年版，第5页。

形象地记录着薯县革命史的生动歌谣津津乐道。表3—2的数据也证实了薯县被选为贫困县确实有照顾的因素，1986年首次确定贫困县主要是以1985年的人均纯收入作为评定依据，薯县的人均纯收入为317元，远高于一般地区贫困县的标准（150元），甚至略高于老革命根据地县的标准（300元）。[①] 1994年对国家贫困县所做出的调整依据的是1992年的人均纯收入，薯县当时的人均纯收入为577元，依然远高于一般地区贫困县标准（400元），略低于老革命根据地县的贫困县标准（700元）。[②] 2001年在确定国家扶贫开发工作重点县时，依据2000年的人均纯收入，薯县达到了1921元，不仅远高于一般地区的贫困县标准（1300元），而且还略高于老革命根据地县的贫困县标准（1500元）。[③] 尽管1986年首次确定贫困县及随后几次对贫困县的调整，薯县的人均纯收入都远远高于一般地区贫困县的标准，甚至有时还略高于老革命根据地县的标准，但薯县却从未缺席贫困县的名单。这也从侧面反映出薯县作为革命老区，执行的是老革命根据地县的较为宽松的贫困县标准，因此薯县才被入选为贫困县。而薯县作为革命老区县，戴贫困县帽子的“棘轮效应”较大，也即存在延续贫困县身份的路径依赖，即使人均纯收入在老革命根据地县的标准之上，也不会轻易从贫困县的名单中剔除。[④]

其次，中国设置的贫困线标准相对偏低，这使得评出真正符合贫困线标准的贫困户存在一定困难。再加上薯县被选为贫困县很大程度上是基于其作为老革命根据地的历史贡献，单就总体经济水平

---

① 资料来源：薯县县志编纂委员会：《薯县县志》，上海人民出版社1992年版，第652页。

② 资料来源：薯县地方志编纂委员会：《薯县年鉴（1990—1993）》，中南财经政法大学印刷厂1995年版，第189页。

③ 资料来源：薯县隶属黄冈市年鉴编纂委员会：《黄冈年鉴》，武汉福苑包装印刷设计公司2001年版，第233页。

④ 郭君平、荆林波、张斌：《国家级贫困县“帽子”的“棘轮效应”——基于全国2073个县区的实证研究》，《中国农业大学学报》（社会科学版）2016年第4期。

而言，薯县并不一定具备入选国家级贫困县的资格。这就造成了2736元的贫困线标准并不符合薯县的实际情况，在薯县存在很难操作的数字困境。

二　技术困境：难以获知的农民收入

如前所述，国家贫困线的标准偏低，使得薯县面临难以按照2736元的农民人均纯收入操作的数字困境。除此之外，农民的收入也无从知晓。这一方面是因为农民的收入主要来源于农业和非正规就业，但这些收入具有不确定性，客观上增加了测量农民收入的难度[①]；另一方面则是因为农民财不外露的心理特征，主观上不愿意透露自己的收入。

（一）短工化与望天收：不太稳定的收入来源

不同于城市的工薪阶层，农民的收入难以用工资条这种直观的方式呈现出来，他们的收入很难用数字准确地衡量。此外，农民的收入来源也不稳定，客观上增加了清晰地、完整地、精确地统计农民收入的难度。从收入来源进行分类，农民的收入包括四种类型，分别是工资性收入、家庭经营性收入、财产性收入和转移性收入。

首先，农民的工资性收入主要是指农民的劳动报酬收入，它既包括农民受雇于单位的收入，也包括农民在本地或外地务工的收入，还包括农民打散工的收入。通常来说，农民受雇于单位所获得的收入（如当保安、门卫、清洁工、服务员）等相对而言比较稳定。但是，由于农民的学历水平较低，从事的多是劳动密集型的工作。这类工作具有较强的替代性，因此用人单位为了控制成本通常采取灵活的雇佣形式。此外，可替代性强也意味着收入不会具有竞争力，这又反过来增进了农民的流动意愿，进一步促成了农民工的

① Steven R. Tabor, "Assisting the Poor with Cash: Design and Implementation of Social Transfer Programs", *World Bank Social Protection Discussion Paper Series*, No. 0223, September 2002.

短工化。也就是说，即使是受雇于单位，农民的稳定收入也是相对而言的。除此之外，农民通过打散工、灵活就业等方式获取的收入来源更不稳定，这取决于农民的身体健康状况、用工的需求等因素。

> 我前两年不在屋里，在外头做事。我去年把脚搞了，脚做了手术，到现在都还冒好，也不能那么做事。这么咱（现在）我就只能先在屋里待着，等到脚好了再出去做事。也冒种地，个人买米买油吃。(20160904XJG)
>
> 我在外头做事还是可以落不少钱，在工地高头做事，一天有个一百五一百六十块钱，一天纯落一百四十块钱落得到。我们做事是按天算，做就有，不做就冒得，我一个月做二十五六天，剩下几天就休息哈。休息肯定就冒得钱拿，你看这段时间我屋里媳妇病了，我要回来照顾我媳妇，我这几个月就拿不到钱。再就是我们做事老在挪地方，前两年我们跟着老板到江浙那边去做，去年又跑到福建去了。反正有的时候有事做有的时候冒得事做，做就有钱落，不做就冒得。(20160825WLJ)

再次，是农民的家庭经营性收入，根据农民所从事的产业，其家庭经营性收入包括农业、林业、牧业、渔业等家庭经营农业的收入以及工业、建筑业、交通运输业、社会服务业等家庭经营二、三产业的收入。通常来说，经营二、三产业的农民多被默认为是“富人”，因而不存在判断他们家是否为贫困户的难题。困难之处在于，大多数农民的家庭经营性收入受季节、气候、雨水等因素影响，在一定程度上是靠天吃饭的。丰年与灾年的农民收入差异极大，也就意味着农民的家庭经营性收入同样极不稳定。

> 今年的日子不好过啊，先落那么大的雨，地里头都淹了，这么咱又老不下雨，又干旱了，又冒得水去浇菜。你看到了冒，地里头都冒得菜，菜冒得原来好吃不说，关键是连吃的菜都冒得了。(20160827CAL)

复次，是农民的财产性收入，财产性收入是一种非生产性的收入，是一种“以财生财”的方式。具体来说，主要包括利息、金融产品、出租或转让房屋、租赁或转让土地。对于薯县农民来说，除了毗邻县城的一些村民有可能通过转让房屋、“种房子”等手段获取较大数额财产性收入之外，对于其他普通的村民而言，财产性收入是可以忽略不计的。

最后，是农民的转移性收入。转移性收入指的是国家、单位、社会团体对住户的各种经常性转移支付和住户之间的经常性收入转移。[①] 转移性收入分为两种类型：公共转移性支付和私人转移性支付。[②] 其中，公共转移性收入主要指的是政府的转移支付，包括社会救济和补助、政策性生产生活补贴，等等。然而，尽管国家自新千年以来推行了大量惠农政策，使农民的公共转移性收入实现了前所未有的增长，但是农民获得的公共转移性收入仍然有限，与城市居民相比仍然存在很大的差距。[③] 农民所得到的公共转移性收入是有限的，因而它在农民的收入占比中并不占据重要的位置。而子女的私人转移性收入主要是子女所提供的赡养费用，但是这个收入是极其不稳定的。因为大多数子女并不是定期给付赡养费用，多是在

---

① 中华人民共和国国家统计局：《中国统计年鉴 2016》(http://www.stats.gov.cn/tjsj/ndsj/2016/indexch.htm)。

② 解垩：《公共转移支付和私人转移支付对农村贫困、不平等的影响：反事实分析》，《财贸经济》2010 年第 12 期。

③ 于乐荣、唐丽霞、李小云：《公共转移性收入对农村内部不平等的影响分析》，《经济经纬》2013 年第 6 期。

过年、过节或者父母生病的时候才会提供赡养费用；而且子女的赡养支出也并不一定是以现金的形式，很多时候是以物质回报的形式，譬如说给父母买米买油，这些物质性的回报并不能算入农民的私人转移性收入之中。

总之，农民的财产性收入和公共转移性收入在农民的收入中所占比例极低，因此可以忽略不计。农民的私人转移性收入主要是子女的赡养费用，但并不是定期得到，而多是在过年、过节或生病的时候才得到数额不定的钱财。占据农民收入比例最大的是工资性收入和家庭经营性收入，但是农民的工资性收入受到农民的短工化、频繁换工等就业不稳定因素的影响，而以农业生产为主的家庭经营性收入则受到气候、季节等因素的影响，靠天吃饭。概言之，农民的收入来源极不稳定，农民如同“站在齐脖深的河水中，只要涌来一阵细浪，就会陷入灭顶之灾”[①]。

（二）藏富与哭穷：财不外露的外显表现

如上所述，农民的收入来源极不稳定，因而在客观层面增加了测量农民收入的难度。除此之外，农民主观上也不愿意透露自己的收入，这与传统中国农民的社会心理特征息息相关。周晓虹用四个主义概括了传统中国农民的社会心理特征，分别是平均主义、保守主义、功利主义和封闭主义，平均主义被置于第一位。[②] 平均主义倾向除了我们通常理解的“不患寡而患不均”的平均分配的心态之外，还暗含着另外一层含义，也就是对他人发财的嫉妒心理。如果从是非观念的标准来下判断，我们很容易妄自得出农民是自私的、狭隘的这样一种结论。但实际上，农民的这种对他人发财的嫉妒心理有着深刻的社会历史根源。长期以来，农民依靠土地为生，但是

---

① ［美］詹姆斯·C. 斯科特：《农民的道义经济学：东南亚的反叛与生存》，程立显、刘建等译，译林出版社 2013 年版，第 1 页。

② 周晓虹：《传统与变迁：江浙农民的社会心理及其近代以来的嬗变》，生活·读书·新知三联书店 1998 年版，第 66—79 页。

自给自足的小农经济限制了农业的规模化生产，农民生产力水平较低。在这种社会历史背景下，农民逐渐形成了资源有限的观念，并且认为增加资源是一件十分苦难的事情。因此，农民十分珍视“有限资源”。“有限资源”的认知使得他人财富的增长会对农民构成一种压力，让农民产生自身资源会减少的恐慌，从而对他人财富的增长抱有敌视和猜疑的心态。[①] 事实上，这种心态并非中国农民所独有的，美国学者布鲁姆夫妇在对希腊农民进行研究时也观察到这种心理特征，并对其进行了精彩的描述：“当某位村民碰上好运时，其他人便会通过闲言碎语、评头评足、中伤诽谤表达自己的嫉妒。村民们自称村里的生活没有一刻的平静，每个家庭对其他有可能获得成功和幸福的家庭都充满了妒意和竞争心理。”[②] 由此可见，农民对他人财富增长的嫉妒不分国别，有着深刻的社会历史根源。而为了应对村庄中这种普遍存在的“妒富”心理，发了财的人除了尽可能地给同族或同乡的人提供帮助之外，也尽量隐藏自己的财富，即“通过自贬，千方百计掩饰自家财产的实情”[③]。

“财不外露”是对广大农民心理特征的概括与总结，它在薯县同样具有解释力。这种心理特征主要通过两种类型的行为方式表露出来：一种是“藏富”；另一种是“哭穷”。顾名思义，“藏富”是“隐藏富裕”的简略表达，其更准确的含义是指农民不会主动地、真实地将自己的收入透露出来。“藏富”的方式很简明，主要是指农民在与他人的交谈中刻意回避自己的收入，如果谈到了这个话题，农民也会尽量对自己的收入做一个极其保守的预估。“哭穷”

---

① 周晓虹：《传统与变迁：江浙农民的社会心理及其近代以来的嬗变》，生活·读书·新知三联书店 1998 年版，第 68—70 页。

② Richard and Eva Blum, *Health and Healing in Rural Greece: A Study of Three Communities*, Stanford, Calif: Stanford University Press, 1965, p. 128.

③ 周晓虹：《传统与变迁：江浙农民的社会心理及其近代以来的嬗变》，生活·读书·新知三联书店 1998 年版，第 70 页。

的方式则形式多样，且富有表现力。显然，真正贫穷的农户无须“哭穷”，他的贫寒的生活可以通过破旧的房屋、泛黄的衣着表现出来。然而，更多的农民位于贫困线的临界值附近，部分农民收入水平甚至完全不能构成当选贫困户的可能。此时，部分农民“哭穷”的技术则淋漓尽致地展现出来。他们如同舞台上的表演艺术者，既将舞台上的灯光调暗，以虚化自己生活中一些可能存在的优势，如家中有两层小楼房、收入水平尚可、子女有工作等；又毫不掩饰地将自己生活中遇到的困难推向聚光灯下，吸引观众的注意。通过这种方式，部分农民在自己收入水平并不构成当选贫困户的情况下，突出强调自己其他方面的困难，如身患疾病、赡养负担重、子女读书等，从而搭建了一个渲染不幸的舞台，构建了一个凄风苦雨的苦者形象。

概言之，农民具有“财不外露”的心理特征，因而他们不会主动地、真实地将自己的收入透露出来。即使是透露自己的收入，他们也通常倾向于以“诉苦”的方式将自己说得穷一点儿，以获取更多的帮助。这种“藏富”与“哭穷”的行为，使得获取农民的真实收入信息更为困难。

三　信息困境：不易制衡的基层代理人

尽管农民收入来源的不稳定客观上给获知农民收入带来困难，且农民财不外露的心理特征也使得他们尽量掩饰自己的真实收入。但是技术上的困难并不是无法解决的，正如阿玛蒂亚·森所言，“有许多关于贫困的事情是一目了然的。要认识原本意义上的贫困，并理解其原因，我们根本不需要精心设计的判断准则、精巧定义的贫困度量和寻根问底的分析方法”。[①] 事实上，抛开精巧设计的贫困

① ［印］阿马蒂亚·森：《贫困与饥荒》，王宇、王文玉译，商务印书馆2001年版，第1页。

线标准和收入测量手段，在村庄这个“熟人社会”[①]，人们生于斯、长于斯，对村庄内的村民都有着长期的、频繁的、深度的接触，因而对村庄内的他人都十分熟悉。尽管随着社会的发展和变迁，熟人社会已然解体，行政村作为国家行政管理对农村全面渗透的产物，是一个“半熟人社会”[②]。但不可否认的是，在这样一个半熟人社会，“大家相互之间仍然是熟人，各自不仅了解对方的才干与人品，而且清楚对方的身世、财产及亲友关系”[③]。村干部不仅是基层执行政策的代理人，而且也是村庄内的一员，对于村庄内成员的信息了如指掌。如果村干部能够认真执行上级政府提出的精准识别的要求，那么获知农民收入的主客观困境就能得到有效的化解。然而，现实却与理想中的情境背道而驰。

> 高头（上级）想搞清楚，搞不清楚；村干部搞得清楚，不搞清楚。村里的干部应该是对村里的事物最清楚的，不可能不了解贫困户的情况，就连村子里哪个人哪天过生日，他都晓得，他不用刻意去记他就可以知道。有的村干部把贫苦户的属性都搞错了，一般贫困户写成是低保户，那你村干部都不写清楚，高头么样搞得清楚呢？（20160120XZR）

在薯县扶贫办，流传着这样一句话：“高头（上级）想搞清楚，搞不清楚；村干部搞得清楚，不搞清楚。”这句话起源于扶贫办一位工作人员对村干部不认真执行精准识别工作的不满，也从侧面反映出精准识别中“信息不对称”的困境。这主要是因为精准识别工作是一件系统的、复杂的工程，精准识别中存在着委托代理关

---

① 费孝通：《乡土中国·生育制度》，北京大学出版社1998年版，第51页。

② 贺雪峰：《论半熟人社会——理解村委会选举的一个视角》，《政治学研究》2000年第3期。

③ 同上。

系，乡镇及村一级的干部是执行精准识别工作的代理方，由他们负责贫困户信息的上报。但是，掌握着丰富且具体信息的下级政府逐级上报信息不仅仅是一个技术过程，而且还是一个资源竞争的过程，因而下级政府在上报信息的过程中会对信息进行加工、简化、重组。[①] 正是由于信息不对称，才使得薯县扶贫办的工作人员发出“村干部搞得清楚，不搞清楚”的感慨。“不搞清楚”，是薯县扶贫办工作人员对部分村干部在贫困识别中没有担负应有的责任而做出的口语化总结。在行政村这个半熟人社会，村干部并非不了解村民的情况。所谓的“不搞清楚”，不是说村干部自身没有摸清楚村民的生活状况，因为即使村干部不做专门的调查，他也能在长期的村庄生活中体悟到他人的经济状况。因而，“不搞清楚”更准确的含义应该是“不统计清楚”或“不上报清楚”。一方面，村干部对村庄内部的情况熟谙于心，因此在他们看来将其“默会的知识”转换成文本的表格统计既麻烦又没有必要，所以部分村干部在填写贫困户表格时没有认真对待，表现为贫困户表格中出现漏填、错填等不必要的技术失误。另一方面，也有部分村干部出于多种考虑，将一些关系户、人情户等上报为贫困户，主观上造成了贫困识别的瞄准偏离。

村干部作为具体执行贫困识别的基层代理人，在“不统计清楚”或“不上报清楚”的情况下，给上级政府全面、准确地摸清贫困农户的真实信息造成了困难。为了对村干部形成制衡，从而减少信息不对称所产生的瞄准偏离，薯县在精准扶贫中引入了第三方力量，各级政府选派了优秀干部以驻村的方式帮助并监督村干部的贫困识别工作，但是驻村干部到底能发挥多大的效用仍然存疑。从驻村干部的人员构成来看，他们主要是原单位的非主职干部或年轻

① 陆汉文：《落实精准扶贫战略的可行途径》，《国家治理》2015 年第 38 期。

干部，农村经验相对不足；从驻村时间来看，驻村干部大多只在村庄驻扎一年，加之对他们的考核较少，更加无法保障驻村干部的驻村时间。有限的驻村时间不仅不利于增进驻村干部与村民的相互熟悉和信任，而且也对驻村干部监督村干部的工作造成一定的困难。[①]从驻村干部主观意愿来说，他们既不愿意得罪村干部，又担心选出更贫困的农户反而难以脱贫，从而影响到他们的脱贫考核。[②]在这种情况下，驻村干部作为引入的第三方力量事实上难以全面地、有效地、真实地掌握村庄内所有村民的贫困信息，进而增加了监督村干部的工作难度。驻村干部了解到的村庄内的贫困信息主要来源于村干部，这也使得上级政府无法通过驻村干部的制衡以破解“信息不对称”的难题。

第三节　实践中的智慧：不断进阶的鉴贫标准

精准识别以刚性的、不可逾越的国家贫困线为指针。但正如图3—2所示，国家贫困线的标准能够产生作用的前提是知晓农户人均纯收入的真实数据。在不知晓农户准确收入信息的情形下，则需要辅助标准作为评定贫困户的依据。正如上文所述，由于获知农民的收入在现实操作中遇到了技术困境，使得按照国家贫困线的方式去识别贫困户几乎成了一件不可能完成的任务。因此，为了提高贫困识别的精准度，做到“看真贫”，薯县在实践中不断发展出辅助性的鉴别贫困的标准，且随着时间的推移和识别进程的深入，这些鉴别贫困的标准也在不断进阶，不仅规定越来越多、越来越细，而且也越来越严格。

---

① 王晓毅：《精准扶贫与驻村帮扶》，《国家行政学院学报》2016年第3期。

② 王雨磊：《精准扶贫何以“瞄不准”？——扶贫政策落地的三重对焦》，《国家行政学院学报》2017年第1期。

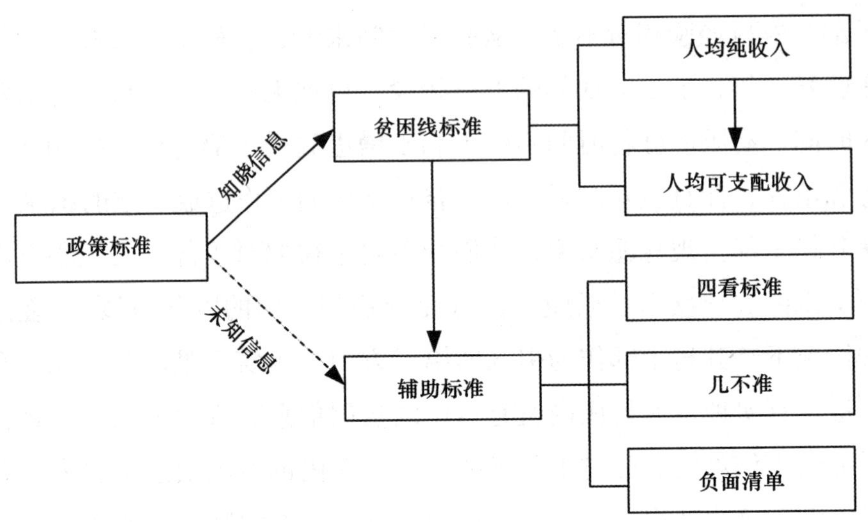

图3—2 贫困户识别标准示意

一 望闻问切：建档立卡阶段的“四看”标准

自扶贫瞄准单元下沉至户以来，建档立卡[①]工作就成为扶贫开发的一项重要的基础性工作。2011年，《中国农村扶贫开发纲要(2011—2020年)》出台，明确要求“建立健全扶贫对象识别机制，做好建档立卡工作，实行动态管理，确保扶贫对象得到有效扶持”[②]。2014年3月，《关于创新机制扎实推进农村扶贫开发工作的意见》出台，进一步提出“对每个贫困村、贫困户建档立卡，建设全国扶贫信息网络系统”[③]。2014年4月，为了做好建档立卡工作，国务院扶贫办发布了《扶贫开发建档立卡工作方案》。至此，新一

① “建档”，是建立信息档案的简称。建档的信息主要包括贫困户的人口、土地及收入等生产和生活的相关信息，建档的介质包括纸质版和电子版。“立卡”则是为贫困户发放帮扶卡册，所有的帮扶措施、帮扶绩效都必须呈现在帮扶卡册中。

② 中共中央、国务院：《中国农村扶贫开发纲要（2011—2020年）》，中国政府网（http：//www. gov. cn/gongbao/content/2011/content_2020905. htm）。

③ 中共中央办公厅、国务院扶贫办：《关于创新机制扎实推进农村扶贫开发工作的意见出台》，2014年1月，中国政府网（http：//www. gov. cn/zhengce/2014 -01/25/content_2640104. htm）。

轮扶贫开发建档立卡工作正式启动。①

在建档立卡阶段，薯县扶贫攻坚相关领导为了克服获知农民收入的技术困境，专程前往贵州省毕节市取经，并将毕节市的“四看”标准移植过来。所谓“四看”，也就是“一看房、二看粮、三看有没有读书郎、四看劳动力强不强”。如果将对农民的收入判断比喻为医学上的诊断，那么不难发现以农民的收入作为依据和以“四看”标准作为参照是两种截然不同的诊断方式。通过将农民的人均纯收入精确到个位数，从而衡量其是否应该被评为贫困户的方式类似于西医式的疗法，它在诊疗过程中高度依赖于现代化的仪器和数理计算，从而得到精细的、可重复验证的医学判断。“四看”标准则不同，它汲取了中医的知识养分，将望、闻、问、切的诊疗手法运用于贫困识别的过程，通过医师的观察和经验得出一个综合性的分析结果。

> 人平均2736这个标准是国家去年定的数字，但是有一个问题啊，你到农村去，2736你去跟他算账，这不好算呐，怎么跟老百姓算？所以呢，我们就采取一个办法，就是用这个“四看”。那么怎么看呢，我们一看房，就是看你家的房子，我们就通过你是楼房还是平房，你家是危房还是一般的房，我们都要按照“四看”打分。看粮也不仅仅是看你家种了多少粮食，看粮是看你家通过生产、劳动有几多（多少）收入。比方说，我种了三亩田，我打了几多粮食，我养鱼养了几多，这是通过生产，属于生产性收入。第三个，就是看劳动力强不强，你是壮劳动力还是有病的劳动力，

① 湖北省总共开展了四次建档立卡：（1）1988年首次开展了“户开卡、乡造册、县建簿”的建档立卡工作；（2）2005年为建立扶贫对象电子档案，开展了第二次建档立卡。此次建档立卡在以往数据的基础上，着重补充贫困人口档案的涵盖信息，同时完善建档立卡的工作流程，并且开始了对贫困人口的档案的电子化和联网管理；（3）2009年启动了第三次建档立卡工作，将农村贫困人口进行分类，并且将贫困线提高到农村五保人口和低保人口认定标准之上；（4）2012年为了适应农村年人均纯收入2300元这一个比原来的1274元高近一倍的新的扶贫标准，湖北省开启了第四次建档立卡工作。资料来源于薯县扶贫办。

尽管他年轻但可能有病就不行。最后看有没有读书郎，这一家如果读书，比方说，原来读高中，现在读大学，现在负担一个大学生一年最少万把块钱，所以这个就是按照读书来评。我们县里根据这个评就是以 80 分为标准，80 分以下就是贫困户，80 分以上就不是贫困户，65 分以下就是重点贫困户，我们县里基本上按照这样一个情况。(20151211YFX)

望、闻、问、切是一种古老的中医式疗法，它能够对病情和病理做出综合性的分析和判断。在将农民的收入精确到个位数这种西医诊疗手段难以施行的情况下，中医式疗法是一种行之有效的替代手段。但是，中医式疗法毕竟有它的局限之处，它不具有可重复验证性，且严重依赖于医师的经验和诊疗水平，具有较强的主观性。以“看劳动力强不强”为例，有的医师认为只要患有疾病就是劳动力不强的表现，还有一些医师则从更为狭义的角度加以理解，认为只有身患如癌症之类的重疾才能归为劳动力不强的一类。医师的主观性会对贫困识别的结果产生决定性的影响，针对同一个案例，不同的医师也许会得出大相径庭的结果，而这也为瞄准的偏离埋下了隐患。因此，为了达到更好的诊疗效果，薯县在采用望闻问切的中医式疗法的同时，也借鉴吸收了西医式的工作方式。一方面，薯县在贫困识别中将看房、看粮、看读书郎和看劳动力作为贫困识别最基本的依据。在识别过程中注重肉眼的直接观察和感官的直接体验，通过打量房屋的破损程度、家电的配置情况，询问家庭成员的身体状况等方式，获得对农户经济状况的感性认识。另一方面，为了最大限度地降低“看”这一主观动作对诊断结果所造成的误差，薯县扶贫办也借鉴了西医标准化、数理化的工作方式。薯县制定了一份“四看”评分细则，将“看”这一极具主观性的行为方式转化为可操作化的、可量化的标准，从而尽可能地限制评分人员在评估农户经济状况中的自由裁量权，并降低不同乡镇、不同村庄之间的评分差别，减少评分人员的主观误判。具体来说，"四看"评分细则以百分制的方法打分，其中看房占30分，看粮占20分，看劳动力强不强占30分，看家中有没有读书郎占20分。每一条分别对应不同的评分内容和标准。对观察或询问到的农户信息做出量化的评估，并给出具体的分值。以"看家中有没有读书郎"为例，"四看"评分细则根据读书郎的情况制定了明确的评分标准。同样是家中有两名读书郎，两名读高中和一名读高中一名读大学得到的分值也不尽相同。

表3—3　　薯县精准扶贫"四看"审核①

内容	评分内容及标准	标准值
看房（30分）	1. 农户除在本村有房外，还在外地（镇、县城、省城、京城或其他城市已购买了商品房的）计30分（单项已脱贫）	30
	2. 农户在本村已做两层以上的楼房，居住环境好，且有一般家用电器或小型交通工具的计30分（单项已脱贫）	30
	3. 农户在本村做一层砖混结构且面积较宽，居住环境较好，家庭有一般电器1—2件的计26分	26
	4. 农户现居砖木结构平房，面积不足国家规定的农村人均占有面积，家中尚无大件电器，或无小型交通工具，居住环境较差的计20分	20
	5. 农户现居破旧土坯房，且家中缺一般生活家具，居住环境恶劣的计10分	10
看粮（20分）	1. 人平耕地面积达到本乡镇平均面积以上，人均产量较高，又有自留山上的经济林或有养殖项目、加工项目，家庭人均纯收入达2736元的计20分（单项已脱贫）	20
	2. 人平耕地面积低于本乡镇平均面积，年产量一般，且只有山上经济林计15分	15
	3. 人均耕地面积不足半亩，家中无山林收入，无养殖和加工收入的计10分	10

① 资料来源于薯县扶贫办。

续表

内容	评分内容及标准	标准值
看劳动力强不强（30分）	1. 家中有两个劳动力以上（国家规定劳动力年龄）且无伤残，无大病、身体强壮，且常年有劳动力在外打工年收入在2万元以上的计30分（单项已脱贫）	30
	2. 家里主要劳动力身体常年亚健康，不能做较重的体力活，但能下地干活且有一技之长，能够创造家庭收入，家中还有人外出打工收入1万元左右的计15分	15
	3. 家里上有老、下有小，主要劳动力常年患病或身残，不能下地干活的计5分	5
看家中有没有读书郎（20分）	1. 家中无子女读高中和大学的计20分	20
	2. 家中有1—2名正在读高中的计18分	18
	3. 家中有1名读高中、1名读大学的15分	15
	4. 家中有1名读高中或2名读大学的计10分	10
总分		100

至此，评分人员不再仅是一名依赖望、闻、问、切的传统中医，他同样采纳了现代医学的标准化工作方式，通过汇总各项分值，从而对农户的贫困户属性做出判断：农户综合评分在80分以下就是贫困户，65分以下则是重点贫困户，而分值在80分以上则不能被评为贫困户。

二　各个击破：精准识别回头看阶段的“几不准”

农民收入的不易获知，使得准确测量农民的人均纯收入难以施行。“四看”标准的推行则为精准识别的具体执行者提供了可操作性较强的参照标准：它汲取了传统中医的精髓，以望、闻、问、切的方式，获取对农户收入的直接感知，从而对农户是否能被评为贫困户有一个基本的认知；为了避免各乡镇、各村庄出现参评标准不统一，限制评定人员的主观误判，薯县在望闻问切的中医诊断基础上加入了西医的标准化、数理化元素，以百分制的方式作为评分的统一模板。“四看”评分细则自推行后，便迅速成为薯县精准识别的引领性规范。

然而，在具体的执行过程中，“四看”评分细则的弊端也逐步显露出来。概言之，尽管“四看”标准具有标准化、数理化的特征，但它仍然给评定人员提供了一定的可操作空间。究其原因，主要有两点：一是“四看”的评定细则存在一定的模糊空间，评定人员对评定细则的不同理解会使评定结果走向截然不同的方向。以“看劳动力强不强”为例，对“主劳动力”这一概念的不同理解，以及对“常年亚健康”和“常年患病或身残”之间区别的理解，会对最终评分产生较大的影响，并直接左右最终的评定结果；二是“四看”标准的参评维度有限，农民的生活样态丰富多彩，以“房屋、粮食、读书郎、劳动力”四个维度作为衡量农民经济状况的标准，虽然具有一定的普适性，但将它用于对照农民的经济状况时，仍然无法解释所有情境。也就是说，“四看”标准具有一定的弹性空间，评定人员仍然有一定的自由裁量权，这也使得“人情户”或“关系户”仍然有被评为贫困户的可能。

正因如此，通过“四看”标准选出的贫困户名单潜藏着波涛汹涌的暗浪，随时都有可能掀起令人惊诧的浪花。真正引发薯县重新审视“四看”标准的事件是 2015 年 8 月国家审计署对广西马山县的一次审计，通过抽查发现该县有 3119 名扶贫对象不符合建档立卡的条件。[①] 这则新闻引起了轩然大波，一石激起千层浪，媒体和社会就精准识别的精准与否进行了深入的报道和广泛的讨论。为了回应媒体和社会对精准识别的关心与疑问，国务院扶贫办专门召开新闻发布会对虚报贫困户的问题予以追责。与此同时，薯县所在的省市也先后出台《关于认真做好扶贫开发建档立卡数据质量核查工

① 中华人民共和国审计署办公厅：《2015 年 8 月稳增长促改革调结构惠民生防风险政策措施贯彻落实跟踪审计结果》，2015 年 10 月，中国政府网（http：//www. gov. cn/xinwen/2015 －10/08/content_2943332. htm）。

作的通知》，要求开展建档立卡数据质量核查工作，对建档立卡的数据进行全面的核查与清理，也即对精准识别进行“回头看”，力求获取更加真实、更加精准、更加完整、更富有时效性的数字，以提高广大人民群众对精准识别的认可度。

> 昨天我去市里面参加了动员大会，各个县的党委书记都参加了。市委书记指出之前的精准扶贫工作存在几个方面的问题：精准扶贫不精准，数字一变再变……干部作风不严不实，积极性不够。市委书记在昨天的动员大会上还用了现在网上流行的用语“重要的事情讲三遍”：一是重视，二是落实，三是聆记。市委书记强调，要重视重视再重视，落实落实再落实，聆记聆记再聆记。重视，是因为现在很多县、乡镇、村认识不到位，主要是对精准扶贫的重要性认识不到位。落实，有四个落实，也就是扶谁，谁扶，咋扶，咋退……聆记，也就是我们要高度重视这件事情，提高认识，思想再提高。前期我们做了大量的工作，我们在这个最后，不认真、不负责、不努力，把该进去的没进去，该出的没出来，那我们前期的工作都是白做的。所以我们要认真认真再认真，重视重视再重视，不要当成原来随便，对精准扶贫的重要性认识不到位，以为现在的精准扶贫还是过去的扶贫。（20151218 薯县扶贫办有关“精准识别回头看”的内部动员及培训会议讲话）

按照精准识别“回头看”的要求，2015 年 10 月 27 日到 11 月 10 日期间，薯县对乡镇及村一级的精准识别工作展开了全面的核查。核查内容主要包括两方面：一方面是检查乡镇及村一级开展精准识别的工作是否落实、程序是否规范。工作是否落实主要包括乡镇及村一级的扶贫攻坚作战室的人员配置是否到位，办公桌、文件橱、电脑等办公设施是否齐全以及办公室内扶贫攻坚作战图、标准档案盒、干部包保花名册、贫困户花名册是否完备。与此同时，也入户抽查贫困户家中档案袋内的入贫申请书、贫困审核报告单、"四看"评分审核表、贫困户入户调查分析表等是否齐全。程序是否规范则主要是核实乡镇及村一级是否落实了入户调查、村民主评议、公示公开、审核复查等工作。另一方面，则是核对、清理并更新建档立卡的信息，对于如何核对信息，薯县负责分管精准扶贫工作的副县长提出了具体的要求：

> 我给大家提四点要求，我们这次"回头看"的数据审核，要严格按照这四点要求来做。第一，查总数，乡镇不能突破总数。第二，查户数和人数。第三，查增减，增的主要是9月以后发生了灾难重病或因特殊原因没有被选入贫困户的，减的主要是低保户、死亡和出嫁。第四，增加的贫困户或贫困人口要单独拿出一个表列出来。（20151218 薯县扶贫办有关"精准识别回头看"的内部动员及培训会议讲话）

在薯县对精准识别数据进行"回头看"的同时，国务院扶贫办、省扶贫办等相关部门也派出第三方人员开展抽查和评估的工作。为了使精准识别"回头看"的数据更加真实可靠，有关乡镇在"回头看"的过程中增加了"几不准"的标准。这个"几不准"标准是以国家审计署对广西马山县抽查的标准作为重要参考依据。在国家审计署的审计报告中，认定广西马山县精准识别工作存在重大问题的主要缘由在于"有343人属于财政供养人员，有2454人购买了2645辆汽车，43人在县城购买商品房或自建住房，439人为个体工商户或经营公司"[①]。以此为鉴，薯县一些乡镇在精准识别"回头看"的过程中增加了一些否定性标准，也被称为"几不准"。

表3—4　　薯县EC镇精准识别"回头看"审核

EC镇________村一般贫困户精准识别"回头看"审核表					
一般贫困户	户主姓名	身份证号	家庭人口数	有劳动能力（人）	联系方式

说明：此次调查的对象包括12月7—18日之间上报到镇扶贫办的新增一般贫困户。一般贫困户有下列情形之一，请在对应序号前打钩：

1. 在城镇购房的；
2. 有小车的；
3. 家庭成员中有财政供给的；
4. 有小型超市、加工厂和其他实体经济的；
5. 父母和子女分离单独立户的；
6. 家庭成员有2人及以上在外务工的；
7. 是"关系户"和"人情户"的；
8. 人均纯收入明显高于2736元的。

签字人：村支部书记　　　　　　　　　　　　驻村干部：

"几不准"标准的制定，受到了广西马山县事件的直接影响，但最主要的原因还在于弥补"四看"标准的不足。正如上文提到的"四看"标准存在的参评细则模糊和参评维度有限的问题，这为评定人员的灵活机动处理提供了一定的空间，也使得一些大众认知中不符合贫困户评定条件的农民，因为符合"四看"评分细则的规定，而最终被评定为贫困户。为了弥补"四看"标准的不足，薯县在核实、清理和更新贫困户信息的过程中，运用了"几不准"标

① 中华人民共和国审计署办公厅：《2015年8月稳增长促改革调结构惠民生防风险政策措施贯彻落实跟踪审计结果》，2015年10月，中国政府网（http://www.gov.cn/xinwen/2015-10/08/content_2943332.htm）。

准。“几不准”是指凡是满足在城镇购房，有小车，有财政供给，有小型超市、加工厂和其他实体经济，家庭成员中有两人及以上在外务工，人均纯收入明显高于2736元这几种情形中的任意一条，即应从贫困户的名单中剔除，被排除出贫困人口的范围。虽然“几不准”标准存在一些争议，但是从“几不准”推行的出发点来看，它对“四看”标准做出了优化，增加了评定依据的维度，压缩了评定人员的主观随意性。

三　全面排查：审计阶段的“负面清单”

2016年3月1日到4月25日，省审计厅对薯县2014年至2016年3月精准扶贫政策落实和财政专项扶贫资金管理使用情况进行了就地审计，重点审计了薯县财政局、扶贫办、发改局等主管部门，延伸审计和调查了5个单位、4个乡镇、55个村组和122个贫困农户。在审计过程中，省审计部门充分利用数据化、网格化与动态化的大数据技术，这个过程也被称为“大数据排查”：省审计部门拷贝了薯县所有贫困户的姓名、身份证号、家庭成员等相关基本信息。同时，省审计部门开展跨部门、跨层级的合作，分别前往薯县民政局、统计局、房管所、车管所、社保局、农业局等相关部门拷贝薯县农户的社保信息、房产信息、车辆信息、大型农具等信息。除了查询户主本人的相关信息之外，贫困户所有家庭成员的相关信息都会被排查。在薯县，无论是县级官员、乡镇干部还是普通的农民，都对“大数据排查”的信息收集十分佩服，纷纷表示大数据排查“太狠了”（太厉害）。大数据排查不仅能够查出贫困户的亲属信息，而且能具体到房产地方、车辆类型、企业名称等详细信息。正是因为大数据强大的信息收集和分析能力，才使得通过大数据排查疑点信息成为可能。

> 这个大数据排查呀，确实是狠（厉害）呐。有些数据，你问也问不出来呗，他要是不跟你说实话，那你有时候真的是一点办法都没有。诶，这下好了，你看，这个大数据排查，把各个部门的数据都联网了，你想瞒是瞒不住的了，那么样瞒得了哩，一查就查出来了呗。（20160525CJP）

对一位经验丰富、深谙人心的扶贫干部而言，他需要通过精心组织的语言、细致入微的观察、深思熟虑的思考，方能从各方面了解到贫困户的基本信息。即便如此，汽车的数量、品牌及类别、房屋的数量及具体位置、公司的名称、注册时间及注册资本等详细信息的获取，对于扶贫干部来说也绝非易事，他们很难确保村干部或贫困户告知的信息是完全真实的、详尽的。然而，在大数据排查跨部门、跨层级的合作面前，贫困户的所有重要财产信息都无处隐身。通过省审计厅的大数据排查，薯县的部分贫困户成为审计疑点。如“YJH 镇 XMZ 村 LB 购置有神龙—富康小汽车 1 辆，同时在薯县园艺万庄 × ×号有房产，注册有薯县 XD 汽车养护维修中心，注册资本 10 万”；又如“JS 社区居委会 QCF 购置有丰田牌小汽车，同时在 HJL 大道农机监理站对面有房产，并注册有薯县 JT 建筑门窗有限公司”。

如表 3—5 所示，出现问题的审计疑点主要有以下几个方面：有商品房或者在本村外有自建住宅、有家用小汽车、有大型农业机械、有企业、有养老保险，或者本人是企事业单位职工、村干部及其家属、一般财政供养人员、私营业主、企业法人、缴纳公积金的农户等。而审计的人员除了户主本人之外，也包括贫困户内的所有成员，包括贫困户的配偶、父母、子女、女婿、儿媳、孙子、孙女等三代以内的直系亲属。

表 3—5　　大数据排查中部分存在疑点的贫困户信息①

户人数（人）	与户主关系	审计疑点	类型	贫困户属性
4	户主	有房产	有房产	一般贫困户
4	户主	有车辆	购买家用车辆	低保贫困户
4	户主	2013 年购买农机	购买大型农机	低保贫困户
4	户主	企业，车辆	企业法人	低保贫困户
4	配偶	退休人员—缴纳养老保险	退休人员	低保贫困户
4	之儿媳	个体工商户—缴纳养老保险	缴纳养老保险	低保贫困户
6	户主	贫困户为村干部	村干部	低保贫困户
5	之女	财政供养人员	财政供养人员	低保贫困户
3	之孙女	住房公积金缴纳人员	住房公积金缴纳	一般贫困户
3	之父	退休，有房产	退休人员	一般贫困户
5	之女婿	缴纳养老保险	缴纳养老保险	一般贫困户
4	之子	个体工商户	个体工商户	低保贫困户

资料来源：作者根据田野调查收集到的资料所做的整理。

通过大数据排查，省审计部门对精准识别“回头看”核对后的数据进行了再一次的清理和更新。在审计过程中，审计部门发现部分贫困户并不符合精准识别的条件。据此，省扶贫攻坚领导小组于 2016 年 8 月发布《省贫困人口精准识别专题审计整改工作方案》，要求对照审计中的疑点，有针对性地对有疑点的贫困人口进行资格复核，如果贫困人口确属存在硬伤，则取消贫困人口的贫困户资格。同时，为了更加规范地对贫困人口进行资格复核，省扶贫办提供了一份贫困人口识别负面清单。

① 除表中信息外，大数据排查还对户主姓名、户主身份证号、调查核实情况、上报入网的主要原因、乡镇初步核实情况、乡镇最终核实情况、审计结论、脱贫属性等内容做了调查。因与本部分内容关联不大，故而略去。

贫困人口识别负面清单①

一、在城镇购置商品房或异地自建（购买）住房的；

二、家庭拥有价值在5万元以上（含5万元），且能正常使用的家用小汽车、大型农机具（赠予除外）的；

三、在党政机关、企事业单位或国企有固定工作和稳定收入的；

四、私营业主和股东的；

五、连续性缴纳住房公积金、社保费和领取养老金基数高的；

六、现任村两委主职干部及其家属的；

七、家庭成员具有劳动能力，无正当理由不愿从事劳动的，不履行赡养义务的，有赌博、吸毒、好逸恶劳、家庭不和谐等行为之一的；

八、家庭承包耕地常年抛荒、流转、委托或长期雇佣他人从事生产经营的农户，两年以上未回来居住的；

九、对群众有质疑不能做出合理解释或群众举报其不符合扶贫对象情形的。

对虽有上述情况，但因特殊情况，经综合衡量，未达到“两不愁、四保障”标准，生活仍确处于贫困线之下，需保留其贫困身份的，须经村两委和驻村工作队集体研究，村民代表大会同意，公示公告后，按程序申报乡（镇）人民政府核查，报县级扶贫攻坚领导小组审批，并经县、乡人民政府主要负责同志签字后，可以采集信息录入系统。但属于该清单中一、三、四、六、八等几种情况的，必须坚决剔除，绝对不允许保留。

---

① H省扶贫攻坚领导小组：《H省贫困人口精准识别专题审计整改工作方案》，2016年8月14日。

在负面清单中，对贫困识别的制度进行了一次全面的升级。除了原有的“几不准”规定之外，负面清单还增加了大型农机具、缴纳公积金、社保费、领取养老金等方面的规定。此外，负面清单借助大数据排查的技术支持，使得排查这些项目成为可能。总而言之，薯县在实践中不断发展出替代性的鉴别贫困的标准，它们分别是“四看”标准、“几不准”标准和“负面清单”标准。这些鉴别贫困的标准在不断进阶，不仅规定越来越多、越来越细，而且也越来越严格。

第四章

非正式制度的重构：公平观念作为弹性标准

无论是国家制定的贫困线，还是作为辅助标准的“四看”标准、“几不准”标准或“负面清单”标准，都是一种显性的、刚性的正式制度。它通过文本的形式被确定下来，并以国家机器的强制执行作为推动力量。然而，正式制度并不是总能发挥作用，它在具体推行的过程中时常遭遇阻力而失去原本应该产生的效力。这是因为在乡土社会内部，还并存着与正式制度不完全一致甚至产生现实碰撞的非正式制度。非正式制度是指对人的行为不成文的限制，包括价值信念、伦理规范、道德观念、风俗习惯和意识形态等。[①] 它并不是经过刻意的人为设计而生成的，相反，它或是适应于短期的特定环境而产生，或是在长期的社会交往过程中自然演化而成，并被人们无意识地熟知和接受。[②] 农民的公平观念即是一种非正式制度，是“乡土社会日常生活的内在逻辑，是乡民们所了解、熟习、接受乃至视为当然的知识”[③]。尽管农民从未条分缕析地阐明自己的

① 崔万田、周晔馨：《正式制度与非正式制度的关系探析》，《教学与研究》2006 年第 8 期。

② 唐绍欣：《传统、习俗与非正式制度安排》，《江苏社会科学》2003 年第 5 期。

③ 梁治平：《乡土社会中的法律与秩序》，载王铭铭、王斯福《乡土社会的秩序、公正与权威》，中国政法大学出版社 1997 年版，第 430 页。

公平观念，但在一个个具体的事例中，他们用朴素的口语化表达“我们都会看”来表明自己的立场和判断。

第一节　情境中的公平：贫困识别的地方性知识

如果将透视农民的公平观念比喻为观察一个万花筒，那么本书主要是将万花筒的棱镜转动到原则公平这一分析维度。观察发现，平均主义是农民公平观念的内在追求，也即农民将贫困户指标视作可以共享、均分的稀缺资源。除此之外，农民的公平观念是以情境为中心的，具体表现为农民评判谁应该被评为贫困户的标准不是一成不变的数学公式，而是因涉及的人和事的不同展现出千变万化的姿态，其差异性的核心在于“内外有别”。

一　原则公平：公平观念的分析维度

什么是公平？日常话语中，人们通常将公平、平等、公正这三个有着相近含义的词汇联系在一起。但是，含义的相近并不等于含义的相同，这三个词汇呈现出各自鲜明的语义特征。平等，是对客观分配状况的价值中立的、不失偏颇的描述；而公平、公正则倾向于呈现人们对于分配状况的内心感受和价值判断。[①] 除此之外，公平侧重于关注分配结果，公正则对分配过程投注更多的目光。[②] 概言之，公平是“依据作为某一社会的共识的正义原则，对社会不平等的正当性所作的判断，强调的是社会成员对社会有价资源的分配

---

① Karol Edward Soltan, “Empirical Studies of Distributive Justice”, *Ethics*, Vol. 92, No. 4, July 1982.

② 麻宝斌、钱花花、杜平：《公平优先于公正——中国民众社会公平认知状况的实证分析》，《吉林大学社会科学学报》2016 年第 2 期。

方式或分配结果在道德上所能接受的程度”。[①]

依据不同的视角，公平呈现出差异性的类型划分。孟天广将社会公平操作化为结果公平、机会公平和程序公平三个不同的维度。[②]徐梦秋将公平划分为机会公平、起点公平、结果公平的角度，以及原则公平、操作公平、结果公平的角度。[③] 而本书所指的农民的公平观念主要是从原则公平的角度出发，即农民认为贫困户的评定应该遵循什么样的原则，也就是农民判断什么人应该被评为贫困户、什么人不应该被评为贫困户所依据的标准问题。

需要强调的是，农民的公平观念并不是一种显性的知识，而是不可言传的“默会的知识”[④]。农民从来都没有将自己的公平观念用书面的文本去完整地记载下来，也很少通过语言表达的方式系统地阐述他们的公平观念。通常，他们是通过自己默会的知识对事物的公平性做出判断：“这是公平的”“这是不公平不公正的”。但是他们很少对自己所做出的公平或不公平的判断给予解释，即使有，解释也常常是零散的、不成体系的。尽管如此，我们仍然可以通过农民在不同情境、不同事例中所抒发的情感、建构的话语乃至展开的实质行动来提炼出农民判断什么人应该被评为贫困户、什么人不应该被评为贫困户的具体的公平观念。作为一种非正式制度，农民的公平观念既不是经由成本—利益的理性计算而刻意生成的，也不是通过上级政府自上而下地强制推行，而是“来源于社会所流传下

① Karol Edward Soltan, “Empirical Studies of Distributive Justice”, *Ethics*, Vol. 92, No. 4, July 1982.

② 孟天广：《转型期中国公众的分配公平感：结果公平与机会公平》，《社会》2012 年第 6 期。

③ 徐梦秋：《公平的类别与公平中的比例》，《中国社会科学》2001 年第 1 期。

④ 波兰尼认为，知识分为两种类型：一种是显性的知识（articulate knowledge），这种知识可以通过书面文字、地图或数学公式来表述出来，是显性的；另一种不能通过上述方式表述出来的隐性知识则被称为默会的知识（inarticulate knowledge）。（参见［英］迈克尔·波兰尼《个人知识——迈向后批判哲学》，许泽民译，贵州人民出版社 2000 年版）

来的信息以及我们称之为文化的部分遗产"①。虽然它不是通过一种约束性的力量去强制农民以某种观念去思考、行事，但是它却广泛而普遍地扎根于农民的内心深处。正是基于这种公平观念，农民形成了他们关于什么人应该被评为贫困户，什么人不应该被评为贫困户的判断。

二　平均主义：公平观念的内在追求

在回答贫困户指标应该如何分配的这个问题上，农民始终绕不开平均主义这一根深蒂固的心态。翟学伟认为中国人具有一种"大公平观"，其中的一个显著特点是"公"依附于"私"，这使得"公"呈现出不确定性和无归属性的特点，从而构成人人可以分享的资源，并成为大同、共和、均贫富的理想来源。② 换言之，这种"大公平观"可以理解为中国农民自古以来便葆有的平均主义理想追求的来源。早在春秋时期，孔子就在《论语·季氏》中做出了"丘也闻有国有家者，不患寡而患不均，不患贫而患不安。盖均无贫，和无寡，安无倾"的经典论述。历史上，中国多次爆发的农民起义也都以追求平均主义作为核心诉求。如北宋的"吾疾贫富不均，今为汝辈均之"、南宋的"等贵贱，均贫富"、明代的"均田免粮"等。其中，最深入人心的莫过于太平天国运动的革命口号："有田同耕，有饭同食，有衣同穿，有钱同使，无处不均匀，无人不温饱。"③ 追溯平均主义的思想来源，可以从中国传统社会的自然经济格局和小生产方式中寻找到答案。长期以来中国的农业生产是自给自足的小农经济，农民生产出来的农业产品具有高度同质化的倾向，因而农民关注数量的均等，而并不在意质量的差异性。加之

---

① ［美］道格拉斯·C. 诺斯：《制度、制度变迁与经济绩效》，刘守英译，生活·读书·新知三联书店上海分店 1994 年版，第 50 页。

② 翟学伟：《中国人的"大公平观"及其社会运行模式》，《开放时代》2010 年第 5 期。

③ 参见傅允生《平均主义的思想渊源及其影响》，《中国经济史研究》2000 年第 3 期。

相当长的一段时期农民都处于资源极度匮乏的状态，他们也渴盼通过劫富济贫实现资源的增长。[①] 即使是在现代社会，中国农民的平均主义公平观也丝毫不曾减弱和消失。相反，它在历史的进程中被不断巩固，如中华人民共和国成立初期实行的计划经济从体制上维持了平均主义的局面[②]；集体化时期的“社员”经历强化了农民的平均主义心态等[③]。

平均主义的公平观念是村民对贫困识别的公平性时常抱有质疑的思想根源。站在国家层面，精准扶贫主要强调的是全体社会成员的基本社会权利都应得到保障，从而使得最为弱势的贫困人口的最低生活需求得到满足，共享国家经济社会发展成果。然而，贫困户指标的“特惠”特征却被农民转译为“普惠”特征。[④] 受平均主义思想的影响，农民认为扶贫资源应该是共享的、均分的，因而在他人得到贫困户指标而自己没有得到的情况下，便很容易产生精准扶贫不精准、不公平的想法。

> 我总说这个话呗，我滴屋里（我家）总冒得到个照顾，三十多年了都冒得到个照顾，从八零年到这么咱（现在）都冒得到个照顾。你说么办咧？原来细伢（小孩）读书，也冒得到个照顾，总说比你苦的人还多些哩。你么样去说呢？从来冒得到过么照顾，贫困户贫困户也冒得到，村里头总说比你苦的人还多些哩。你么样去说呢？这完全是不公平嘛！（20160823ZJH）

---

① 袁银传：《论平均主义的社会思潮长期存在的社会根源》，《社会主义研究》2002 年第 2 期。

② 同上。

③ 卢晖临：《集体化与农民平均主义心态的形成——关于房屋的故事》，《社会学研究》2006 年第 6 期。

④ 左停、杨雨鑫、钟玲：《精准扶贫：技术靶向、理论解析和现实挑战》，《贵州社会科学》2015 年第 8 期。

一位村民这样告诉笔者，她认为贫困识别不公平的原因在于三十多年她都没有得到过照顾。在她看来大家的经济水平都差不多，特别富裕或是极度贫穷的村民微乎其微，既然如此，自己这么多年来未能得到国家的照顾就是一种不公平的表现。尽管如此，她表示自己并不会和村干部进行过多的争论，因为她潜意识里希望下一次对贫困户进行评定时村干部能对她做出资源倾斜：

> 我去找了村里的呗，我就问村里的书记说我屋滴这种情况么样不能选为贫困户哩。但是我也不得（不会）去把村里逼得太狠，为么斯哩，你想哈子撒，我要是把村里逼紧了，关系搞僵了，那以后有么好事不也轮不到我了？书记也说了滴，今年你是莫想了。但今年冒得机会，明年算不到就有机会了撒。我要把关系搞僵了，那不是明年也冒得机会了。（20160823ZJH）

“我滴屋里总冒得到个照顾”“但今年冒得机会，明年算不到就有机会了撒”这类话语将农民内心深处的想法展露得淋漓尽致。在村民们看来，贫困户指标是一种福利，因而不应成为少数人享有的资源。相反，他们希望贫困户指标能够被均匀地分摊给各家各户，如果指标实在有限，那么也应该是每年轮流坐庄，以确保公平的实现。由此可见，这种期望贫困户指标“均匀分摊”“轮流坐庄”的心理是农民公平观念的直接映射，反映了农民对平均主义的内在追求。

三　内外有别：公平观念的情境差异

中国人是以情境为中心的，因情境的变化而产生出迥然不同的真理。[①] 在有关谁应该被评为贫困户，谁不应该被评为贫困户的公平判断中，村民表现出强烈的“内外有别”的情境差异。冯继川是一位残疾人，十几年前在工作中不慎受伤致残，他也因之失去了劳动能力，无法继续从事原有的工作。彼时，冯继川尚有未成年的子女需要养育，而他的妻子也只是普通的农妇，没有任何收入来源。作为家中的顶梁柱，冯继川因残疾而失去劳动能力的现实情况对这个家庭来说无异于晴天霹雳。为了维持生计，冯继川在薯县县城搭了个棚子做点小生意，以此养家糊口。2011 年，时逢薯县开展创建卫生县城、园林县城、平安县城、文明县城的“四城联创”活动，冯继川在县城搭建的棚子由于影响县城的整体风貌而被强制拆除。据冯继川介绍，他作为残疾人缺乏种田或者外出务工的劳动能力，搭建棚子来做小生意是他仅有的养家糊口的方式，因而棚子被拆除会使他的生活质量呈断崖式下跌。考虑到他的特殊情况，县政府为他提供了一个低保名额以作补偿。此次精准扶贫，因为他的残疾人身份满足“四看”标准中的“看劳动力强不强”这一条，因而在首轮评选中被村里选为贫困户。但是在大数据排查阶段，他的子女因触碰“负面清单”中“在党政机关、企事业单位或国企有固定工作和稳定收入”这一条规定而被取消贫困户资格。对于这一结果，冯继川表示接受，他表示确实有比他的家庭条件更差的。但与此同时，冯继川并不认为自己被评为贫困户就不合理，他强调自己是残疾人，妻子是慢性病患者，常年吃药，完全符合“劳动力不强”这一条，村干部选他为贫困户的确有据可依。但是，冯继川对同村另外一户村民觊觎贫困户的指标十分不满，他告诉笔者，那户村民在村子里盖有两层楼的小房，但是两层楼的小房不符合薯县“四看”标准中“看房”这一条规定，因而同村另外一位村民觊觎贫困户的指标是不

① 许烺光：《宗族、种姓与社团》，黄光国译，南天书局 2002 年版，第 2 页。

合理的:

> 我原来的低保是县委书记“钦点”的……现在精准扶贫掉了，冒得意见，因为么斯呢，有比我还穷的呗。我这么咱（现在）是条件好，但是我的条件是我奔得来（奋斗）的，不是哪个天上掉馅饼把得我的，对不对？精准扶贫的条件我够呗，我是个残疾，我爱人常年是个慢性病人，这合理合法呗。因为她常年病着，一年三百六十五天在吃药呗。但是我的精准扶贫冒搞到，当时村里也是个好心呗………他滴屋里有七干房（七间房），你等哈到他屋滴去望，最少有七干房。他滴房子正规正是我做的，我清楚得很。他这肯定不够贫困户，有小洋楼就不够贫困户。我这个人比较直，该么样就么样，他凭么斯享受？（20160827FJC）

冯继川清楚地知晓自己家庭不能被评为贫困户的客观原因，因而他对自己被取消贫困户资格没有过多怨言。但是，为了赋予自己被评为贫困户的正当性，冯继川突出强调了自己是残疾人、爱人是慢性病患者的弱者身份。与此同时，为了使自己被评为贫困户的合理性不受质疑，冯继川在话语中有意回避了子女满足“在党政机关、企事业单位或国企有固定工作和稳定收入”这一条件的重要事实。但是，在评判同村另一位村民时，他审视的眼光却不错过任何一个细节。在他看来，在村子里有两层的小洋楼就不符合薯县评定贫困户的政策要求，因而觊觎贫困户指标是一种毫无道理的行为。概言之，冯继川逐条裁剪薯县有关贫困识别的政策规定，并将他们统一存入自己创建的政策工具箱中，当需要构建自己成为贫困户的合理性或对他人的贫困户指标提出异议时，便有选择性地摘取政策工具箱中的文件素材并拼贴成一体，从而绘制出一幅评判贫困识别精准与否的“内外有别”的独特画卷。

冯继川的这种心态是薯县村民的一个缩影，他们缺乏站在宏观层次去审视扶贫对象是否精准的意愿、视野与能力。通过电视台、广播站、基层官员的宣传以及村民的口口相传，村民们对“精准扶贫”这一术语耳熟能详，熟悉到“精准扶贫”四个字成为他们语料库中异常活跃的词汇。但是，他们并没有真正把握“精准扶贫”的概念内核，也没有全盘理解国家推进“精准扶贫”的政策意蕴。在许多村民看来，既然是“扶贫”，就应该做到“有贫必扶”。于是，部分村民刻意放大自己的贫困，以寻求自己应该被评为贫困户的正当性与合理性。当自己的这种愿望落空时，村民们又会重建自己对“扶贫”这一概念的理解。他们转而增强对“人均纯收入不超过2736元”、“四看”标准、“几不准”标准、“负面清单”标准等正式制度的认同，以严格的眼光审视他人评为贫困户是否合理。王岗河村的王大婶便是这样的例子：

> 要说的话，我滴屋滴（我家）为么斯就不能评上贫困户呢？我去年做了个手术花了不少钱，到这么咱（现在）还冒完全好。再你也看到了，我滴屋滴就是这样滴一个破屋，么样我滴屋滴就冒选上贫困户呢？别个说我老公在外头做事，所以莫想（休想）。别个总以为我老公在外头做事搞了好多钱，那能够搞得了几多钱哩？再就是别个说我滴儿子在外头买了房子，都是我老公话多，到处去跟别个说，买房子要还好多钱滴啊（还贷款）……隔壁塆子滴那个（贫困户）是个手艺人哩，他是个手艺人来钱肯定快，他是个手艺人凭么斯是贫困户哩？（20160821WHF）

在王大婶看来，自己去年做了手术，身体尚未完全康复，且家中的房屋是一层的矮破平房，同时满足“四看”标准中的“看劳动力强不强”和“看房”这两条。即使老公在外打工，挣到的钱也是寥寥无几，因此完全有当选贫困户的理由。当王大婶当选贫困户的愿望落空时，她的内心形成了一种相对剥夺感。因此，当同村的手艺人被评为贫困户的时候，她对扶贫瞄准做出了不公平的判断，并认为手艺人没有参评贫困户的资格。事实上，手艺人和在外打工都是依靠体力劳动获取收入，从工作性质来说二者没有显著的差异，但王大婶却分别给出“手艺人来钱肯定快”和“在外头做事能够搞得了几多钱”这两种截然不同的评判，并以此构建自己评判谁应该成为贫困户的标准。正如曹正汉所言，一个社会的“心理文化倾向”是深度解释同类制度为何在不同社会呈现出不同样态的一个独特角度。① 从“心理文化倾向”这一角度出发，许烺光指出不同于美国人以个人为中心的价值取向和印度人以超自然为中心的价值取向，中国人是以情境为中心的。② 他在《宗族、种姓与社团》一书中这样写道：“中国人倾向于以一种怡然自在而有区隔的方式对待自己的社会……他之所以有所区隔，是因为自己必须以区分‘内/外’群体的二元对立方式去理解外部世界。对他来说，团体之内和之外的事物具有完全不同的意义。以这一基本假设为前提，在他一生的经历中，会因情境不同，而存有种种不同的真理。在某些情境中正确的原则，到了别的情境下，可能并不适用。但在每一场合中的原则，都同样值得推崇。”③ 简言之，中国人因为情境的变化而生产出迥然不同的真理。王汉生、王迪也表达过类似的观

① “心理文化倾向”这个概念最早由人类学家本尼迪克特提出，她指出一种文化是人类思想与行动的一种特定模式，它自成一格，并且蕴含着其他文化类型不必然具有的、独特的动机与意图。（参见曹正汉《观念如何塑造制度》，上海人民出版社2005年版，第13页。）

② 许烺光：《宗族、种姓与社团》，黄光国译，南天书局2002年版，第8—10页。

③ 同上书，第2页。

点，他们认为中国人的公平原则会因血缘、关系亲疏远近而发生变化。① 正是基于这种颇具“情境性”的公平原则，农民对扶贫瞄准是否公平做出了内外有别的价值判断。

第二节 超然中的公正：公平观念的附属原则

农民在面对自己的事情时，是处于情境之中的，因而农民在秉持平均主义思想的基础上，往往以一种“内外有别”的公平观念来做出贫困瞄准是否公平的自我判断。但是，当农民置身事外时，则形成了一套自洽的公正观念，以一种超然的心态看待贫困瞄准这一事情。农民的公正观念是依附于平均主义之上的，是农民公平观念的有机组成部分。② 在对他人日子“可过/不可过”、人“可怜/不可怜”、人“可恨/不可恨”的评判中，农民质朴地表达出公正观念的三个原则：生存伦理下的“需要照顾”原则、乡土观念下的“应该照顾”原则以及做人标准下的“值得照顾”原则。对于农民来说，能否将日子过下去是反映生存状况的最直接、最显著的指标，因而日子“不可过”的农民需要借由扶贫资源的帮扶以从生活的泥潭中走出。此外，也有一些农民并非一贫如洗，但是他们的生活状态却得到了普遍的同情，并被认为需要得到贫困户指标以作为对他们不幸生活的补偿。当然，对符合上述情形的村民所做出的资源倾斜是建立在一个基本前提之上的——会做人。反之，一个可恨的人，哪怕他的日子过不下去或者在乡土观念看来很可怜，他都会被认为是不值得照顾的。

---

① 王汉生、王迪：《农村民间纠纷调解中的公平建构与公平逻辑》，《社会》2012 年第 2 期。

② 赵晓峰、刘涛：《农民公平观念与乡村治理性危机的关联》，《调研世界》2009 年第 7 期。

一　是否“可过”：生存伦理下的“需要照顾”原则

是否“可过”，指的是“日子是否可以过下去”。“可过”与“不可过”之间，蕴含的是农民丰富的“过日子”哲学。过日子是一个本土概念，是农民在日积月累的生活中凝结成的语言结晶和生活智慧。吴飞最早对“过日子”做出系统的阐释，他认为过日子是指管理家庭并在此过程中安顿自己的命运，它包括出生、成长、成家、立业、生子、教子、养老、送终、年老、寿终等环节。吴飞指出，过日子需要同时具备三个基本要素，分别是人、财产和礼，其中的财产是衡量日子过得好坏的最为客观的评价标准。[①] 陈辉则进一步提出，过日子不仅是一种生活方式，而且还是一套生存伦理。在这种语义理解下，过日子包含两层含义，一是有“日子”可过；二是把“日子”过下去。为了把“日子”过下去，就需要将生活的意义进行再生产，也即经营好生活。在农民看来，把“日子”过下去并不意味着对物质或钱财做过多的要求。相反，它是指能够不为生存而奔波，能够达到够吃够花、自给自足的基本要求。[②] 概言之，尽管“过日子”这个本土概念被学者们加以丰富的解读，但都无法绕开过日子实际上过的是“生存意义”这个本质内核。[③] 换言之，过日子是建立在生存的基础之上，完成了生存的第一步，才有可能实现过日子的应有之义。从这一点来说，追求过日子的农民与詹姆斯·C. 斯科特笔下恪守“生存伦理”和“安全第一”的农民并无二致。在斯科特来看，农民将生存的需要作为最优先的事项。他们不愿意冒风险，为了不至于歉收他们宁愿失去增加平均利润的

---

① 吴飞：《论“过日子”》，《社会学研究》2007 年第 6 期。

② 陈辉：《“过日子”与农民的生活逻辑——基于陕西关中 Z 村的考察》，《民俗研究》2011 年第 4 期。

③ 包雷：《“过日子，过什么”？——访中国人民大学副校长、社会学家郑杭生教授》，《社会》1995 年第 5 期。

机会，为了躲避市场的风险宁愿当辛劳且收入低下的佃农也不愿意当挣工资的工人，诸如此类令常人不解的行为都是农民“安全第一”的深刻反映。[①] 除此之外，农民也不会仅因为受到剥削或者痛苦就发起反叛，或者说因受到剥削或者痛苦而发起反叛的概率是最小的，因为农民可以通过个人或者集体的力量寻求保障他们基本生存的适应策略或生存策略。只有当他们受到的剥削给他们带来生存危机，对他们的生存道德构成严重到无以复加的阻碍时，他们才会奋力抵抗乃至铤而走险。[②]

无论是追求“过日子”的农民，还是恪守“安全第一”的农民，都隐含着一个共同的目标，即将生存放在第一位。因为过日子的前提条件是够吃够花，是能生存下去；而“安全第一”也是以保障基本的生存需求为第一要务。在这种思想的浸润下，农民贫困识别的公平观念将生存条件作为最首要、最核心的衡量标准，也就是通过评判一个人能否满足基本生存需求或能否将日子过下去。在乡村社会中，一种普遍的共识是贫困户指标应该优先向日子过不下去的农民倾斜，从而帮助他们走出生活的泥潭。

判断日子是否过得下去的最直观最简单的标准就是“几口人吃饭，几口人种田/赚钱”。吃饭是负担、是支出，而种田或者赚钱则是收入、是维持生存的途径。李发强是岳家湖镇北河村的普通村民，在外务工近二十年，2014 年他将多年务工积攒的资金全部投入兴办综合养殖场中，并不断扩大生产规模。截至 2016 年 4 月，养殖场内已有 3000 只鸡、60 只鸭、60 头猪、10 亩鱼池，属于生产经营的农业大户，因而被村民们当作老板看待。然而李发强却为自己

① ［美］詹姆斯·C. 斯科特：《农民的道义经济学：东南亚的反叛与生存》，程立显、刘建等译，译林出版社 2001 年版，第 22—46 页。

② 同上书，第 248—258 页。

的生活状态愁眉不展，他苦于养殖场的经营不善，后续资金周转困难，面临倒闭的风险。为了寻得政策支持，他于 2015 年 12 月 6 日向薯县扶贫办递交了信访书。

在信中，李发强对自己风雨摇曳的生命历程进行了回顾。二十年前，怀着对生活的美好期望前往省城务工，并在辛勤的工作中习得了技能、积攒了资金。然而，八年前的一场大病（骨癌）不仅耗费了三十余万元，更带走了前妻的生命。与妻子田曼组建成了新的家庭后，生活逐渐好转。但随着时间的流逝，父母年龄的不断增长，逐渐走向衰老。为了照料年过七旬的父母和无儿无女的叔父母，李发强乘着国家惠农政策的东风，携家人返回薯县并创办综合养殖场。因经营不善，李发强投入全部的身家不仅没有得到丰厚的回报，反而面临几千只鸡、几十头猪连饲料都没有着落的境地。李发强颇有无奈地感慨，养殖场濒临倒闭，家中四位年迈的老人和三个年幼的女儿都生活无着，而外人却只看到了他表面的风光，言必称他为“老板”。带着疑惑，在信访书中李发强连声问道：“国家好的扶贫政策到底该扶谁？我这样一人要养七人的家庭，还是独生子女，七十多岁的父母五更起半夜睡同我一起劳作，为什么得不到政策扶持？……我一家七口人，只有三个人有口粮田，其他人的口粮该找谁要？”

李发强递交信访书后，薯县扶贫办副主任及岳家湖镇副镇长等一行专程前往北河村开展调查。调查结果指出，虽然李发强在生产经营上遇到困境，但是这并不构成他可以被评为贫困户的理由。尽管李发强在客观事实层面并不具备参评贫困户的资格，但是他却突出强调自己一个人要养七个人（包括四位年迈的老人和三个年幼的女儿），从而将自己塑造成一个贫困的形象。同样，他也以年轻夫妻二人养两个小孩作为驳斥他人成为贫困户的有力凭据。

李发强之所以能够在并未一贫如洗的情况下书写出一封感人至

深的信访书，并引发他人的情感共鸣。其原因主要在于薯县普遍将“几口人吃饭、几口人种田/挣钱”作为评判他人日子是否过得下去的标准，进而形成评判他人是否需要贫困户指标的依据。下面这则对话来自笔者在薯县一个村庄所收集到的访谈资料，这样的对话并非孤例而是许多村庄对话的一个案例摘取。村民们对贫困识别的质疑声从不曾消失过，他们质疑的原因及让他们笃定自己质疑的依据往往也是“几口人吃饭，几口人种田/赚钱”。

村民 A：我们塆里有的一家人哈拿钱（赚钱）也得了贫困户。四队的好多这样的，四队的。

村民 B：那你说三队他滴凭么斯能够得贫困户啊？

村民 A：他眼睛（不好）呗。

村民 B：他眼睛，他眼睛么滴啊？他天天百事不做，两个儿在外头打工。

村民 C：他啊，他七十四岁啊。

村民 B：七十四，七十四评贫困户一年有两千多块钱，是不咧？他滴两个儿在外头打工，一年不要搞个泡把万（十多万）块钱？（BJH 村闲聊记录 20160821）

在上述闲谈中，村民 A 和村民 B 分别对本村两个不同小队的村民被评为贫困户存在质疑，他们质疑的依据分别是“一家人哈拿钱”（一家人全部拿钱）以及“两个儿子都在外头打工，一年不要搞个泡把万块钱？”虽然村民对他人的实际收入无从知晓，但是通过对他人“几口人吃饭、几口人种田（挣钱）”的了解，以及对他人收入的预估，他们做出是否应该被评为贫困户的判断。

“几口人吃饭，几口人种田/赚钱”是从物质财富的角度来衡量日子是否可以过下去。除此之外，将日子过下去也对个人的生理状态提出了要求。换言之，只有当一个人的生理状态良好时，才能打好“过日子”的基石。在这种语境下，是否是“老弱病残”也是农民判断日子是否“可过”，进而作为评判是否可以被评为贫困户的重要标准。人类区别于动物的重要一点在于，人类富有同情心，对弱者怀有一种普遍的同情心理。当然，弱者也是一个相对的概念，何为弱者取决于他所身处的环境。在城市，下岗职工或者进城务工人员时常被视为弱者，但是这些城市里的弱者却绝无在农村被当作弱者的可能。在农村，村民们通常将“老弱病残”界定为弱者。如果是“老弱病残”，则更容易得到村民的理解和同情，并被认为是贫困户的合理人选。钱润良的家庭就是这样的典型代表，钱润良接近50周岁，是家中的主劳动力。据村民介绍，十几年前钱润良前往省城当油漆工，收入十分可观，随后他生下了大女儿，日子过得有滋有味。不幸是从小儿子的出生开始的，他的小儿子一出生便患有软骨病，随后钱润良也不知因何原因成为痴呆，走在路上人都不认识。为了养家糊口，钱润良的妻子独自一人外出务工，照顾钱润良父子二人的重担落在了钱润良的岳母身上。

钱润良的屋里选上贫困户了我们肯定都冒得意见，他家里过得好困难嘛。他滴其实原先很可以，搞油漆很搞了些，十几年前在我们垮子里还算富人，那蛮早的时候就把房子盖好了。但是他得的这个男伢（生的儿子）天生的残疾，像个软骨头一样，反正是要人照顾。长这么高还冒得思想意识，像痴呆一样，有点智障，再人也不是正常人。再他又突然得了个么司病，他个人（他自己）也得了个痴呆，人都不认识，一般的人基本上都不认识了。他滴两个老货（老人）都有七八十岁了，他还要靠两个老货引着他走，他走不到，他人都不认得嘛。他的主劳动力得病现在就冒得生活来源。这种情况肯定冒得意

> 见。他弟兄伙的哈分了家的，不可能去管你，自己有自己的家，哪个去管你咧？现在靠他媳妇在外面打工，一个人养四个。现在还是靠他媳妇的娘照顾他，嘎嘎（外婆）照顾女婿跟外孙。要说他的屋里这种情况，这么造业肯定可以算贫困户咧，那我们肯定都同意啊，他滴都不算贫困户，那哪个算哩？(20160826DBH)

健康的身体条件是确保日子能够过得下去的关键指标，因而农民将是否为“老弱病残”作为判断日子能否过得下去的重要标准，但这并不意味着凡是“老弱病残”都可以被认为是合理的贫困户人选。这是因为“老弱病残”只是对农民生理状态的性质描述，并不涉及程度的区分，只有当“老弱病残”的程度严重到它对农民过日子的生存伦理造成显著影响时，农民才会将其作为日子过不下去的缘由。叶昌发就是这样的一个反例，二十年前他在省城做木匠的时候，因为一次工作的失误，不慎锯掉了左手的三个手指，被认定为二级伤残。村民们虽然对他十分同情，但是并不因为他所说的“十个手指头锯掉了三个”就能构成当选贫困户的理由。在村民看来，少了三个手指虽然对正常的生活造成不便，但并不影响下农田干活，也不妨碍他外出打工挣钱。也就是说，轻度残疾并不会被村民们认可为申请成为贫困户的正当理由，因为它并不会使日子过不下去。同样，农民也不会仅因为他人的“生病”就给予同情，相反，他们对有些家庭仅因为不太严重的疾病就被评定为贫困户而感到不公。在笔者开展田野调查时，一位村妇特意向我询问贫困识别的政策内涵，她对于隔壁垮子的一户人家被评为贫困户颇为不解，尽管该户女主人对她做出过解释，即家中主劳动力有腰椎病。但这样的解释不仅没有使这位村妇信服，反倒增进了她的义愤：

我们隔壁垮子里的一家人怎么就选上贫困户了呢？她说她老公是主劳动力，但是有腰椎病就不能干活，有腰椎病，我说现在有腰椎病的一大把。（20160823 HEC）

同样，在一次集体访谈中，一位村民对村干部表达不满，她说自己身体不好、常年吃药，但是村干部却没有将她们家评为贫困户。这一次，村民们少有地站在了维护村干部这一边，他们指出村干部的做法没有任何不妥，反倒是以常年吃药作为申请成为贫困户的理由站不住脚，他们甚至调侃道吃黄附片、打氨基酸也是常年吃药：

村民 A：你像我们这常年吃药，村干部说这不算（贫困户）呐。

村民 B：常年吃药就怎么了？那好多常年吃药的，那多得很。

村民 C：那你常年吃补药也都在吃药。一天到晚吃黄附片（注：一种中药）么斯的。那你常年打氨基酸怕也是吃药呢？（YZJ 村访谈记录 20160823）

村民们在“有腰椎病的一大把”“吃补药也是吃药”“打氨基酸也是吃药”这样的话语构建中，朴素地表达了他们对于“病”的理解。在他们看来，癌症毫无疑问是严重地影响到生存，因此如果有人患有癌症，他们在多数情况下会毫无保留地予以同情，并认可癌症患者的家庭被评为贫困户。此外，其他一些花费较多、对身体造成严重危害的病也被认为是可以被评为贫困户的理由。而对于糖尿病、腰肌劳损等程度较轻的“老弱病残”，村民们则不会予以特殊照顾，因为这对“过日子”不会造成太大的影响。简言之，是否可以将日子过下去是村民们判断能否成为贫困户的首要指标，村民们从物质财富和生理状态两个方面做出考量。物质财富的鉴别主要依据“几口人吃饭，几口人种田/赚钱”，而生理状态则以“老弱病残”作为关键指标。但需要注意的是，“老弱病残”并非村民们评判是否可以成为贫困户的决定性因素，只有当“老弱病残”严重到妨碍农民过日子的生存伦理时才会使农民认可其贫困户的身份。

二 是否“可怜”：乡土观念下的“应该照顾”原则

是否“可过”，是农民在生存伦理下的一种“需要照顾”原则，也即这样的家庭是需要贫困户指标的，因为他们的日子过不下去，将贫困户的指标提供给他们有助于缓解他们的生存困难。然而，还有一部分家庭虽然从生存的角度来讲可以将日子过下去，但村民却认可他们被评为贫困户。此时村民从是否“可怜”的角度出发，认为一些在乡土观念看来比较可怜的人应该得到照顾。在他们看来，贫困户指标在优先满足日子过不下去的农民的基本需求之后，也应该对“造业”（可怜）的人予以适当倾斜。他们常常用“应该要照顾哈子”来表达这一观点，在他们看来，贫困户指标是一种具有普惠特征的资源，这一资源也可以用来对可怜之人予以慰藉。换言之，虽然部分村民的物质资源和生理状态尚可，不需要通过获得贫困户的指标来改善生存困境，但站在道义的角度村民们认为他们较为可怜，而贫困户的指标可以作为对他们不幸生活的一种补偿。一类在他们看来应该得到照顾的家庭是“女儿户”，也就是没有儿子的家庭。长久以来，受父权制的影响，农民对儿子和女儿持有不同的看法。即使是古代农民持有“多子多福”的生育观，其中的“子”也是特指的儿子，并不将女儿包括在内。费孝通指出，不同于男子，女子的一生分为两个时期，在出嫁前与父母居住在一起，即从父时期；出嫁后从父母家搬离，与夫家生活在一起，即从夫时期。因而，女子在父母家只是暂住，是“替别人家养的”，是“泼出去的水”。[①] 滋贺秀三也据此将男子与女子做出区分，男子是家中的主体成员，是主体的权利者，未婚女子仅是家中的附从成员。作为家中的附从成员，女儿没有承继家产的权利，仅能获得少量的随嫁财产。但与此同时，女儿也被免除了许多对父母家的责任，如承担家之负债、赡养父母、祭祀等，因而未婚女子是娘家的附从的受益者，对于娘家而言不具有工具性的意义。[②] 虽然自20世纪90年代以来，伴随着社会的逐步发展、现代化进程的加快以及家庭结构的改变，嫁出去的女儿不再是“泼出去的水”，而逐渐成为娘家的重要经济支持和家庭福利来源，甚至成为“父母年老后在生活与情感上的主要依靠”。[③] 但尽管现代化的春风早已吹到广大农村地区，并不着痕迹地改变了农村的赡养风俗和行为，农民的观念更新却相对迟滞。农民对儿子和女儿的赡养行为仍然有着迥然不同的理解，有学者研究指出，农民将儿子的赡养行为视作“养”，“养”的基本职责是确保父母的基本口粮需求，是一种规定的、正式的义务和责任；而女儿的赡养行为则被称为“孝”，“孝”为父母提供更深层次的生活帮助，除了对父母的金钱和物质支持之外，还给予生活上的照料和精神上的慰藉。但是，“孝”被看作建立在情分和良心基础之上自愿的、非正式的行为。潜藏在这种对赡养行为的区别的外壳之下，是无论女儿是否提供了供养，也无论女儿在供养父母方面花费了多少时间和金钱，她们的赡养行为都被认为是“不作数”的，仅仅被认为是提供了零花钱。[④]

---

① 费孝通：《乡土中国　生育制度》，北京大学出版社1998年版，第198页。

② ［日］滋贺秀三：《中国家族法原理》，张建国、李力译，法律出版社2003年版，第353—375页。

③ ［美］阎云翔：《私人生活的变革：一个中国村庄里的爱情、家庭和亲密关系1949—1999》，龚小夏译，上海书店出版社2006年版，第200页。

④ 唐灿、马春华、石金群：《女儿赡养的伦理与公平——浙东农村家庭代际关系的性别考察》，《社会学研究》2009年第6期。

在薯县，农民时常挂在嘴边的一句话是“在我们薯县，女儿是不养老的”。也因如此，农民对女儿户给予了更多的包容、理解和同情。如果一对年长的父母（或者只是父亲或母亲）只有女儿没有儿子，那么农民比较偏向于认为他有资格被评为贫困户。反之，如果有儿子，农民则坚定地认为养老是儿子应尽的责任和义务，并以严苛的标准来审视其是否可以被评为贫困户。齐兴楚是女儿户的一个典型案例，他居住在新淮镇集苏社区，这个社区由于具有离县城近的地缘优势，本村村民大多外出务工，因此村庄经济较为富裕。大部分村民在村子里盖上了两层甚至三层的楼房，齐兴楚的矮旧瓦房便显得与这个现代化的村庄格格不入。一位村民告诉我，齐兴楚的条件确实很差，他家的房子年老失修，快要倒塌了。尽管他被评为了贫困户，具有享受搬迁扶贫政策的资格，县级政府可以为他新建房屋提供部分资金支持，但是他却拿不出自筹资金的那一部分钱，也借不到钱盖房子，因此他只是选择将房子的屋顶添些新瓦，而不是新建房屋。除了房子比同村人破旧许多之外，齐兴楚患有肺病也是他被评为贫困户的重要因素。但是，村民们对他抱有同情，并认为他应该被评为贫困户的最为重要的原因还是他家是女儿户：

> 人家那是姑娘出了嫁呗，两个姑娘都出嫁了，嫁到别的村子里去了，一个儿子都没有。姑娘赡养老人，姑娘不会那么去养呗，姑娘都不富裕，么样去养呢？（20160826QLR）

笔者询问村民，齐兴楚的两个女儿是否赡养父亲，村民给出了否定的回答，他们表示两个女儿经常回来看望齐兴楚，但那不叫赡养，用他们的口语化的表达就是“姑娘不会那么去养”。为了构建出姑娘不会那么去养的事实，他们多次强调女儿自身条件也不好、女儿嫁到了外村等客观困难。但是，若将女儿的身份置换成儿子，村民就会忽略掉齐兴楚家里房子破旧且齐兴楚患有肺病的事实，表示不能因为儿子经济状况不好就减免其养老的责任。村民们假设如果齐兴楚有儿子，那么齐兴楚就不应该被选为贫困户。他们说道：

> 像他这种情况，要说差也不是蛮差，不说有两个儿子，就算只有一个儿子他也不应该选为贫困户呗，那不然养儿子做么事哩。但他是两个姑娘呗，得贫困户肯定就是应该的。(20160826LJG)

由此可见，尽管齐兴楚的经济状况较差，但并没有糟糕到日子过不下去的地步。村民们认可齐兴楚为贫困户的主要原因还是在于他是女儿户。当齐兴楚的两个女儿置换成儿子的时候，村民们就认为他不应该被评为贫困户，因为养儿子就是为了防老，条件差就应该向儿子寻求帮助。而齐兴楚没有儿子，只有女儿，村民们就认为齐兴楚被评为贫困户是理所当然的，所以他理应得到一定的照顾。

概言之，在许多农村地区，女儿行了养老之“实”，却无养老之“名”。[①] 正是因为女儿行了养老之“实”，却无养老之“名”，因而“儿子赡养、女儿行孝”的观念广泛地存在于薯县。一位村民告诉我，他的老伴今年生病做了一次手术，儿子承担了所有的医疗费用，女儿则给了一千块钱。尽管女儿出的钱远远少于儿子，但是他对女儿给了一千块钱的行为很满意，因为女儿已经嫁出去了，给多给少是个心意，是不能去计较的。也就是说，农民认为儿子养老是天经地义的事，对女儿的赡养则没有过多的期待，女儿给予资金和物质支持是喜闻乐见的，如果没有也不应该怪罪。既然农民不期待女儿赡养父母，且将女儿赡养父母的实际行为看作是“孝”而非

① 张翠娥、杨政怡：《名实的分离与融合：农村女儿养老的现状与未来——基于山东省武城县的数据分析》，《妇女研究论丛》2015 年第 1 期。

"养"，农民的"儿子养老、女儿不养老"的观点便得到了证实。因此，农民对于只有女儿，没有儿子的父母会给予更多的理解和包容，更倾向于他们可以选为贫困户也有了观点上的支撑。

另一类在他们看来应该得到照顾的家庭是"独户"，以单身汉居多。农村单身汉是指年满三十周岁，有着强烈的结婚愿望，却因种种原因无法结婚成家的男性。[①] 由于中国适婚年龄的男女比例失调，农村女性大量外出务工以及城市男性的有力竞争等因素，因而农村底层男性在婚姻市场中通常处于不利地位，单身汉即是婚姻挤压下的产物。在薯县，尽管有许多青年男性通过跨国择偶（如与越南女性通婚）等方式实现了婚姻的缔结，但单身汉仍然广泛地存在于薯县尤其是经济较为落后的黄涧河镇。除了经济处于劣势之外，"人太老实不会说话"或者是"没有婆婆"（即该男性母亲已经去世）也是农村底层男性在婚姻竞争中的负分项，从而严重地限制了他们的择偶选择。"人太老实不会说话"是村民对许多光棍的一种无奈的评价，在他们看来，嘴甜会哄女孩子喜欢一定程度上可以弥补经济条件的不足，反之则难以找到对象。"没有婆婆"也即男性的母亲已故，这意味着将来哺育孩子时没人帮忙照看小孩，嫁过去会过得比较辛苦。由此可见，成为一名单身汉的因素多种多样，不一定全是由经济状况较差引起的，在村中盖有两层楼房却非自愿成为单身汉的情况也并不罕见。此外，即使单身汉的经济状况相对较差，也并不代表他无法生存，尤其是单身汉大多处于年富力强、身强体壮的年纪。

即便许多单身汉无论是从经济水平或是生理状态上都达不到被评为贫困户的条件，但是村民们都对单身汉予以极大的宽容和理

---

① 彭大松：《农村单身汉的形成机制及其生存图景——基于苏北江边村的个案研究》，博士学位论文，南京大学，2014 年。

解。在贫困户指标充足的情况下，他们都不会因单身汉得到了适当的照顾而持有异议。坝楼镇驻雨寺村的兴强便是这样一个例子，他没有妻子和子女，独自一人生活，按照政策只有年满60周岁才有机会被评为五保户，而他只有五十多岁，并不符合评选条件。但是村里面将他选为贫困户，村民们也大多表示认同："他一个人过几造业哩，又冒得个媳妇又冒得个伢，打了一辈子光棍了，造业啊。"村民们对单身汉的同情并不是因为单身汉一个人没有办法过日子，而是因为单身汉很难获得幸福。单身汉的不幸在于他很难从家庭生活中挖掘出幸福的源泉，因为他既没有相互扶持的伴侣，也无法享受到儿孙绕膝的快乐，因而家庭生活于他毫无"奔头"可言。除此之外，家庭之外的村庄生活也不会赋予他们太多的意义。由于家庭结构的单一，他们没有结婚、生子等重大的生活事件，也无法对等地与他人进行礼金的交换，因而他们的社交圈逐步萎缩。此外，他们在村庄的公共事务中也处于边缘位置。概言之，无论单身汉的经济状况和生理状态如何，他们都被村民认为是"造业"的，难以从家庭生活和村庄生活中获取幸福，因而对单身汉予以适当的照顾是被大家所理解和支持的。

三　是否"可恨"：做人标准下的"值得照顾"原则

除了生存伦理和乡土观念外，做人标准也是构成农民在贫困识别中公平观念的重要因素。"做人"同"做事"一道，是汉语中两个大写而有力地概括中国人日常伦理观念的词汇。[①] 虽然"做人"与"做事"具有同等重要的地位，但是"做人"在语序上通常被置于"做事"之前，也就是"做事先做人"。胡伟希指出"中国哲学的重要内容，是提倡理想的人格，是一种学习'做人'而非

---

① 廖申白：《我们的"做人"观念——涵义、性质与问题》，《北京师范大学学报》（社会科学版）2004年第2期。

‘做事’的学问”[①]。由此可见，“做人”作为千百年来的古训对中国人的日常伦理产生了深刻而久远的影响。从语义学的角度，“做人”由“做”和“人”这两个字构成。“做”强调的是付诸于行动，而非仅仅停留在语言表达。“人”不仅指代生理意义上的人，还具有丰富的社会层面的含义。梁漱溟指出，在传统中国文化中，一个完满的人格，是孝子、慈父等符合伦理期待的综合体，并敦厚此情感，以礼俗之所尚自觉自勉成人。[②] 从这个角度来说，人之所以为“人”在于他履行了他的伦理责任，因而被他人承认为“人”。故梁漱溟对做人的解释是“一个人如何完成他自己”[③]。吴飞认为，是否成年只是一个直观的标准，是否有自己的家庭也仅是一个外在的标准，除上述两个标准之外，成为一个完整意义的人还需要得到别人的尊重并且在人群中享有相当的地位。[④] 从这个角度来看，“做人，就是能够处理好家庭内外的复杂人际关系，成为一个有尊严、有地位、受人敬重的人”[⑤]。王德福则认为，农民之所以成为“人”的关键在于得到熟人社会的肯定性评价，因而他从自我实现的视角将“做人”理解为家庭生活的经营、社会交往的开展和公共事务的参与这三个方面，正是完成了这三项任务，农民才得以实现其价值。[⑥] 概言之，社会意义上的“人”是后致性而非先赋性的，只有在日常生活中按照大众的期待和社会对伦理道德的规定行事，“人”才超越了原本的生理学意义，成为被认可、被肯定的大写的“人”。只有这样，他才会得到“会做人”的肯定性

---

① 胡伟希：《中国哲学概论》，北京大学出版社 2005 年版，第 9 页。

② 梁漱溟：《中国文化要义》，上海人民出版社 2005 年版，第 106—108 页。

③ 同上书，第 106 页。

④ 吴飞：《浮生取义——对华北某县自杀现象的文化解读》，中国人民大学出版社 2009 年版，第 39—41 页。

⑤ 同上书，第 41 页。

⑥ 王德福：《做人之道：熟人社会中的自我实现》，博士学位论文，华中科技大学，2013 年。

评价，反之，则会被认为“不会做人”。是否会“做人”，同样被薯县农民极为看重，以至于他们时常将“做人”一词挂在嘴边。农民的“做人”标准主要分为两种类型：一种是农民自身是否为“人”，这是从个人修为、品性方面做的判断，主要是指一个人在自处时能否独善其身；另一种则是从农民交往的意义方面所做的判断，也就是一个人在与他人相处时能否和善友好、维系社交。

对于农民而言，判断自身是否为“人”的一个重要标准为是否勤劳。勤劳是中华民族的传统美德，古往今来，有关教勉人勤劳的谚语和古训不胜枚举，如“人勤地不懒”“懒地怕好汉，好地怕懒汉”“要想吃得饱，种地多锄草”等，勤劳也成为千百年来以土地为生的中国农民的“人文性格”①。虽然传统的中国农业是以家户为单位的小型生产，极易受到季节、气候等自然条件的影响，且人多地少的客观现实也极大地限制了农民的土地占有，使得通过勤劳的耕种实现发财致富只能成为一种美好的生活愿景。但是，从另一个角度来看，正是这种以家户为单位的小型生产，给予农民相当程度的自由。无论是小自耕农还是佃农，都可以根据自己的意愿来决定农业生产的种类和方式，甚至还可以将自己的剩余农产品出售。换言之，小农经济虽然不能帮助农民通过农业生产来致富，但是可以使农民从辛勤的劳动中得到实际的收益，从而战胜饥饿和贫穷。区别于德国的大型经营和俄国传统的封建农奴制，小农经济这一生产方式可以为农民带来一定的实际收益，但是它必须建立在辛勤劳作的基础之上，这也间接培育了中国农民勤劳肯干的人文性格。美国社会学家 E. A. 罗斯（Edward Alsworth Ross）观察到，中国农民为了获得更多的可耕种耕地，不辞辛劳地将山坡改造成梯田，对于一些不适宜改造为梯田的山地，则适应地势特征耕种麦子和玉米。②

① 徐杰舜：《乡村人类学视野下中国农民的人文性格》，《青海民族研究》2013 年第 2 期。

② ［美］E. A. 罗斯：《变化中的中国人》，何蕊译，译林出版社 2015 年版，第 43 页。

美国公理会教士明恩溥在19世纪末到中国传教期间，对中国农民的勤奋生活感触颇深："中国农民的工作如同一个管家的工作，永远都做不完……毫无疑问，任何一个地方的农民多多少少都是这样，但中国农民的勤劳是其他民族很难超越的。"[①] 正因如此，"中国人的勤奋与劳动能力一直被认为无与伦比"[②]。

勤劳是中华民族的传统美德，而薯县农民的勤劳更是刻在骨子里、流进血液里。薯县不仅地理位置较为闭塞，更为重要的是，薯县的地形以山地、丘陵为主，可耕地资源较为稀缺。在有限的土地上，农民必须辛勤地劳作才能维持一家的生计。改革开放之后，中国经济保持着良好的发展势头，薯县农民也逐渐品尝到勤劳致富的滋味，他们不仅可以通过耕种土地来维持生计，而且也有了更多获取非农业收入的机会。对此，薯县一位农民做出了朴素的解释：

> 现在是这样的呗，比如薯县闭塞的话，我可以到省城去做事，我可以到周边县市那边去做事，只要我付出我的劳动，他就必须要给一定的报酬给我，那只是多少的问题。你如果说是不奋斗的话，就冒得。现在社会就是这点好处，你只要劳动，它就给你一定的回报。现在这个社会形势也这么好，国家政策也蛮好。管他么样，你好好地去做哈，你还赚不了那个辛苦钱？（20160821HGB）

薯县农民崇尚勤劳的美好品质，他们的生活经历也印证了勤劳是走向幸福生活的必由之路这一观念。正因如此，他们将勤劳作为评判个人品行端正与否的重要指标，进而将其作为衡量是否"会做人"的评价标准。在这种观念的指引下，农民通过他人是"勤劳肯

① ［美］明恩溥：《中国人的素质》，林欣译，京华出版社2002年版，第18页。

② ［德］马克斯·韦伯：《儒教与道教》，王容芬译，商务印书馆1999年版，第115页。

干”还是“好吃懒做”来作为评判是否应该被评为贫困户的重要标准。如果农民勤劳肯干，但因为各种不可控的原因而处于贫困的状态，那么他被评为贫困户是可以被他人接受和支持的；反之，一个好吃懒做的人哪怕生活举步维艰也得不到他人的同情、理解和支持。黄晓勇是城关镇黄集湖村的一名普通村民，因为曲折的生活经历他被看作“造业”（指可怜）的人。青年时期的黄晓勇认识了一位外村的姑娘并与她达成恋爱关系。后来，黄晓勇的未婚妻有了身孕，黄晓勇则外出打工，在此期间“婆媳”二人居住在一起并产生了一些矛盾。由于婆媳关系不太和谐，黄晓勇的未婚妻不愿意与黄晓勇结婚，便将腹中的胎儿做了引产，并一走了之。事情发生后，黄晓勇受到沉重的打击并逐渐患上精神病。时至今日，已过不惑之年的黄晓勇没有再婚，他与年过七旬的老母亲相依为命。对于黄晓勇没有被选上贫困户，其母亲感到极为不公并多次到村委会讨要说法。据村民介绍，黄晓勇的母亲多次到村委会去闹，但是都无济于事。直至有一次村委开会时黄晓勇的母亲又大闹了一场，适逢乡镇干部在场并知悉此事。这件事让村支书很没有面子，但碍于开会不便发火，但是事后村支书严厉地批评了黄晓勇的母亲。虽然黄晓勇的母亲挨了批评，但是她却为黄晓勇争取到了实实在在的好处，乡镇干部知道了黄晓勇的困难，并答应为他解决贫困户的指标。

但是，村民对黄晓勇被评为贫困户嗤之以鼻，他们认为黄晓勇落魄到如此境地完全是咎由自取。他们指出，黄晓勇在患精神病之前年轻力壮，正是因为好吃懒做、不做事才导致了他如今的贫穷局面。据村民回忆，黄晓勇的母亲年轻时就是好吃懒做，黄晓勇遗传了他母亲的这个毛病。甚至虽然医院的诊断证明证实了黄晓勇确实患有精神病，但是仍有许多村民调侃黄晓勇得的不是精神病，而是懒病。村民们强调，虽然黄晓勇现在年纪大了，不如年轻的时候有足够的体力和精力从事农业劳动，但是他也不应该被评为贫困户。

因为正是他年轻的时候不勤劳地工作，才导致了现在的贫穷，而历史是不应该被忘记的。

> 四队里的晓勇他不应该得（贫困户），他是出了名的懒人。晓勇那不是穷，他是么斯病，他不叫神经病，他那是一身的懒病。他原来能跑能跳，身体好，他就是不做事，不做事哪来的钱呢？你好吃懒做不做事嘛，哪个给你去做人咧？他妈妈原来就是这么懒，好吃懒做，他也跟着一样懒。哪个叫你懒呢，你不怨天不怨地只能怨你个人。你任劳任怨地做事，你再没有劳动致富，那肯定值得同情呗。你坐吃山空，你穷你指望哪个同情呗。你要同情天理也不容呗。反正谁得都轮不到他，轮到他就天了光。(20160821HGB)
>
> 我们不能忘记历史，我说了的呗，年轻不把家计造，老来想做已不能。他原来能做事，他黄晓勇的神经病是么样得的？就是懒出来的，不信你去看，你去神经病医院看，看他是不是神经病。你到老了你再改冒得用了呗。你到老了你再改不也是瞎的咧。他黄晓勇就不应该选上贫困户，得么斯都要得的心安理得。(20160821HGB)

村民们在评价黄晓勇不应该得贫困户的时候，往往还喜欢拿同村的黄新汉做比较。黄新汉与黄晓勇年纪相仿，约四十二三岁。黄新汉不仅要赡养两位年过七旬的老人，而且还要养育刚满周岁的儿子，经济压力极大。由于他的妻子需要在家照顾老人和小孩，没有收入来源，因而养家的重任全部都肩负在黄新汉一人身上。早年，黄新汉从事安装电梯的工作，因为勤劳肯干且这份工作相对收入较高，他一个月可以挣得几千块钱，由此早早地在村中盖上了两层的小楼房，日子过得有滋有味。不幸的是，几年前黄新汉的肾脏坏了，患了癌症。患癌对任何人、任何家庭来说都是晴天霹雳，对于黄新汉来说也不例外。他不仅需要支付十几万元的诊疗费，而且也失去了原来收入不错的电梯安装的工作，因为他孱弱的身体已经不允许他继续从事辛苦的体力劳动。为了维持生计，黄新汉转而去薯县的一个化工厂当门卫，赚取一点微薄的收入。但是，两年前这个化工厂也倒闭了，黄新汉完全失去了收入来源，这对黄新汉及他的家庭来说无疑是雪上加霜。村民们不仅认为黄新汉值得同情，应该被评为贫困户，而且他们用实际行动表示了对黄新汉的支持。在黄新汉住院期间，村民们自发地去医院看望他并为他捐款，捐款数额从几十元到几百元不等。真正让村民们觉得黄新汉值得同情并应该被评为贫困户的原因，不仅仅在于黄新汉患有癌症，更为重要的是，黄新汉是个勤快人，他在生病前从事电梯安装这样的辛苦工作，即使是生病了，也没有闲着，而是到化工厂当门卫以赚取收入。至于现在化工厂倒闭后失去工作，且因身体每况愈下而无法挣钱是值得同情的，因为好汉也怕病来磨。村民们这样说道：

> 黄新汉蛮造业的，他冒得办法过日子撒。他选上贫困户我们村里没有一个人有意见，前几天又到医院住院了，我们好多人都自发给他捐了钱的，我给他捐了500块钱，他太造业了。他结媳妇也结得晚，细伢（孩子）才一岁，他选上贫困户是应该的。（20160821HGB）
>
> 黄新汉选上贫困户那是应该的呗，他家确实是值得同情呗。他蛮造业的，他原来是做死做活的呗，他原来盖的房子是他做死做活挣的钱。现在又想做，做做做，做得不够。好汉也怕病来磨呗。（20160821HGB）

黄晓勇和黄新汉是一个鲜明的对比，两人年龄相仿，居住在同一个村庄，且都面临生活困境，但他们却得到了截然不同的评价，进而影响了他们被评为贫困户的支持度。由是观之，勤劳肯干是一个人自身为“人”的关键品质，也是评判一个人能否被评为贫困户的重要标准。反之，赌博是好吃懒做的典型行为，也是自身不会为“人”的外在表现。因赌博而造成的家境潦倒不仅无法得到村民的同情，而且还会被村民所鄙夷。在村民看来，好赌之人是无论如何都不应该被评为贫困户的。一位村民这样告诉我：“有的家庭条件原来蛮好，存款也有不少钱，到后来因为他嫖赌，赌博把家里输光了，像这样的情况，他就活该他日子不好过。”（访谈记录20160825FZX）

勤劳肯干或好吃懒做都是从个人品性来评判一个人是否会做人，与古语中的“穷则独善其身”有着相似的意义。无论是勤劳肯干还是好吃懒做，都不会对他人造成直接的影响，只会使自己及自己的家庭受益或受损，因而它是指代“做人”的第一层含义，也即自身是否为“人”。除此之外，是否与人为善、是否维系社交，则是从农民交往的意义来评判是否会做人，对农民评判贫困识别公平与否也产生了不可小觑的影响。早在先秦时期，儒家思想的代表人物荀子便在《荀子·礼论》中做出了“君子审于礼，则不可欺以诈伪。故绳者直之至，衡者平之至，规矩者方圆之至，礼者人道之极致也”的论述。他表达的观点是绳墨、秤、圆规曲尺分别是量度曲直、轻重和方圆的标准，而凌驾于所有的标准之上的公平标准则是“礼”。对此，有学者认为，儒家思想提出了公平的道德基础，也就是“善”。公平的目的在于改善人们之间的生存状况和社会关系，因而公平一定是以“善”为基础的公平。否则，离开了“善”，公平则失去了其本真的意义。[①] 是否为“善”是站在农民的

① 李大华：《论先秦儒家和道家的公平观念》，《哲学研究》2011 年第 7 期。

社交意义上做的判断，蔡李村的一位大嫂就因为平时与人相处中咄咄逼人而错失了被村民们选为贫困户的机会，用村民的话说也即她总是“不饶人、好骂人”。蔡李村隶属于薯县经济状况最好的城关镇，但蔡李村的经济水平并不理想。这既是因为蔡李村距离乡镇中心较远，难以得到乡镇的辐射带动；也是因为村庄交通条件落后，村民出行相对困难，因而村民戏称蔡李村为“乡镇的喜马拉雅山”。蔡李村的一户人家虽不是该村中最为贫困的，但也相对较差。起初，村干部拟将他家选为贫困户，也是考虑到他家经济较为困难。但是在民主投票阶段，这户人家却落选了。落选原因与经济状况无关，而是因为这个家里的女主人喜欢骂人，经常对他人说些难听的话，所以村民们都对她有意见，几乎不约而同地拒绝为他们家投票。上述案例表明，在经济状况并非一贫如洗的情况下，是否为“善”甚至会对评定结果产生决定性的影响。如果说“不饶人、好骂人”只是对他人构成语言伤害，那么胡作非为、嫖赌逍遥的乡村混混则可能对他人造成实质性的身体伤害，甚至还会败坏村庄的整体风气。对此，村民们普遍对乡村混混表示不满，并认为一旦乡村混混被选为贫困户就是对不良风气的纵容。

> 国家这个精准扶贫呐，还不能够只针对那些家庭条件差的。他家庭条件差，还要根据他是不是勤劳苦干，还是好吃懒做、胡作非为、嫖赌逍遥，要是这样的原因造成的贫困，选上了啊大家不可能心服口服，这样就不是扶贫，是扶那个邪气。(20160823YEC)

由是观之，村民们在贫困识别中持有的公正观念主要分为三个层级。是否“可过”是公正观念的基本标准，它以农民是否可以满足基本的生存需要为原则，通过经济状况和生理状态两方面的考量来衡量农民是否可以将日子过下去，进而评判农民是否需要贫困户指标以走出生活的泥潭。是否“可怜”是公正观念的进阶标准，在贫困户指标已经覆盖了日子不“可过”的农民之外，那些在乡土观念看来尤为“可怜”的家庭（如女儿户、独户等）被认为需要贫困户这一稀缺资源以作为对其不幸生活的慰藉。是否“可恨”是公正观念的否定性标准，如果农民不会“做人”，那么哪怕他“不可过”或“可怜”，他都不会被认为有资格当选贫困户。在这三个标准的共同作用下，农民形成了自成一体的公正观念，它们是农民公平观念的有机组成部分。

第三节　碰撞中的抉择：两种制度的融合与冲突

无论是正式制度还是非正式制度，都会对人们的行为加以约束。彭玉生指出，制度约束包含三种类型，分别是鼓励、禁止和不鼓励也不禁止。其中，不鼓励也不禁止包含三种情况，也即制度缺失、中性或模糊。根据不同约束类型的组合，正式制度与非正式制度的关系可以分为五种不同的情形：正式制度有明确的制度约束而非正式制度既不鼓励也不禁止，此时由正式制度主导，即法理主义；非正式制度有明确的制度约束而正式制度既不鼓励也不禁止，此时由非正式制度主导，即规范主义；正式制度和非正式制度都没有明确的鼓励或禁止，即自由主义；正式制度和非正式制度都有明确的制度约束，且两种类型的制度都禁止或都鼓励，即制度间相一致；正式制度和非正式制度都有明确的制度约束，但是一个鼓励而另一个却禁止，即制度间产生冲突。[①] 如前所述，正式制度与非正式制度都对什么人该被评为贫困户、什么人不该被评为贫困户有着

① 彭玉生：《当正式制度与非正式规范发生冲突：计划生育与宗族网络》，《社会》2009 年第 1 期。

明确的期待，因而法理主义、规范主义和自由主义这三种情形不在本研究的讨论范围内。贫困识别的正式制度与非正式制度之间的关系主要表现为后两种：制度间一致和制度间冲突。

一　制度融合：消除贫困与生存伦理的理念统一

当正式制度与非正式制度的偏好或目标相一致时，二者的关系是和谐的，此时达到了制度融合的状态。在制度融合的状态下，不仅正式制度的实施成本（监督、维持等费用）能得以降低，而且非正式制度也会有更好的稳定性。制度融合是一种理想的状态，它可以有效地促进正式制度与非正式制度之间的相互支持与强化。在这种情况下，秉持非正式制度的村民绝不会质疑正式制度的合理性，甚至还会将正式制度作为维护自己观点的有力武器。此时，正式制度的执行成本极低，因为村民们会自发地遵从正式制度，而当有人违抗正式制度时，村民们也会扮演维护正式制度的重要力量。

减贫，是中国扶贫开发工作中一以贯之的主要任务。而消除贫困，更是新一轮扶贫开发工作的主旨目标。为了使全国人民共享经济与社会发展的成果，使位于最底端的贫困人口能够摆脱贫困，进而达致“不愁吃、不愁穿、义务教育、基本医疗和住房安全有保障”的小康状态，中国在此轮扶贫开发工作中将扶贫瞄准单元下沉至户，力求帮扶到最贫困的那一部分人。但是消除贫困并不意味着“有贫必扶”，而是有一定的门槛和要求，它是以每年最新公布的国家贫困线为基准。人均纯收入低于国家贫困线标准的农户，被认为是其基本生活需求无法得到满足，因而是新一轮扶贫开发工作中的目标群体。虽然如上文所述，国家贫困线在具体操作中存在多重困境，最终以“四看”标准、“几不准”标准和“负面清单”标准作为贫困识别的辅助标准。但不可否认的是，无论是何种标准，正式制度的生产与调试都是以消除贫困为主旨，都是以识别出最贫困的、最需要帮扶的人群为目标。从这一点上来看，贫困识别的正式制度与农民的生存伦理不谋而合，此时，正式制度与非正式制度达到了融合的状态。也正是因为这个原因，村庄中最贫穷、最需要帮扶、基本生活需求得不到满足的那部分群体，往往会毫无阻力地选为贫困户，且得到村民们的理解和认同。

万楼岗村的万春达一家就是这样的情况，万春达时年 58 岁，因同时患有肺癌和淋巴癌，在薯县人民医院住院治疗。不仅如此，他的三个亲弟弟也都生活得举步维艰。其中，他的二弟弟在家务农，需要抚养两个女儿和一个儿子。他的三弟情况更为糟糕，几年前，三弟媳因病去世，三弟也无故失踪，留下了一个儿子目前正在念高中。万春达兄弟几人并未分家，他们被评为贫困户被村民们认为是合情合理的。

> 万春达造业啊（可怜），他马上就要死了，过年了就一直病到这么咱（现在），不能出院，一出院就不行，就要死了。他弟弟（三弟）也不在家，好多年都冒看到了，失踪了。他滴屋里真是好造业啊，我们都晓得他滴屋里是贫困户，但是哪个得的（谁会）去跟他滴屋里去争哩，他滴是最造业的啊。(20160826DZF)

基于生存伦理的认知，农民普遍对村庄中生活最困难、无力维持基本生活的那部分人予以同情，并对他们被评为贫困户表示认同。反之，农民则对经济状况良好的人被评为贫困户嗤之以鼻，这一点也与正式制度中追求精准识别的目标有着共通之处。在生存伦理观念的影响下，农民对“几不准”“负面清单”标准的某些条例表示赞同，其中最典型的便是对“家庭拥有价值在 5 万元以上（含 5 万元），且能正常使用的家用小汽车不得入选为贫困户”这一条予以肯定。

> 车可以是个标准啊。你有车，拿着精准扶贫，那肯定不行的。你要是有车的话，不可能有哪个亲戚给你赞助买个车的，这是不可能的。车子我一天不用，我放在那里，我要交钱，一天不用得几十块。车子是一个高档消费呗，我一天不出车在家里放着我一年的保险也要钱，是不是啊？养车子肯定不行。(20160823ZTB)

由此可见，精准扶贫以消除贫困为主旨目标，因而由它生产出来并一再调适的识别贫困户的正式制度都是以识别出最贫困、最需要帮扶的人群为目的。在这一个层面上，它与农民“过日子”的生存伦理不谋而合。此时，识别贫困户的正式制度与农户的生存伦理这两种类型的制度间的界限模糊甚至消失，制度之间紧密融合。也正是如此，绝对贫困的那部分人可以毫无阻力地被识别贫困户的正式制度识别为贫困户，而且也能得到村民的高度认同。除此之外，筛查贫困户的正式制度也部分地被认同和吸纳，最典型的就是在有小汽车就不应该是贫困户的这一点上正式制度与非正式制度达成了共识。因为它既不符合正式制度的识别出最贫困人群的目标，也与农民的生存伦理背道而驰。简言之，正式制度的消除贫困的主旨目标与农户的生存伦理是一致的，所以绝对贫困的农户被评为贫困户没有任何阻力，以小汽车作为筛查贫困户的标准也得到普遍认同。

二　制度冲突：外显策略与内隐信息的认知差异

在消除贫困与生存伦理的理念统一的情况下，识别出绝对贫困人口不仅在技术层面是一件十分容易的事情，而且也因两种制度相互融合而不会产生任何执行的阻力。但是，除了收入低于国家贫困线，且被认为生存伦理得不到保障的绝对贫困人口之外，还有相当一部分人属于相对贫困。相对贫困的农户徘徊于贫困标准的附近，被称为“临界人口”[①]。临界人口的确定十分困难，除了临界人口的总体水平相差不大所产生的取舍问题之外，更为重要的是即使是临界人口也难以界定。这是因为除了绝对贫困的农户之外，其他农户的贫穷或富裕都是相对的，即使是村庄中的中等户或富裕户，他们也时常有着某个或某些方面的困难，并借此作为申请贫困户的理由。正如上文所述，薯县的“四看”标准是识别贫困户的操作性标准。但是，同时满足“四看”标准中的“缺房（或房子简陋）、缺粮食、缺劳动力、读书郎多”这四条标准的农户少之又少，大部分农户是因为符合其中的一到三条标准而申请成为贫困户。这就出现了一个问题，即有的农户虽然在经济上是中等户或富裕户，但他们也同时能够满足“四看”标准中的某些要求。笔者在田野调查中了解到，某些中等户或富裕户的户主是残疾人或慢性病人，他们可以以劳动力不强作为申请贫困户的理由，还有一些中等户或富裕户家中有两个及以上的读书郎，他们也可以将家中读书的小孩多、负担重作为申请贫困户的筹码。

> 万春萍：你倒是跟我说说，精准扶贫到底是个什么样的要求？怎么有的她老公在外面打工，一年一二十万，怎么他们也精准扶贫呢？
>
> 笔者：他们是你们这个塆子的吗？您能具体介绍一下她家的情况吗？
>
> 万春萍：反正我认识，就是我们村的，不是我们队的，是三队的。她家三个孩子，两个姑娘，一个在读高中，一个在读

① 唐丽霞、罗江月、李小云：《精准扶贫机制实施的政策和实践困境》，《贵州社会科学》2015 年第 5 期。

初中，还有一个儿伢（儿子），在上小学五年级。她老公一年在外面搞一二十万，是管工人的。她倒好，说她老公是主劳动力不能干活，有腰椎，我说有腰椎的一大把，再说她老公是管工人的又不是做体力活的，有腰椎冒得腰椎有个几大的影响呢？她屋里有爷爷奶奶、爷爷奶奶到了七十多岁了，还有三个伢，总共是七口人。她老公最大的问题是有腰椎，我说现在有腰椎的一大把。像我说的这家，她们家住那么好的房子，老公一年还能赚一二十万，怎么那样的人也能精准扶贫，我就不懂。（20160823WCP）

在上述案例中，万春萍反映同村的一家人在她看来不符合贫困户的资格，她表示不明白对方是怎么被评为贫困户的。根据万春萍的陈述，对方家中的主劳动力一年的收入有一二十万元。然而，正如上文所述，农民的收入无法用工资条这种介质显现出来，具有隐蔽性的特征。万春萍对该户收入情况的了解是基于同村的共同生活与长期交往，因而知根知底。然而，该户年收入一二十万元的实然信息无法通过其他渠道测量出来。相反，该户家中共计七口人，其中有两位年过七旬的老人和三名仍在念书的小孩，家中的主劳动力还患有腰椎病，这既符合“劳动力不强”又符合“家中有多名读书郎”，“四看”标准满足两条，完全具备申请成为贫困户的理由。而该户不应该成为贫困户的内隐信息如年收入一二十万元却无法测量出来，这就造成了该户虽然被评为贫困户但是却得不到村民的认可。

除了上述正式制度无法测量而使得村民认为不该选为贫困户的人被评为贫困户之外，还有一种情况是正式制度规定不允许其成为贫困户，而村民却认为其可以成为贫困户，这其中最大的焦点集中于在村内有两层楼的小房是否可以被评为贫困户。在“四看”标准中明确规定“农户在本村已做两层以上的楼房，居住环境好，且有一般家用电器或小型交通工具的”即被认定为单项已脱贫，不得被评为贫困户。然而，许多村民对此不以为然：

> 现在农村有两层楼的房子根本不算稀奇。比方说，我是贫困户是吧，我家里有亲戚，他出资给我做了两层楼啊，不是一样的嘛。以两层楼为衡量标准是不行的。你比方说我住不起房子，我姐、我什么叔啊觉得我可怜，给我做了房子。农村做个房子要得了多少钱，十来万块钱，四五个人一家出资一两万块钱不就完了嘛？你拿楼房来衡量贫困户啊，这是不可行的。比方说啊，我现在生活不能自理，我是贫困户，我哪个亲戚有钱，然后给个十万块钱我，我把房子做起来，他每年回家在我这里住，吃完饭了总要有个地方占一占（落脚），是不是啊。有的人以前还蛮发（富裕）的，早就把两层楼做了，但是呢，不行了是不是啊，病了啊，经济状况有问题啊，生活不能自理啊。他的确可以构成资格，你不能以两层楼说他不够资格。哪家冒得个电视呢？哪家冒得楼房呢？（20160823ZTB）

虽然村民所说的“哪家冒得个电视呢，哪家冒得楼房呢”有失偏颇，但是农民的质疑也有一定的道理。楼房反映的是过去的经济状况，而过去的状况不一定能反映现在的经济水平。而且正如乌尔里希·贝克所言，“财富在上层聚集，而风险在下层聚集”①，农民的收入来源极不稳定，随时可能遭受风险的侵袭。在薯县农村，有许多农民在经济状况较好的时候盖有楼房，但是一旦遭遇风险，生活水平便急转直下。也正是这个原因，农民对以两层的楼房作为识别贫困户的否

① ［德］乌尔里希·贝克：《风险社会》，何博闻译，译林出版社2004年版，第36页。

定性颇不以为然，它也确实不符合“现行救助”的原则。[①]

在“几不准”或“负面清单”标准中，以楼房、汽车或农机具作为识别贫困户的标准是一种“消费类型瞄准”[②]。消费类型瞄准也就是将家庭的消费品做出“必需消费品”和“奢侈消费品”，或“日常消费品”与“耐用消费品”的区分，根据可观察的耐用消费品的数量或质量作为判断居民收入的依据，拥有一定数量或质量的耐用消费品的居民将被排除在社会救助之外。[③] 楼房、汽车、农机具等消费品易于测量和观察，因而作为贫困识别的标准具有可操作性，但是“必需消费品”与“奢侈消费品”或“日常消费品”与“耐用消费品”之间并非泾渭分明的，它们之间的界限有时候是模糊不清的。[④] 这就造成了正式制度认为不应该被评为贫困户的，可能在村民眼里是最需要帮助的。除了上述的楼房、汽车、农机具之外，财政供养人员、私营业主和股东、现任村两委主职干部及其家属一律不得入选为贫困户，但是这部分人中也有许多经济状况十分困难，需要帮扶的人群。

表4—1　　正式制度与非正式制度对贫困户认定的认知差异

序号	正式制度 对贫困户申请的驳斥	非正式制度 认为应该被评为贫困户的原因
家庭A	女儿为财政供养人员	父亲患有癌症，女儿仅工作一年，收入与积蓄远不足以支付高昂的医疗费用

① Shaohua Chen, Martin Ravallion and Youjuan Wang, “Di Bao: A Guaranteed Minimum Income in China's Cities?”, World Bank Policy Research Working Paper 3805, 2006.

② 李棉管：《技术难题、政治过程与文化结果——“瞄准偏差”的三种研究视角及其对中国“精准扶贫”的启示》，《社会学研究》2017年第1期。

③ Diwakar K. Vadapalli, “Barriers and Challenges in Accessing Social Transfers and Role of Social Welfare Services in Improving Targeting Efficiency: A Study of Conditional Cash Transfers”, *Vulnerable Children and Youth Studies*, Vol. 4, 2009.

④ 李棉管：《技术难题、政治过程与文化结果——“瞄准偏差”的三种研究视角及其对中国“精准扶贫”的启示》，《社会学研究》2017年第1期。

续表

序号	正式制度 对贫困户申请的驳斥	非正式制度 认为应该被评为贫困户的原因
家庭 B	户主为村干部	其妻子糖尿病晚期双眼失明，下肢血管堵塞右肾坏死，医疗支出较大，儿子意外死亡
家庭 C	妻子缴纳有养老保险	户主属六级伤残军人退伍，没有劳动能力，女儿患先天性心脏病，儿子无业，全家仅有妻子一人打工
家庭 D	妻子是财政供养人员	妻子患有严重的精神病，没上班、请人代班、家庭收入低
家庭 E	户主为退休人员	户主的儿子之前因患有大病而死亡，户主的儿媳没有工作，家中有两个孙儿需要抚养
家庭 F	户主于 2015 年 9 月注册了一家公司，注册资金 300 万元	该公司为空壳公司，是因园区建设需要征用本村土地而成立的，注册资金并不属实。此外，其儿子患有白血病，治疗费用高昂

资料来源：作者根据田野调查收集到的资料所做的整理。

总而言之，“四看”标准、“几不准”标准、“负面清单”标准都是以易于衡量和测量的外显形态作为识别真贫困户和筛查伪贫困户的正式制度。这个正式制度确实有效地排除出大量不符合瞄准要求的农户。但是“任何制度所针对的都是常规问题，有常规就有例外，而制度恰恰无法处理那些常规之外的问题”[①]。当出现例外的时候，正式制度的外显策略便与非正式制度关于“可过”“可怜”“可恨”的内隐信息的认知产生偏差，两种制度间出现紧张的状态，即产生制度冲突，此时非正式制度与正式制度不相调和，存在着巨大的“断裂”。

① 杨念群、黄兴涛、毛丹：《新史学：多学科对话的图景》，中国人民大学出版社 2003 年版，第 560 页。

第五章

道义与利益的指引：多元主体的行动导向

利益是“处在生产力和人类需要一定发展阶段上的人们生存与社会活动的客观条件。需要是利益的自然基础，而社会资源则是利益的载体和具体内容”[①]。道义则是道德、正义的简称。利益追求外在的感性满足，注重尘世和现实的东西；道义则强调道德的纯洁性、超越性和普遍性，注重道德的精神价值。[②] 在《论语·里仁》中，孔子说道：“君子喻于义，小人喻于利。”他通过对一个人看重的到底是道义还是利益的判断做出了君子与小人的区分。利益和道义仿佛站在天平的两端，双方各执一词、相互矛盾，但正是这二者的共同作用，为行动者指引了方向。对于这一点，马克斯·韦伯做出了生动形象的论述，他将利益（包括经济利益和理想利益）比喻为火车头，直接支配着人们的行动，而观念则扮演“扳道工”的角色，“经常决定了行动被利益力推动的轨道”[③]。道义虽然不能完全

---

① 郑杭生：《转型中的中国社会和中国社会的转型》，首都师范大学出版社 1996 年版，第 111 页。

② 姜涌：《“义利之辨”与当代中国社会的价值导向》，《山东师范大学学报》（社会科学版）1996 年第 1 期。

③ H. Gerth and C. Wright Mills eds., *From Max Weber*, New York: Oxford University Press, 1946, p. 280.

等同于观念，但韦伯的比喻却给我们带来了启发。事实上，在薯县贫困识别的进程中，不同主体的行动都同时受到利益的驱动和道义的指引。对于贫困识别工作来说，不同行动主体的道义观都是一致的，即选出真正的贫困户，但是他们的利益却不尽相同。正是利益和道义的共同影响，使得不同主体的行动导向呈现出迥异的特点。

第一节 扶弱济贫:多元主体的道义共识

一 贫困识别中的不同行动主体

一项社会政策的落实，通常经由政策制定者、政策执行者与政策目标群体的三方互动而最终达成，它们可以被称为社会政策的“互依三角”①。在薯县的精准识别过程中，政策目标群体十分明晰，也就是贫困户。从狭义的角度理解，贫困户应该指代人均纯收入低于国家贫困户标准的群体。在本书中，我们应该从更广义的角度去理解贫困户，这包含以下几点原因：第一，正如前文所提到的，人均纯收入的测算在实际操作中并不可行，所以它真正可以发挥作用的空间很小。如果严格按照国家贫困线的标准去界定政策目标群体，则会造成相当多的农户不在我们的讨论范围之内。第二，正式制度与非正式制度对“谁应该成为贫困户”的理解不相一致，如果我们仅以人均纯收入的标准作为理解政策目标群体的切入点，那么也就意味着本书对正式制度的认同，而忽视了非正式制度。第三，经济状况的好坏不是一成不变的，而是一个动态变化的过程。一个经济状况尚可的家庭，可能会因为一次突发的变故而跌入生活的谷底；反之，一个贫穷的家庭，也有可能因为他人的帮扶、子女的回馈等因素而否极泰来。也就是说，任何家庭都有成为贫困户的

① 赵蜜、方文：《社会政策中的互依三角——以村民自治制度为例》，《社会学研究》2013年第6期。

可能，也自然拥有获得精准扶贫资源的机会。基于上述原因，本书认为贫困识别的政策目标群体并不特指正式制度认为应该被评为贫困户的人群，而应包含所有可能享受精准扶贫政策的群体。因此，本书认为精准识别的政策目标群体是薯县的所有农户。

界定政策目标群体所指代的对象并不困难，而要区别薯县精准识别的政策制定者和政策执行者则需要厘清上下级政府之间的委托—代理关系。委托—代理理论兴起于经济学，用于解释所有权与经营权相分离。随着理论的不断发展，委托—代理理论广泛运用于经济管理、行政管理等研究领域。① 通常来说，上级政府是委托方，下级政府则是代理方。由于中国政府间的组织结构呈金字塔式，位于金字塔尖的是中央政府，往下则依次为省级、地市级、县级、乡镇政府等。在这样的组织架构中，存在着多重委托代理关系。即某一层级的政府既是其上一层级政府的代理方，又是其下一层级政府的委托方。② 在精准识别工作中，各级政府同样处于委托—代理关系之中。精准识别是一个“一竿到底”的大工程，它的诸多治理目标都是通过行政链条层层转移、逐级发包而实现的。③ 具言之，国务院扶贫办制定总的精准识别目标，也即 2014 年建档立卡的时候以人均纯收入 2736 元为标准。但是，国务院扶贫办并不具体地执行精准识别的任务，它将任务转移至省扶贫办。省扶贫办承包了国务院扶贫办提出的精准识别的任务要求，但是省扶贫办并没有参与到精准识别的具体工作中去，因为它面对的是众多的贫困县、贫困村、贫困户。为了使下级政府认真履行精准识别的工作任务，省扶

① 赵蜀蓉、陈绍刚、王少卓：《委托代理理论及其在行政管理中的应用研究述评》，《中国行政管理》2014 年第 12 期。

② 杨宝剑、杨宝利：《委托代理视角下政府间纵向竞争机制与行为研究》，《中央财经大学学报》2013 年第 2 期。

③ 王雨磊：《数字下乡：农村精准扶贫中的技术治理》，《社会学研究》2016 年第 6 期。

贫办以技术治理为手段解决信息不对称问题。[①] 省扶贫办承包了精准识别这项工程后，再将任务转移至市、县扶贫办，市、县扶贫办再将任务转移至乡镇、村委会，最终由乡镇及村一级执行具体的精准识别的工作任务。在整个过程中，实际上形成了由县扶贫办、乡镇、村委会组合而成的精准识别治理团队。[②]

由是观之，在精准识别这项大工程中，国务院扶贫办起到了龙头作用，其他各级扶贫办制定的贫困识别的政策依据均来源于国务院扶贫办出台的总的指导性文件。但若将研究视域聚焦于县一级，那么薯县扶贫攻坚领导小组（包括负责精准扶贫工作的县领导、县扶贫办的领导及工作人员）是县级精准识别治理团队的政策制定者，他们不仅扮演着穿针引线的角色，将上级政府的精准识别的正式制度传达下去，同时也生产与转译制度。政策执行者则包括乡镇干部、村组干部以及驻村干部，其中贫困户的瞄准过程主要由村组干部来具体执行，乡镇干部和驻村干部则对村组干部的识别结果进行核实与纠偏。

以薯县扶贫办为主要组成部分的薯县扶贫攻坚领导小组是精准识别的政策制定者。所谓政策制定，主要有两层含义：作为中央政府、省级政府及市级政府的代理方，薯县扶贫攻坚领导小组要严格遵循上级政府的文件要求，此时政策制定主要指的是对上级政策的上传下达；作为乡镇、村委会的委托方，县级政府拥有绝对的话语权，它会适时地依据县域的具体情况生产出一些因地制宜的贫困识别的具体标准。具言之，薯县扶贫领导小组在认真研读上级政府贫困识别文件的基础上，添加一部分薯县元素，最终整合成为具有薯县特色的贫困识别政策，因而被视为精准识别的政策制定者。薯县扶贫攻坚领导小组在制定了贫困识别的政策文件后，就将识别贫困

---

① 王雨磊：《数字下乡：农村精准扶贫中的技术治理》，《社会学研究》2016 年第 6 期。

② 同上。

户的具体任务下达给了乡镇干部和村委会。在学术界，这被称为“以社区为基础的瞄准法”，也即在国家控制指标数量的前提下把贫困户认定的权力下移给社区，由熟悉彼此情况的社区成员进行讨论决定。[①] 在薯县，村组干部和乡镇干部主要通过“五步工作法”来实现对贫困户的识别。顾名思义，“五步工作法”包含五个步骤。第一步是对贫困户人员的初评，召集老党员、老干部、村组干部等在村中具有威望的人推举认定具有贫困户评定资格的人选；第二步则是调查摸底，也即对照薯县扶贫攻坚领导小组制定的识别标准，逐户上门摸底、调查，进一步确认初评人员是否满足贫困识别的标准；第三步为民主评议，这主要考虑上门摸底、调查是分为若干个工作班子来完成，而这不可避免地会出现判断标准不能完全一致的情形，民主评议则希冀最大化地降低因判断标准不一致所产生的影响；第四步为公示，即将贫困户的名单在村组公示，如果公示期间

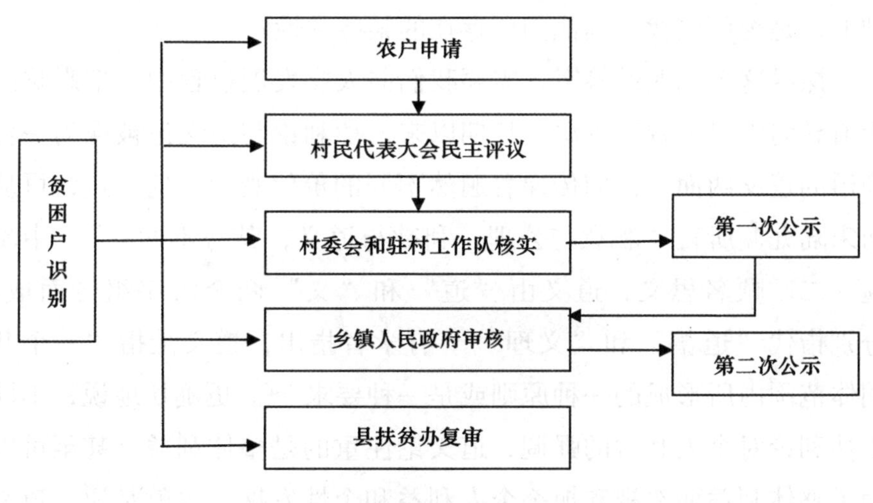

图5—1　薯县贫困户识别步骤

① 左停、杨雨鑫、钟玲：《精准扶贫：技术靶向、理论解析和现实挑战》，《贵州社会科学》2015年第8期。

有村民提出异议，则对该贫困户的情况进行进一步的核查，并根据核查情况决定保留或剔除贫困户资格；第五步则为确认并上报，在完成上述步骤后，村组干部逐级上报贫困户名单，由村委会上报给乡镇，最终将名单上报至县扶贫办。

二　多元行动主体的基本道义观念

在识别贫困户的进程中，政策制定者、政策执行者和政策目标群体共同参与其中。一个不言自明的事实是，薯县扶贫领导攻坚小组作为政策制定者，参与薯县贫困识别的正式制度生产之中。作为政策目标群体的薯县农户，则对以公平观为主体的非正式制度有着更多的认同。而作为政策执行者的乡镇干部、村组干部既要受到正式制度的约束，又要面临来自非正式制度的压力，处于两种制度的共同作用之下。那么，是否可以说这三类不同的行动主体对贫困识别所持有的态度截然不同？反之，在承认不同行动主体差异性的基础上，是否可以找寻到他们所存在的某些共性？

探寻这个问题的答案，需要我们向人类发展过程中产生影响的价值导向中寻求智识资源。长期以来，功利论与道义论被视为一枚硬币的正反两面，他们传递着迥然不同的价值观念。这一点，可从南宋陆九渊所言“私意与公理，利欲与道义，其势不两立”[①] 中略窥一二。顾名思义，道义由“道”和“义”两个汉字组合而成，分别指代“道德”和“义理”。[②] 有学者指出，道义是指“一个共同体范围内所形成的一种原则或是一种要求”[③]。更确切地说，不同于功利论对个人利益的强调，道义论注重的是整体利益，甚至可以为了整体利益而忽视和扼杀个人利益和个性发展。也就是说，道义

① 参见朱贻庭《伦理学大辞典》，上海辞书出版社 2011 年版，第 356 页。

② 朱贻庭：《伦理学大辞典》，上海辞书出版社 2011 年版，第 356 页。

③ 郎友兴：《村落共同体、农民道义与中国乡村协商民主》，《浙江社会科学》2016 年第 9 期。

论不是以个体为出发点的，而是基于一种普遍的和绝对的东西，并以此来限制和规范个体。[①] 在剖析人类社会的价值导向时，可以将功利论与道义论区分开来。然而，具体到一个个鲜活的个体，却很难将之划分为“功利的个体”或“道义的个体”。这是因为功利论和道义论虽然是从不同侧面剖析人性，但人性从本质上来说应该是兼具功利性和道义性的。

从这个角度思考，无论是政策制定者，还是政策执行者，抑或是政策目标群体，都在一定程度上持有对贫困人群的道义观念。其中，最基本的道义观念就是选出真正的贫困户，也即将贫困户指标提供给真正需要帮助的人。需要注意的是，这里的道义观念所指代的“真正需要帮助的人”与前文所提到的贫困识别的非正式制度还有略微的差别。在贫困识别的非正式制度中，农民的公平观念是建立在平均主义观念的基础之上，且因情境的不同而发生变化，因而一定程度上仍然有一定的自利性。而贫困识别的道义观念更接近于置身事外的公正观念，即是否“可过”、是否“可怜”、是否“可恨”的三个标准。除此之外，我们也应该明确的是，尽管政策制定者、政策执行者和政策目标群体这三类行动主体都有相当一部分人将自私自利的心态展现得淋漓尽致，甚至为了达成自己的利益而“各显神通”，但是这只能说明这些行动主体没有将他们的道义观念展现出来，或者他们展现出来的程度不够，不代表他们没有道义观念。简言之，我们认为道义观念是人性中不可剥离的一部分，无论政策制定者、政策执行者和政策目标群体各自所展开的行动如何，他们的本性中都内含着这样一种最基本的道义观念，即将贫困户指标提供给最需要帮助的人，以帮助他们渡过难关。

---

① 姜涌：《“义利之辨”与当代中国社会的价值导向》，《山东师范大学学报》（社会科学版）1996 年第 1 期。

第二节　成败得失：多元主体的利益分殊

政策制定者、政策执行者和政策目标群体在最基本的道义观念上保持一致，但是他们却身处不同的利益之中。具言之，政策制定者处于目标管理责任制之下，面对的是可能的奖励性的政治利益和惩罚性的政治损益；政策目标群体面对的是扶贫政策中的巨大经济利益；而政策执行者则面对的是乡土社会的多元利益。

一　目标管理责任制下的政治利益

在精准识别工作的推进过程中，目标管理责任制发挥了重要的作用。作为一种在当代国家正式权威体制基础之上创立的实践性的制度形式，目标管理责任制是指“将上级党政组织所确立的行政总目标逐次进行分解和细化，形成一套目标和指标体系，以此作为各级组织进行‘管理’（如考评、奖惩等）的依据，并以书面形式‘责任状/书’在上下级党政部门之间进行层层签订”①。王汉生、王一鸽指出，学界主要从“压力型”和“激励型”这两种模式对目标管理责任制展开讨论，但目标管理责任制兼具二者的特征，其运作的核心之一即是实施考评奖惩，而奖励和惩罚需要经由考核这一关键环节来得以实现。②

上级政府对薯县精准识别的考核方式主要有两种：第一种是常规的行政考核，即在年终或某个时间段的末期以打分的形式对县党政领导班子做出评价，而精准识别工作的完成情况只是作为当年主要工作的一部分予以考核。在常规的行政考核中，上级政府通常在

① 王汉生、王一鸽：《目标管理责任制：农村基层政权的实践逻辑》，《社会学研究》2009年第2期。

② 同上。

年初提前制定了相关文件，并在文件中明确说明了考核的主要内容及所占分值。如2015年，薯县所属的H市出台了《H市2015年县（市、区）党政领导班子精准扶贫目标责任考核评分办法》，对精准识别的考核主要依据建档立卡的完成度，考核细则为“完成贫困人口精准识别、录入工作，根据工作完成情况综合量分”①。但在这种常规的考核中，精准识别的完成度仅占一个方面，在百分制的考核表中只占10分。其他的考核内容包括扶贫开发主体责任、扶贫投入、“三个一”载体、产业扶贫、金融扶贫、驻村帮扶、扶贫机构八大内容。第二种是专项的扶贫考核，即上级政府对县扶贫领导攻坚小组的精准扶贫工作开展的专项考核。不同于常规的行政考核，这种考核并不会有固定的考核时间，通常是由某个突发性事件触发而形成。如2015年10月16日薯县所属的省人民政府扶贫开发办公室发布了《关于认真做好扶贫开发建档立卡数据质量核查工作的通知》，在文件中提出要核查“建档立卡数据，包括建档立卡扶贫对象纸质、电子档案，扶贫对象识别档案，扶贫对象动态管理档案，扶贫工作队驻村联户帮扶记录，扶贫对象受扶持记录，扶贫对象入档信息变动记录”等内容，以降低违规享受扶贫政策或优亲厚友等违规行为。② 这次的核查是一项非常规任务，主要是因为受到当时新闻媒体报道出广西马山县“有3000多名扶贫对象是‘富人’”等负面新闻的影响，从而触发了上级政府所做的专项检查。

当然，无论是常规的行政考核还是专项的扶贫考核，通常都为县级政府预留了一定的考核时间，并告知了考核的具体内容和程序，因而县级政府有相对充足的缓冲空间。除此之外，上述考核主要是对“案头作业”的考核，即对“各种相关账、表、卡、册是

---

① H市扶贫攻坚领导小组办公室：《H市2015年县（市、区）党政领导班子精准扶贫目标责任考核方案》，2015年12月2日。

② H省人民政府扶贫开发办公室：《关于认真做好扶贫开发建档立卡数据质量核查工作的通知》，2015年10月16日。

否齐备与规范和各种数据是否合乎要求的考核，是对下级组织具体服务实践的文本抽象化能力和质量的考核”。[①] 这种考核对县级政府并不构成十足的压力，他们可以通过对文本和数据的精心制作与编排以应对上级政府的考核。真正让县级政府感到紧张和有压力的是突击的考核方式，也就是随机抽查。随机抽查通常不与县级政府提前打招呼，省扶贫办机关及直属机关随机抽查某个乡镇或村庄的贫困户，通过入户访谈或电话查访的方式抽查贫困户的家庭情况是否符合贫困识别的要求。如果发现某个贫困户家中经济状况良好，则可以据此“反推基层组织文件制作的真实性，从而直接影响到对基层工作质量的评定”[②]。

本来省里告诉了茶县他们会去哪个乡镇检查工作，所以茶县把准备做得很充分，谁知道，去了茶县之后，省里又要换检查的地方。茶县有点不愿意，省里就生气了，自己单独下去随机检查。结果这一检查好，去的有的贫困户家里，住的楼房，还戴金项链，今年茶县的考核肯定不合格。（20160122 薯县内部会议记录）

单一的考核不足以起到震慑作用，目标管理责任制对薯县扶贫攻坚领导小组的管理与监督主要是依托于“责任—利益连带关系”，从而将各责任主体联结起来。换言之，即将考核结果与人事管理制度相关联，“通过考核和与之相联系的一套奖罚方法，构成对地方各级政府的激励与约束”。[③] 2014 年 12 月 11 日，中共中央组织部、

---

① 吴毅：《小镇喧嚣：一个乡镇政治运作的演绎与阐释》，生活·读书·新知三联书店 2007 年版，第 583 页。

② 同上书，第 584 页。

③ 王汉生、王一鸽：《目标管理责任制：农村基层政权的实践逻辑》，《社会学研究》2009 年第 2 期。

国务院扶贫办出台《关于改进贫困县党政领导班子和领导干部经济社会发展实绩考核工作的意见》，文件明确提出“把扶贫开发作为经济社会发展实绩考核的主要内容”。此外，该文件还指出要强化对考核结果的运用：

> 要把考核结果与干部的年度考核、综合考核评价挂钩，作为确定年度考核等次、形成综合评价意见的重要依据。在对贫困县埋头苦干并做出突出成绩的干部，提拔时要优先考虑；对不胜任、不称职的，要及时调整……要把考核结果作为激励约束的重要依据，在评优评先、表彰奖励时，优先考虑成绩突出的领导班子和领导干部，在统筹分配各类财政扶贫资金和社会帮扶资金的基础上对考核优秀的，给予更多的奖励和倾斜。要把考核结果作为问责的重要依据，对扶贫开发重视不够、工作不力的，要视情况进行约谈提醒、诫勉谈话，督促整改……（资料来源：中共中央组织部、国务院扶贫办《关于改进贫困县党政领导班子和领导干部经济社会发展实绩考核工作的意见》）

在国务院扶贫办的政策导向下，薯县所属的H省也相继出台了《H省贫困县党政领导班子和领导干部经济社会发展与精准扶贫实绩考核办法》。该考核办法总分为一百分，而精准扶贫实绩所占据的分值有70分，占70%的权重。按年度考核结果，对贫困县排列出A（优）、B（良）、C（中）、D（差）四个等次。通过这种目标责任制的管理，薯县扶贫攻坚领导小组的扶贫开发工作被纳入年度目标考核体系，同时党政机关主要领导“第一责任人”的地位得以确立。在这种制度下，薯县扶贫攻坚领导小组的成员可能会面临如下几个方面的利益或损益。

首先，是提拔或重用的利益。根据H省扶贫办制定的文件，连续三年考核结果为A等次的贫困县党委、政府主要领导，可以得到表彰和提拔重用。

> 考核结果为A、B等次的贫困县，以省委、省政府名义通报表扬，并在财政专项扶贫资金分配和项目安排时给予奖励和倾斜。对连续三年考核结果为A等次的贫困县党委、政府主要领导，予以表彰和提拔重用。（资料来源：H省扶贫办《H省贫困县党政领导班子和领导干部经济社会发展与精准扶贫实绩考核办法》）

其次，是被约谈、被整改的损益。根据文件规定的要求，被评为C、D等次的贫困县，其党委、政府的主要领导会被约谈。而连续两年被评为D等次的贫困县，其主要领导将被问责。

> 考核结果为C、D等次的贫困县，由所在市（州）党委、政府主要领导约谈其党委、政府主要领导。考核结果为D等次的贫困县，由省委组织部、省扶贫办约谈其党委、政府主要领导，督促整改。对连续两年考核结果为D等次且整改不力的贫困县党委、政府主要领导，按干部管理权限进行组织调整。（资料来源：《H省贫困县党政领导班子和领导干部经济社会发展与精准扶贫实绩考核办法》）

最后，是“一票否决”的损益。“一票否决”，是指一旦某项任务没有达标，不仅此项任务不得分，该单位全年的各项工作成绩也被算为不合格，甚至计零分，并可能被取消当年甚至几年内参与各类先进称号和评奖的资格，而且会对该单位主要领导的评奖和升迁造成重大影响。①

> 我们的干部，总喜欢向国家要资金要项目要政策，但是现在正儿八经解决你贫困人口问题的时候，你不当个事儿。习总书记说了，精准扶贫搞不好，要提着头来见。干部要有政治敏锐性，千万不要倒在了扶贫攻坚这项工作上。(20161227XZR)

概言之，作为政策制定者的薯县扶贫攻坚领导小组处于目标管理责任制之中，通过常规的行政考核、专项的扶贫考核以及随机抽查这三种考核方式实现对薯县扶贫攻坚领导小组的管理与监督。与此同时，考核通常连带着一整套的奖励与惩罚措施，从而实现行政效能的最优解。对薯县扶贫攻坚领导小组的奖惩措施主要与政治利益相挂钩，也即奖励性的政治利益和惩罚性的政治损益。这种政治利益不仅关系到政策制定者年度的工作考核，而且还能影响他们的政治生命。

二　“一主十二附”政策下的经济利益

“扶贫既要富口袋，也要富脑袋。要坚持以促进人的全面发展的理念指导扶贫开发，丰富贫困地区文化活动，加强贫困地区社会建设，提升贫困群众教育、文化、健康水平和综合素质，振奋贫困地区和贫困群众精神风貌。”② 习近平总书记在中央扶贫开发工作会议上的这番讲话深刻诠释了新时期扶贫开发对于内源式发展的追求，也即强调增强贫困地区和贫困人口的自我发展能力。为了实现对贫困地区和贫困人口从“输血”向“造血”的转变，中央层面致力于顶层设计

---

① 王汉生、王一鸽：《目标管理责任制：农村基层政权的实践逻辑》，《社会学研究》2009年第2期。

② 习近平：《在中央扶贫开发工作会议上的讲话》，载《十八大以来重要文献选编（下）》，中央文献出版社2018年版，第50页。

的创新，以助力于贫困地区和贫困人口内生动力的增长。2015 年 6 月 18 日，习近平总书记在贵州召开部分省区市党委主要负责同志座谈会。在会议上，习总书记强调“要因地制宜研究实施‘四个一批’的扶贫攻坚行动计划，即通过扶持生产和就业发展一批，通过移民搬迁安置一批，通过低保政策兜底一批，通过医疗救助扶持一批，实现贫困人口精准脱贫”[①]。同年 10 月 16 日，习近平总书记在“减贫与发展高层论坛”发表重要演讲，将“四个一批”进一步调整为“五个一批”，即发展生产脱贫一批、易地搬迁脱贫一批、生态补偿脱贫一批、发展教育脱贫一批、社会保障兜底一批。[②]

根据“五个一批”扶贫战略思想，薯县将扶贫的工作重点投入于贫困人口的内源性发展，并打出一套“一主十二附”的组合拳。所谓“一主十二附”，是对薯县精准扶贫政策扶持实施办法的简称。其中，“主”表达“主体”之意，即对精准扶贫政策扶持的指导思想、目标任务、扶持对象、方法步骤等做出统领全局的指导。“附”即“附属”，也就是在主体文件之下有十二种不同类型的精准扶贫政策扶持实施办法：精准扶贫财政资金整合试行办法、工业扶贫实施办法、农业扶贫实施办法、旅游扶贫实施办法、扶贫搬迁实施办法、劳动力转移培训扶贫实施办法、教育扶贫实施办法、医疗救助实施办法、政策兜底贫困户实施办法、扶贫小额信用贷款实施办法、社会扶贫实施办法、光伏发电扶贫实施办法。[③]“一主十二附”的政策被整合在《薯县精准扶贫政策扶持实施意见》中。在该实施意见中，薯县整合县财政局等八个部门的资源，对全县参与扶贫的市场主体、贫困村以及贫困户进行政策奖补、政策贷款和政策

---

① 习近平：《习近平论扶贫工作》，《红旗文摘》2016 年第 2 期。

② 习近平：《携手消除贫困 促进共同发展——在 2015 减贫与发展高层论坛的主旨演讲》，2015 年 10 月 16 日，新华网（http：//www. xinhuanet. com/politics/2015 – 10/16/c_1116851045. htm）。

③ 其中《薯县政策兜底贫困户实施办法》的帮扶对象是农村五保户、农村低保户和农村低保贫困户，不包括一般贫困户在内，因而笔者在此不予讨论。

扶持。

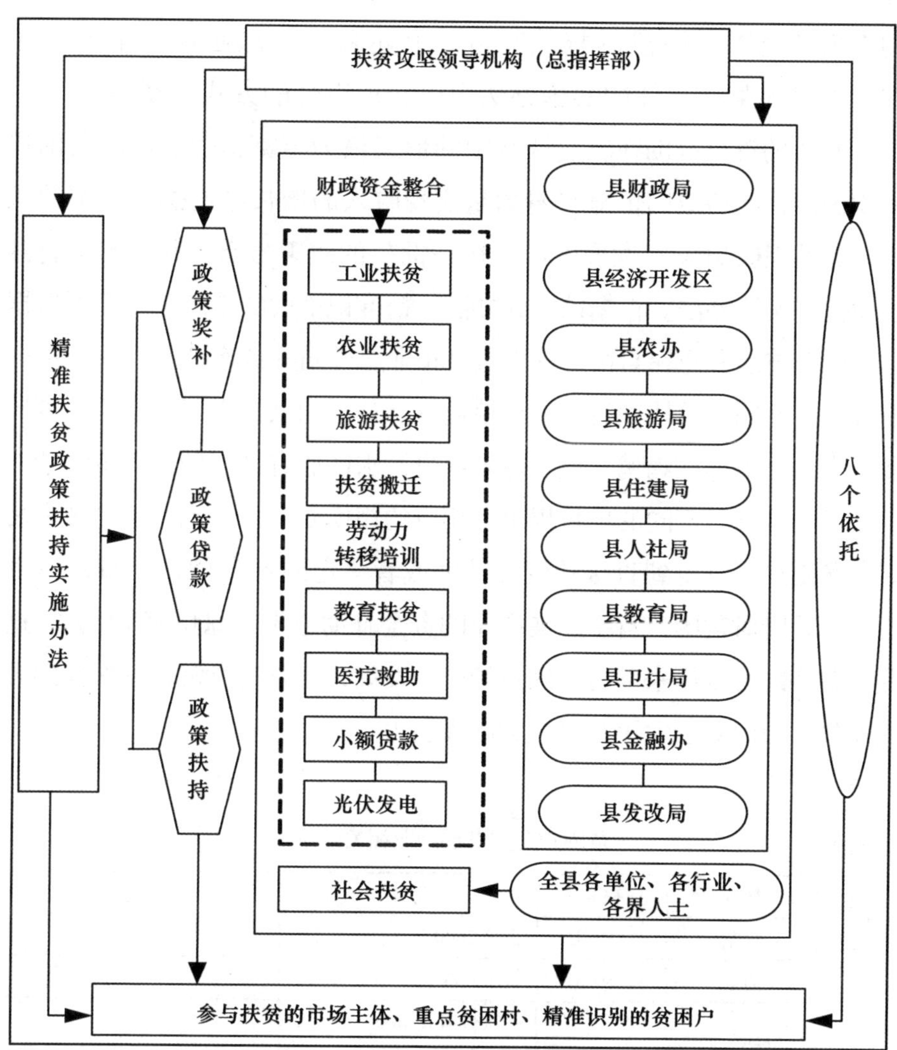

图 5—2　薯县精准扶贫政策扶持路径

“一主十二附”政策针对的对象包括参与扶贫的市场主体、重点贫困村、精准识别后的贫困户。而其中针对精准识别后的贫困户的帮扶政策主要是农业扶贫、工业扶贫、移民搬迁、教育扶贫、医疗救助（又被称为“健康扶贫”）以及光伏发电。这些帮扶政策均为贫困户带来了巨大的经济利益，主要包括直接的资金补助、大额的支出减免以及贴息的贷款支持。上述政策优惠通常并不孤立存在，而是在某一具体的实施办法中以叠加组合的方式实现。

直接的资金补助在农业扶贫中的形式最为丰富，为了调动贫困户的积极性，推动他们依靠自身力量实现收入的增长进而摆脱贫困的状态，薯县积极响应“发展生产脱贫一批”的政策号召，并制定了薯县农业扶贫实施办法。根据该实施办法，精准识别后的重点贫困户可根据自身职业技能和意愿自由选择发展种植业、养殖业或水产业。每一项产业都包含不同的具体项目，如种植业有青茶、油茶、果蔬等项目；养殖业有肉牛、山羊、鸡鸭、兔、蜂等项目；水产业有稻田种养或鱼池精养的项目。薯县对不同的项目提出了相应的规模要求，达到一定的规模之后，贫困户可以得到直接的资金补助或者一定的贴息贷款。如表5—1所示，政府对贫困户自主发展产业的资金补助通常在500—5000元。这些资金补助可以用来助力贫困户的产业发展，而且通过资金一次性的方式发放，因而对于农民具有较大的吸引力。

表5—1　　贫困户自主发展产业相关政策

产业	品种	面积要求	奖补	其他
种植业	青茶	>50亩	亩平2000元	
	油茶	>50亩	亩平600元	
	钢架大棚种植果蔬	>1亩	一次性补助5000元/亩，同时给予5000元/亩的贴息贷款	补助2亩封顶
	中药材	无	一次性补助500元/亩	补助10亩封顶
	速生丰产林	连片>20亩	一次性补助350元/亩	补助50亩封顶
	银杏	无	政府免费提供种苗	每户贫困户栽植银杏不超过10株

续表

产业	品种	面积要求	奖补	其他
养殖业	肉牛	>2 头	一次性补助 2000 元/头；2000 元/头的贴息贷款	5 头牛封顶；以村为单位集中建牛舍，不能散养
	山羊	>5 头以上	一次性补助 300 元/头	每户补助 50 头山羊封顶；以村为单位集中建羊舍，不能散养
	鸡鸭	年出栏 >300 只	一次性补助 2000 元/户	无
	兔	>100 只	一次性补助 3000 元/户	
	蜂	>20 箱	一次性补助 300 元/箱；1000 元/箱的贴息贷款	
水产业	稻田综合种养	>2 亩	一次性补助 1000 元/亩	
	承包原有鱼池	>2 亩以上	一次性补助 600 元/亩	
	新建精养鱼池	无	一次性补助 1200 元/亩	

大额的支出减免在医疗扶贫方面体现得最为集中，这也是对农民最具吸引力的一种方式。这种吸引力首先缘于它的受众对象最为广泛，以薯县的坝楼镇黄家岭村为例，该村共 250 户，有 71 户为贫困户。除 2 户为其他原因致贫外，剩余 69 户均为因病致贫：中风偏瘫 1 户，癌症 5 户，糖尿病 1 户，精神病 7 户，身体残疾 8 户，呆傻智障 15 户，其他疾病 32 户。① 即使放眼于全县，因病致贫在全县贫困人口中所占的比例也高达 54.7%。② 因病致贫的范围之广是医疗扶贫最受推崇的原因之一，而更深层次的原因则在于一场重病对任何一个家庭来说都是劫难。对于经济尚可的小康之家，重病如同强力的磁铁一般吸食整个家庭的资金，而对于普通家庭尤其是贫困家庭，则只能面对巨额的医疗支出而束手无策。

① 薯县人民政府扶贫开发办公室：《薯县贫困人口现状调查》2014 年 7 月 22 日。

② 同上。

医疗扶贫也称为健康扶贫，对于贫困家庭毫无疑问是雪中送炭。它面对的群体是薯县家庭成员有一人及以上患有重病或常年抱病，从而导致家庭经济困难的“因病致贫”贫困人口。薯县的医疗救助以“决不让一个贫困对象再因病致贫、因病返贫”为总目标。同时，为了完成该项目标，提供“两大保障”：一是贫困人口的健康情况全部建档，健康管理全过程保障；二是制定特殊政策，贫困对象住院费用报销90%，当年自费部分累计不超过5000元。最后，为了保障医疗救助工作的顺利实施，薯县采取“4321”的医疗救助模式，其中“4”指的是“定救助对象、定报账方式、定兜底标准、定就诊机构”，“3”即实行“入院不交费、报账一站式、结算一次性”，“2”即健康全保障，就医全兜底，“1”即决不让一个贫困对象再因病致贫、因病返贫。在薯县制订的医疗扶贫方案中，最为亮眼的就是“贫困对象住院费用报销90%，当年自费部分累计不超过5000元”这一政策。它将因重病而产生的高额费用降低至每年不超过5000元，大大减免了贫困农户的医疗支出，对于广大因病致贫的农户来说是最具吸引力的政策优惠。

> 我们薯县的健康扶贫可以用两句话说清楚，第一句话：贫困户住院治疗报销比例90%，而且贫困户住院取消入院预付金，住院要交钱嘛，要交押金，现在不交，直接住院。第二句话，5000块钱封顶。这是什么意思呢，你得大病，20万、30万甚至100万，也只交5000块钱。这是健康扶贫最主要的两条。我们的健康扶贫得到了国家级的表彰，得到了国家卫计部门、相关的领导高度的评价，在中央新闻都放过的。(20160902LZJ)

贴息的贷款支持通常不会单独出现，而是在与资金补助、支出减免等其他方式叠加组合的基础上共同出现于某一特定的扶贫实施办法之中。以异地扶贫搬迁为例，异地扶贫搬迁以“搬得出、稳得住、能发展、可致富”为目标，帮扶重点贫困户中有建房需求的对象（无住房、危房或因其他原因需整体搬迁对象）和纳入移民避险解困项目的移民户。安置方式包括城区集中建房、乡镇新启动的新农村建设点建房、园区购现房、在已完善审批手续的原新农村建设点购现房以及农村分散建房等。这几种住房面积都在 150m^2 以下，农民购置现房或建房都能得到一定的奖补。奖补方式由两部分组成，一部分是贴息贷款，贷款用于农民建房或购置现房，利息部分则由政府承担，金额一般为 8 万元；另一部分是奖补资金，以现金补的方式对贫困户改善居住条件予以支持，金额为 2 万—3 万元。异地扶贫搬迁对薯县的农户同样极具吸引力，对于农户来说，一旦享受这项政策便意味着他们在购置新房或在村中建设新房时可以节省约 10 万元，这毫无疑问是一项极大的福利。

表 5—2　　薯县异地扶贫搬迁具体政策

住房类型	住房面积	住房价格	资金组成
园区购现房（园投公司安置房）	<135m^2	小高层为 980 元/m^2；电梯房为 1180 元/m^2	8 万元贴息贷款 +奖补资金 3 万元 +农户出资
在手续完善的新农村建设点购房		市场最优惠价格	8 万元贴息贷款 +奖补资金 5 万元 +农户出资
城区集中建房	<125m^2	小高层为 1200 元/m^2；电梯房为 1480 元/m^2	8 万元贴息贷款 +奖补资金 3 万元 +农户出资
乡镇新启动的新农村建设点	<125m^2	1100 元/m^2	8 万元贴息贷款 +奖补资金 3 万元 +农户出资

续表

住房类型	住房面积	住房价格	资金组成
农村分散建房	<150m²		8 万元贴息贷款 +奖补资金 2 万元 +农户出资

除了异地扶贫搬迁之外，光伏发电同样是以资金补助和贴息贷款叠加的方式对贫困户给予支持。光伏发电指的是为贫困户和贫困村建立持久增收项目，帮助贫困户家庭新建一个 3KW 功率户用分布式光伏发电站，产权及收益归贫困户所有的扶贫实施办法。① 它尽量避开基本农田、林地，而是选择荒山荒坡、河滩等，因而是一种变废为宝、资源充分利用的方式。理想的情况下，光伏发电的出资主要由三方承担，即政府、中标出资单位及农户各出三分之一，也被称为“三个三分之一”。然而，大部分情况下农户并无力承担三分之一的发电站建设资金，因而这部分资金可以由政府贴息贷款的方式解决，也即农户申请贷款，利息部分由政府出资偿还，本金部分则待农户在光伏发电项目中获得收益后偿还。

> 三分之一由我们给贫困户贷款，然后通过这个卖电的钱来还这个贷款，另外还有三分之一是我们政府给，另外还有三分之一由企业来赞助。所有的收益由贫困户受益，那么贫困户可以根据赚的发电的钱来还这个贷款，贫困户可以长期受益，它不是一次性的。七年或者八年如果是有国家补贴的话，七八年就可以收回成本。如果没有国家补贴，可能就要到十二或者十三年收回成本。(20160902LFG)

① 薯县人民政府：《薯县精准扶贫政策扶持实施意见（试行）》（http：//www.hazf.gov.cn/4810613/4847141.html）。

综上所述，“一主十二附”的政策帮扶主要是通过直接的资金补助、大额的支出减免以及贴息的贷款支持，为贫困农户的生活与生产注入所需的资金，从而使得贫困农户能够学有所教、病有所医、住有所居。同时，也帮助他们通过劳动生产来增加收入从而摆脱贫困现状。通过上述政策的帮扶，农民获得实实在在的经济利益。

三　乡土社会中的多元利益

精准识别的政策执行者包括乡镇干部、村组干部以及驻村干部，其中乡镇干部和驻村干部主要是对识别结果进行核实与纠偏，而真正主导贫困瞄准过程的主要是村组干部，他们是薯县开展精准识别工作最为核心的政策执行者，是精准识别的末梢神经。对于村组干部来说，他们很难从精准识别的过程中得到直接的、实实在在的好处。压力型体制给村干部带来的多是负向约束，而少有正向激励。具言之，村干部的向上流动通道极其狭窄，认真执行精准识别的工作也很难为他们带来提拔或重用的机会。然而，一旦出现重大的识别失误，村干部便会面临“一票否决”的风险，其村干部的职位可能会被撤销。此外，村干部不仅难以从精准识别中获取政治利益，而且也不能像普通村民一样作为政策目标群体享受实实在在的经济利益。根据“负面清单”的规定，村委主职干部及其家属几乎丧失了得到贫困户指标的机会。精准识别的工作对于村干部而言并非常规工作，而是一个增量任务。对于作为政策执行者的村干部而言，他们在精准识别工作中需要尽到的职责和任务更多，而享受的权力和利益则几乎没有。即使有，不仅很少，而且还可能承担风险。尽管如此，我们不能否认村干部在精准识别过程中需要衡量两方面的利益，一个是村干部的“政治生涯”；另一个则是村干部的社会性收益。

村干部首先要考虑自己的“政治生涯”，如果说政策制定者是处于目标管理责任制之中，那么村干部则是位于“压力型体制”之下，主要侧重的是控制和压力。对于村干部来说，通过在精准识别工作中做出成绩而得到政治仕途的晋升对于他们来说几乎不可能实现。但是如若他们在入户抽查中被发现有重大问题，则很有可能被撤销村干部的职位，这对于他们来说是不小的损失和风险。

> 对核查发现的优亲厚友、暗箱操作、弄虚作假、玩忽职守等违规行为，由当地扶贫部门进行责任追究；核查发现当地扶贫部门违规操作的，由当地政府进行责任追究；涉及违纪违法行为的，应移交当地纪检监察、司法机关做进一步处理。（资料来源：《关于认真做好扶贫开发建档立卡数据质量核查工作的通知》）

不仅如此，村干部作为精准识别的政策执行者还要考虑自己的社会性收益。不同于经济利益或政治利益，社会性收益并非直观可见的，也难以有效地预期和测量。它类似于一种表达性收益，主要呈现为面子、权威与声望等形式。虽然这种社会性收益难以衡量，但它同样具有举足轻重的作用。它是一种话语权的象征，可以减少村干部开展工作的阻力。更为重要的是，面子、权威与声望等社会性价值是农民价值观的重要组成部分。[①] 正因如此，社会性收益也是村干部不得不考虑的利益因素，他们为了获得社会性收益也会注重将真正贫困的农户纳入贫困户的范畴。否则，村干部无法面对在村庄这个“半熟人社会”每天低头不见抬头见的本村村民，更无法获得声望和面子。因为从农民的角度来说，他们

① 贺雪峰：《农民价值观的类型及相互关系——对当前中国农村严重伦理危机的讨论》，《开放时代》2008 年第 3 期。

具有一定的道义底线，而将特别贫困的农户排除出贫困户的范畴会降低村干部的声誉，从而影响他们对村干部的信任，减少村干部的社会性收益。

如果仅从村干部的政治生涯和社会性收益的角度考量的话，村干部的利益与选出真正贫困户的道义观念是完全重合的，那么村干部理应不打折扣地致力于提升贫困识别的精准度。然而，对村干部产生影响的不仅仅是政治生涯和社会性收益，还包括嵌入乡土社会中错综复杂的利益。这是因为村干部在扶贫开发中需要遵循实践权力，而实践权力是由乡土秩序所赋予，这也意味着村干部的行为必须嵌入乡土秩序之中。[①] 基于此，作为嵌入乡土社会中的一员，村干部不得不考虑乡土社会中错综复杂的利益。

首先，村干部是生活于"小队"中的村干部。黄宗智指出："人民公社时期，国家权力与村庄自然社会的关键连接点不是'大队'而是'生产小队。'"[②] 彼时，生产队队长在生产小队中由民主选举出来，并直接组织生产。分田到户后，生产队队长在水利灌溉、道路修建、土地调整、税费征收等公共事务中依然具有不可比拟的优势。税费改革后，村民组织虽然经历了撤销的过程，但随后又被恢复，这也说明了村民组长是村庄治理中的关键人物。概言之，村民组长是集体利益的核心代表，他们对村庄日常事务施加影响，并调节组内的公共品供给效率。[③] 在日常生活中，农民常常是以"小队"作为基本认同和行动单位进行往来，比如邻里互助、红白喜事以及人情交往，等等。由于村民小组聚居在一起，是一个完整的生产生活单位，因而构成基层政治公共性的基础。正因为如

---

① 王雨磊：《村干部与实践权力——精准扶贫中的国家基层治理秩序》，《公共行政评论》2017 年第 3 期。

② ［美］黄宗智：《长江三角洲小农家庭与乡村发展》，中华书局 2000 年版，第 179 页。

③ 陈辉、邢成举：《从"公共性治理"到"人情政治"——陕西省 W 县 S 村"公共性衰弱"的内在逻辑》，《中共福建省委党校学报》2015 年第 10 期。

此，村干部往往需要优先考虑“小队”的利益：

冒得大队干部就完全要吃点亏。如果说有什么事情肯定是村书记把大队干部叫去，不可能把你们这些村民叫去。如果有那个政策的话，你那个村干部不跟别人说别人也肯定不知道啊，是不是？大队干部肯定是想着照顾自己村的村民。像我们自己村的村民，如果说这个村有两个老人有重病，你说要村干部跟大队书记说，大队书记一调查，是真的，就可以给你补助啊。你大队干部都不说，哪个知道你的村里哪个有病人啊，是不是？（20160823ZCF）

这个干部咧，这个说那个话，我们一队没有主要干部。再说冒得主要干部在村里，还是要差点。（20160821HLJ）

其次，村干部是嵌入于宗族组织中的村干部，他们往往也会考虑宗族组织的利益。尽管有学者指出市场成为中国特别是乡村最主要的资源配置方式后，宗族组织失去了资源分配功能，“缺乏经济基础的宗族组织将无法发挥其传统社会功能，单凭情感和祖先崇拜仪式是不能强有力地把族人凝聚在一起的”[①]。但是，实际上，在薯县的许多村落，宗族的传统并没有中断。以浏岭村为例，他们仍然按照宗族排辈，辈分依次为“正、大、乾、坤、克、承、先、业、道、德、安、师”等。宗族因素对村干部识别贫困户的影响确实存在，但是因为比较隐蔽，因而难以察觉。

我就知道我们村有一家是贫困户，他跟村干部是一个房（房支）的，（这个贫困户是）村干部照顾他的。（20160914CJX）

① Jack M. Potter, *Capitalism and the Chinese Peasant*, Berkeley: University of California Press, 1968, p. 68.

最后，村干部也是嵌入于人际关系网络中的村干部，关系和人情是他们难以回避的因素。在贫困指标或低保指标分配的研究中，学者们通常都注意到“人情户”的存在，并指出“人情户”指的是在与熟人或社会关系的“暗箱操作”下（如“送礼”“请客”等），不符合标准的申请者挤占了部分指标，使得真正需要指标的人反而落选。[①] 从语义学的角度，人情指代“人的感情、一套社会规范和道德义务、一种资源以及关系”[②] 这四种具有一定联系但不全然相同的含义。“人情是指以红白事为主的非年节性的仪式性人情，主要包括婚丧嫁娶、生抓寿祝、考学考军、建房等大事而发生的送礼、收礼、吃酒等活动”[③]。人情除了具有互利互惠的功能之外，更为重要的是它通过人与人之间定期的、持续的互动可以构建一个由“自己人”所组成的人际关系圈。这样的人际关系圈将自己人与外人、陌生人区分开来，同时又通过不断循环的人情往来实现对“自己人”的甄别以及对“自己人认同”的加强。[④] 陈辉发现古村的人情主要包括生产互助（互助与换工）、经济支援、生活互助（日常生活中的帮忙，如建房）和礼金往来这四个方面。[⑤] 在薯县，村民们将有没有人情往来称为“走动”。吴毅认为，这是因为“中国人非常讲究社会关系中的‘差序格局’，他们常常用不同的标准来对待和自己关系不同的人”[⑥]。

---

① 冯希莹、王源、李楠：《“人情低保”与低保政策执行过程中的政策微效分析——对抚顺市某区的个案研究》，《社会科学辑刊》2008 年第 1 期。

② ［美］阎云翔：《礼物的流动：一个中国村庄中的互惠原则与社会网络》，李放春、刘瑜译，上海人民出版社 2000 年版，第 119 页。

③ 贺雪峰：《论熟人社会的人情》，《南京师范大学学报》（社会科学版）2011 年第 4 期。

④ 同上。

⑤ 陈辉：《古村不古：浙西衢州古村调查》，山东人民出版社 2009 年版，第 43 页。

⑥ 参见黄光国、胡先缙等《面子——中国人的权力游戏》，中国人民大学出版社 2004 年版，第 6 页。

一般都是你的细伢（孩子）考学咧，得媳妇咧，得孙咧，老了人（指有人去世）的纸钱咧，就说这个东西，平时他冒搭礼。平时你不跟别个（别人）走动，那有事的时候哪个想得起你呢？（20160821HLJ）

概言之，村庄干部作为政策执行者除了要顾虑自己的“政治生涯”和社会性收益之外，他们也同时嵌入于小队、宗族组织、人情关系网络之中，不得不遵守乡土秩序所赋予他们的实践权力。因此，村干部面对的是错综复杂的多元利益。

第三节 干大事、不怕事与不出事：多元主体的行动分化

一 利益与道义的契合：政策制定者的“干大事”导向

政策制定者处于目标管理责任制之下，面对的是可能的奖励性的政治利益和惩罚性的政治损益。这要求他们一定要认真完成好包括识别贫困户在内的精准扶贫工作，这也符合识别出真正的贫困户的道义要求。因此，对于以薯县扶贫攻坚领导小组成员为主力的县级政策制定者来说，他们的道义和利益是相契合的，因而他们的行动导向是“集中力量干大事”。

从行政职能上来说，精准识别这项工作应归属于薯县扶贫办，由薯县扶贫办牵头，带动各乡镇、各村落积极执行。但为了突出精准扶贫工作的核心地位，使薯县各职能部门均为精准扶贫工作提供强有力的支持，政策制定者采用了“科层动员技术”。科层动员技术的产生，缘于各职能部门均有其特有的业务工作，这些不同的职能部门条块分割，在专注于自身业务的同时也意味着对上级政府布置的其他任务相互推诿或消极执行。

为了避免这类现象的发生，上级政府收回分散于各职能部门的业务决策权，将自己的决策意志传递给各职能部门，并行使其行政权威使各职能部门的业务活动整合到上级政府确立的“中心工作”中。[①] 具体而言，政策制定者的科层动员技术包括以下几个方面。

首先，将“精准扶贫”确定为薯县的中心工作。2015 年 8 月 6 日，薯县县委、县政府召开了扶贫攻坚工作推进会，吹响了扶贫动员的号角。在会议中，薯县县委书记再三强调扶贫攻坚工作是当前及今后相当长一段时间内最为重要的工作任务。自此，县委书记为“精准扶贫”在薯县的工作展开定下了基调，即精准扶贫不是一项普通的工作任务，而是三农工作的重中之重，是一项重要的政治任务，容不得任何人以任何理由来讨价还价。

> 全体党员干部要树立“一切为了贫困父老乡亲”的工作理念，把扶贫攻坚工作作为当前和今后一个时期最大的政治任务，当作民心工程、惠民工程、德政工程来抓。（来源：薯县《扶贫简报》，第 1 期。）

其次，围绕“精准扶贫”这一中心工作，薯县内部的所有行政资源都被激活和重组。这主要是考虑中心工作的展开需要全县上上下下的通力合作，仅凭某一个职能部门的一己之力并不现实。为了全力完成精准扶贫工作，薯县整合了全县内部的行政资源，成立了县扶贫攻坚指挥部。指挥部由县级领导班子亲自挂帅，其中县委书记担任政委，县长担任指挥长，相关副县级以上领导担任副指挥长。指挥部下设办公室，由分管扶贫的副县长兼任办公室主任，县

---

① 杨磊：《地方政府治理技术的实践过程及其制度逻辑——基于 E 县城镇建设推进过程的分析》，《中国行政管理》2018 年第 11 期。

委办、政府办、纪委监察局、组织部、宣传部相关负责人和扶贫办负责人任副主任。在指挥部的统一部署下，下设了八个专门指挥部。[①] 由此可见，县扶贫攻坚指挥部是为了完成精准扶贫这一特定任务而形成的临时性、综合性组织架构。它打破了各职能部门条块分割的组织格局，将业务决策权统一打包并交由县级最高领导权威。通过县级最高领导权威的发号施令，全县各级各部门将工作重心校准为“精准扶贫”。由此，县扶贫攻坚指挥部的成立“保证了组织决策的权威性和发展意志的政治性，解决了职能部门和官员的任务困惑，使其更加专注于执行中心工作和落实地方政府的战略决策”。[②] 在此基础上，薯县充分动员各级党政干部，号召他们全力投入于精准扶贫的工作之中。

再次，“中心工作”的实现不仅有赖于科层职能设置的重组，而且也借力于科层时间设置的打破。[③] 为了保质保量地完成精准扶贫工作，薯县采取“倒逼工期”的工作方式，不断强调工作进度的提速。一是突出时间节点，要求各项任务均严格遵照时间节点完成，甚至超前完成。以 2015 年薯县精准扶贫示范点的建设为例，全县对示范点建设的时间进程有明确的规定，要求全县 66 个示范点工作进程再提速度，务必于 2015 年 9 月 15 日前完成精准识别工作。除此之外，还对示范点完成精准包保、精准分析、精准施策等工作提出了明确的时间要求。[④] 二是增加工作强度，进而能够以较快的步伐向要求的时间节点加速迈进。为了早日完成工作任务，县委、县政府形成了研究和联席会议制度，不定期研究解

---

① 薯县扶贫攻坚领导小组办公室：《凝神聚力、加快推进精准扶贫——县扶贫攻坚领导小组办公室进一步部署全县精准扶贫工作》，2015 年 8 月 22 日。

② 杨磊：《地方政府治理技术的实践过程及其制度逻辑——基于 E 县城镇建设推进过程的分析》，《中国行政管理》2018 年第 11 期。

③ 耿羽：《行政遮蔽政治：基层治理动员机制的困境——以白沙区征迁工作为例》，《甘肃行政学院学报》2017 年第 6 期。

④ 薯县扶贫攻坚领导小组办公室：《县委县政府强力推进精准扶贫》，2015 年 9 月 16 日。

决工作中遇到的困难和难题。除此之外，县委常委每周一次碰头会、县扶贫攻坚领导小组每周两次专题会，领导小组办公室每周三次分析会，县委、县政府每月一次推进会。高强度、高频次的工作任务也对工作节奏提出了要求，高效完成任务是建立在“五加二”“白加黑”的工作模式基础之上。县级领导延长了工作时间，打破“朝九晚五”的工作常规，从而确保“中心工作”的不断提速。

> 精准扶贫啊，它是个政治任务。你不知道啊，我们县的XX领导家在外地，老婆孩子都不在薯县，他现在一个月都难得回一次家了。熬夜通宵这都算什么啊，这都是家常便饭的事啊。（20161118GZF）

最后，“科层动员技术”的实施以及工作模式的全面更新为“集中力量办大事”的实现提供了组织层面的有力保障，但行政资源被激活的最深层动因则源于扶贫情感的不断升华。超常规、高强度的工作模式对于鲜活的个体而言无疑不是一种负荷，但通过对感性情感的动员，政策制定者对扶贫的责任心、使命感才得以不断强化。正是这种情感的内化，“集中力量办大事”才能从一种超常规的工作模式转变为内化于心的工作使命。

> 薯县作为革命老区，“精准扶贫，不落一人”更为重要，大家的思想要统一到中央精神上来，要符合群众的热切期盼，在政治上做明白人、清醒人、局中人。薯县作为省委书记、市委书记的点，精准扶贫要走在全省的前列，要在全省当标兵、打头阵。薯县作为贫困山区县，贫困原因多，情况复杂，要将扶贫攻坚当成机遇，当做自己的事情，带着感情做事，把感情

和责任融到实际工作中。（来源：薯县《扶贫简报》，第20期。）

二 利益与道义的分化：政策目标群体的“不怕事”导向

如前所述，“一主十二附”的精准扶贫政策扶持实施办法附着了可观的经济利益，包括直接的资金补助、大额的支出减免以及贴息的贷款支持。其中，农民不仅是精准扶贫政策的目标群体，更是精准扶贫政策潜在的直接受益者。但精准扶贫的政策归根到底并非惠及所有的村民，而是有针对性地向精准识别后认定的贫困户倾斜，因而“一主十二附”的扶贫政策促成了农民利益分化格局的形成。

根据与“一主十二附”的利益联系的紧密程度，农民可以分为两种类型：一种是与扶贫政策利益联系比较紧密的村民，从经济状况和生活水平上来说，他们既包括经济状况十分低下，无论是正式的文本制度还是非正式的公平观念都认为应当被评为贫困户的一部分人；也包括生活水平一般或者较差，满足“四看”评分细则中的一条或几条，或家庭成员患有较为严重的疾病，或家庭养老、教育等负担较重，或家中住房条件差等；除此之外，也包括经济条件和生活状况在村庄中居于中等水平，但是由于具有一定的村庄社会资本（抑或是村庄外社会资本），因而试图争取或已经争取到贫困户指标的一部分人。[①] 从村民的具体身份上来说，还包括已经选上贫困户的村民、在“回头看”阶段或“大数据排查”阶段被剔除的村民以及对贫困户指标心存念想、希望能够选上贫困户的村民。另一种则是游离于扶贫政策利益之外的村民，他们既没有入选贫困户，也没有争取贫困户指标的意向。这一部分村民既包括经济条件

① 通常来说，这部分人不是为自己争取贫困户指标，而是为自己的家人争取。

和生活状况在村庄中居于上等水平的经济精英，也包括经济条件和生活状况在村庄中居于中等水平、且没有意向通过非正式手段去争取贫困户指标的村民，还包括在“回头看”阶段、“大数据排查”阶段被排查出来或者是在上级领导抽查、突击检查中认为其不应该被评为贫困户或被群众举报且证实等各种方式被剔除出来的不再可能入选贫困户的伪贫困户。①

表5—3　　贫困户识别中农民的利益分化

贫困属性	具体说明	经济条件和生活状况	利益联系
贫困户	绝对贫困户	经济状况十分低下，无论是正式的文本制度还是非正式的公平观念都认为应当选为贫困户	紧密
	相对贫困户	生活水平较为困难，满足“四看”评分细则中的一条或几条，或家庭成员患有较为严重的疾病，或家庭养老、教育等负担较重，或家中住房条件差等	
	伪贫困户	经济条件和生活状况在村庄中居于中等水平或上等水平，但是因各种原因占有扶贫指标	

① 贫困户被剔除出来的方式有多种，除了在“回头看”或“大数据排查”阶段被剔除出来之外，也有可能在上级领导的抽查、突击检查中被认为不符合贫困户资格或被群众举报因而被剔除出来。笔者认为，在“回头看”阶段或“大数据排查”阶段被剔除出来的贫困户不能被简单地认定为是伪贫困户，这部分人虽然不符合正式文本制度，但可能在农民的公平观念中被认为是贫困的，他们也确实存在某些方面的困难，因而通常会继续争取贫困户指标，这些人与贫困户指标的利益联系仍然是紧密的，因为他们仍然具有入选贫困户的可能。而在上级领导的抽查、突击检查或群众的举报中剔除出来的贫困户，一般来说可以认定为是伪贫困户，不再具有入选贫困户的可能，因而他们与贫困户指标的利益联系是松散的。

续表

贫困属性	具体说明	经济条件和生活状况	利益联系
非贫困户	原来是贫困户，后在“回头看”或“大数据排查”阶段被剔除出来，且不再具有被选为贫困户的可能	在“回头看”阶段、“大数据排查”阶段被排查出来或者是在上级领导抽查、突击检查中被认为其不具备贫困户条件或者是被群众举报且证实等各种方式被剔除出来的不再可能入选贫困户的伪贫困户	松散
	原来是贫困户，后在“回头看”或“大数据排查”阶段被剔除出来，但对落选感到不公或不满，仍希望入选贫困户	经济条件和生活状况较为一般或者较差，满足“四看”评分细则中的一条或几条，或家庭成员患有较为严重的疾病，或家庭养老、教育等负担较重，或家中住房条件差等	紧密
	非贫困户，但认为自己应该选上贫困户或希望自己选上贫困户	经济条件和生活状况较为一般或者较差，满足“四看”评分细则中的一条或几条，或家庭成员患有较为严重的疾病，或家庭养老、教育等负担较重，或家中住房条件差等	紧密
		经济条件和生活状况在村庄中居于中等水平，但具有一定的社会资本，试图争取扶贫指标	紧密
	非贫困户，且没有入选贫困户的意向	经济条件和生活状况在村庄中居于中等水平，且没有意向通过非正式手段去争取贫困户指标的村民	松散
		村庄经济精英，经济条件和生活状况在村庄中居于上等水平	

通过以上分析，不难得知农民面对“一主十二附”这一扶贫政策所带来的巨大经济利益面前出现了利益分化。然而，尽管有学者

指出“对利益的追求已经成为村民们明显的价值取向，并成为社会结构中的一个重要因素”[①]，但我们并不能忽视农民的道义观念。在学术界，“道义小农”与“理性小农”之争由来已久。詹姆斯·C.斯科特（James Scott）认为，农民恪守“生存理性”和“安全第一”的原则，他们遵循的是生存取向。[②] 塞缪尔·波普金（Samuel Popkin）则认为农民是理性的，他们在做出决定之前通常会对这个决定的长期和短期利益做一个通盘的考虑，并以追求利益最大化为自身目标。“道义小农”与“理性小农”俨然站在学术天平的两端，各执一词、互不相让。然而，许多学者在回味“波普金—斯科特”经典争论的同时，也开始反思并提出折中的观点。黄宗智认为“小农既是一个追求利润者，又是维持生计的生产者，也是受剥削的耕作者”[③]。郭于华指出，无论是“道义小农”还是“理性小农”，都没有掩盖农民的理性内核，区别只在于它们是反映农民的“生存理性”还是“经济理性”。[④] 概言之，“道义小农”与“理性小农”都不能展现出农民的立体形象。事实上，农民是上述二者的结合体，任何其一都只能描摹出小农的单一侧面。除此之外，应星提出进一步的观点，他不仅认同生存伦理和理性计算是小农的不同侧面，而且他还强调“在不同的行动中，小农所表现出来的侧面是不同的”[⑤]。

事实上，农民在贫困户指标的分配上不仅出现了利益的分化，

---

① 林聚任：《社会信任和社会资本重建——当前乡村社会关系研究》，山东人民出版社2007年版，第102页。

② ［美］詹姆斯·C.斯科特：《农民的道义经济学：东南亚的反叛与生存》，程立显、刘建等译，译林出版社2013年版。

③ ［美］黄宗智：《华北的小农经济与社会变迁》，中华书局1986年版，第5页。

④ 郭于华：《“道义经济”还是“理性小农”：重读农民学经典论题》，《读书》2002年第5期。

⑤ 应星：《草根动员与农民群体利益的表达机制——四个个案的比较研究》，《社会学研究》2007年第2期。

也形成了道义观的分化。固然，我们不能简单地对农民做出是否有道义观或者道义观是否较强的判断。但是为了研究的需要，我们仍然可以通过精准扶贫在薯县持续推进的过程中农民所表达的态度、观念以及相应的行动，构建出有关农民“道义观强—道义观弱”的理想类型。道义观弱是一个相对的概念，它并不是指农民没有道义观念，而是在精准识别的过程中及识别后，农民并没有展现出自己的道义观。同样，道义观强也并不意味着农民在所有的乡村公共事务中都具有强烈的道义观，而是用来概括农民在此次精准识别过程前后所展现出来的观念与行动。在精准识别中，最常见且最典型的道义观弱的表现是通过各种非正式手段谋取、占有贫困户的指标，也就是农民们时常挂在嘴边的“不该得贫困户的人得了贫困户”。这部分人是通过具体的行动向外界显露了其道义观弱的一面。除此之外，也有一部分人虽然没有采取具体的行动，但是他们日常生活中的话语却将其对贫困户指标的不合理的觊觎显露无遗。还有一部分村民对村庄公共事务漠不关心，或者说关心程度较低，我们也认为其道义观是相对较弱的。而道义观强的表现一方面是热衷村庄公共事务，秉持较为强烈的是非观，对于不合理、不公正的指标占有或落选打抱不平；另一方面则表现为遵守制度，该类农民对贫困户指标既不觊觎，也不谋求。

三　利益与道义的失衡：政策执行者的“不出事”导向

薯县贫困识别的政策执行者包括乡镇干部、村干部、包保干部。其中，村干部在贫困识别中拥有绝对的信息优势，因而是贫困识别中最主要的执行者。对于村干部而言，政治生涯和社会性收益的考量促使他们提升贫困识别的精准度，这也与选出真正的贫困户的道义观念不谋而合。然而，生活于乡土社会中的他们还须综合考量小队利益、宗族组织利益等。在这种情境下，他们的利益和道义是失衡的。基于此，他们的行动导向是“不出事”。这是因为精准识别是一项增量工作，村干部既难以享受提拔或重用的政治利益，也被排除在贫困户识别的门槛之外。相反，村干部既有可能因为违背了精准识别的政策要求而面临“一票否决”的风险，也有可能因为不符合部分村民的意愿而遭受微词、抱怨乃至指责。为了使自己免受精准识别工作开展过程中带来的不利影响，村干部在贫困识别中遵循着“不出事”的行动导向，最为突出的表现是“消极与不作为”①。所谓“消极与不作为”是针对精准识别这一项重要工作而言，它指村干部在完成精准识别这项工作的过程中，并不是将提升贫困识别的精准度作为内在驱动力，而是以平衡自己与上级政府、本村村民等多方主体的关系作为自身的工作指向。

一方面，上级政府通过“检查”的方式对村干部进行监督，以敦促村干部将贫困识别的精准要求内化于心并付诸于行动。上级政府的“检查”如同一条高压线，对村干部构成十足的压力。除了在精准度的提升上下大功夫外，村干部也精心地为通过上级政府的检查做准备。

一是以规范化的方式管理精准扶贫的人、财、物。在村一级注重对专门从事扶贫工作的干部、专门的办公室、存放贫困户档案资料的专柜等“三专”的配置。在专门的办公室中，脱贫攻坚作战图通常悬挂在最为醒目的位置。贫困户的档案资料整齐地排放于专门的资料柜中，且按顺序依次存放有贫困户基本情况、脱贫需求、帮扶需求等表格资料。除此之外，在村委会的醒目位置，村干部精心地展示着贫困户工作栏及工作展板等，将村庄的贫困户状况、扶贫

① 贺雪峰、刘岳：《基层治理中的“不出事逻辑”》，《学术研究》2010年第6期。

规划、脱贫状况等公之于众。诚然，这种规范化的管理方式既能满足上级政府的偏好，也能清晰地展现村一级在精准扶贫工作中所做出的努力。但过于注重管理的形式，也意味着对管理实质内核的忽视，它通过将软指标转化为硬指标的方式，回避了贫困识别中最为核心的“精准”议题。[①]

二是将工作的重心投入文本制作上，注重加强数据和文本的规范性，实现检查结果的“精准”。具体而言，也就是村干部将各类经济收支无限次地搭配组合，对经济收入进行一轮又一轮的编排。[②]以贫困户入户调查分析表的填写为例，该表需要填写户主基本情况、生产生活条件、收支情况、发展状况、贫困户属性、主要致贫原因及帮扶需求共七项。其中判定是否可以评定为贫困户的最为重要的依据是收支情况一栏，它通过分类统计的方式计算农民的年均纯收入。其中，家庭总收入一栏包括生产经营性收入、务工收入、医疗救助金、低保金、养老保险金、新农合报销医疗费等；总支出一栏包括基本生活支出、生产经营性支出、医疗支出和教育支出。通过家庭总收入与家庭总支出的相减，农民的年均纯收入不难得知。但是它是否是农民真实的年均纯收入，却存在疑问。这是因为，村干部在指导农民填写表格及村干部审核表格时，并不以数据的真实性作为第一要务，而是关注数据之间的契合，即人均纯收入不能超过国家贫困线的标准。通过精心的文本制作，村级干部实现了贫困识别的“精准”，从而有助于顺利通过上级政府的常规检查。

① 申端锋：《软指标的硬指标化——关于税改后乡村组织职能转变的一个解释框架》，《甘肃社会科学》2007 年第 2 期。

② 韩庆龄：《精准扶贫实践的关联性冲突及其治理》，《华南农业大学学报》（社会科学版）2018 年第 3 期。

表 5—4　　　　　　　　贫困户入户调查分析

薯县________镇（乡）________组									
户主姓名：　身份证号码：　联系电话：									
1. 基本情况									
家庭人口数（人）		有劳动能力（人）		在校生状况（人）		在校生类型			
2. 生产生活条件									
耕地面积（亩）		山林面积（亩）		水域面积（亩）		出行是否方便		是否加入合作社	
饮水是否安全		是否通生产用电		是否通广播电视		是否住危房			
3. 收支情况									
家庭总收入（元）		生产经营性收入（元）		务工收入（元）		其他收入（元）		医疗救助金（　）	
		低保金（元）		养老保险金（元）		新农合报销医疗费（元）			
家庭总支出（元）		基本生活支出（元）		生产经营性支出（元）		医疗支出（元）		教育支出（元）	
4. 发展状况									
家庭主要收入来源				有意向发展的产业					
5. 贫困户属性（单选）：扶贫户　低保户　五保户　扶贫低保户									
6. 主要致贫原因（单选或复选）：因病　因残　因学　因灾　缺土地　缺水　缺技术　缺劳力　缺资金　交通条件落后　自身发展动力不足　其他									
7. 帮扶需求（可复选）：产业扶贫　助学扶贫　移民搬迁　医疗救助　纳入低保、五保　其他									
帮扶对象签字：　帮扶责任人签字：　村支部书记签字：									

三是强化被调查对象对村干部案头工作内容的熟悉和认可，从而应对上级政府的突击检查。具体而言，村干部“把平日里已经做

过的工作通过某种特殊的方式在对象户的头脑里反复地‘印象化’和‘程式化’，由‘无事件境’转化为可以由特定的时间和空间切分的‘事件境’”①。村干部通常会精心挑选若干被调查对象，当上级政府来检查时，尽可能地推选出自己事先挑选的被调查对象。这些调查对象往往家庭条件极为困难，是绝对的贫困户，因而挑选他们作为被调查对象会使村干部更容易通过上级政府的检查。同时，为了确保检查的万无一失，村干部也会以直接或隐晦的方式向被调查对象灌输他们所需要的“标准答案”，从而使被调查对象在有意或无意间助力村干部检查的完美通关。

另一方面，村干部除了需要应对上级政府的检查之外，也要确保村庄内部对村干部的认同与支持。否则，失去内部权威的村干部会成为一个空架子，不仅难以开展村庄公共事务，甚至有可能对自身的日常生活产生负面影响。为了平衡自己与本村村民的关系，最大限度降低本村村民对自己的质疑，尽可能地避免村民对自己权威性与合法性的挑战，村干部多注重从以下几处着眼：一是对于本村中最为贫困的村民，村干部通常会毫不犹豫地将他们纳为贫困户的范畴。这不仅是出于自己政治生涯的考虑，而且也契合乡土社会的道义观念，可以赢得村民的信任。二是对于乡村中的“狠人”，村干部会做出适当让步，在贫困户指标的分配上向他们做出一定的倾斜。乡村中的“狠人”主要是指在村庄中比较撕得下脸皮的“乡匪村霸”，也即“在农村地区中仗势欺人、欺行霸市、敲诈勒索、横行乡里、称霸一方、寻衅滋事等的各色人等”②。

这个狠的人不是说在红白两道有人，而是说在村子里面比

---

① 吴毅：《小镇喧嚣：一个乡镇政治运作的演绎与阐释》，生活·读书·新知三联书店2007年版，第584页。

② 韩志明：《乡村黑恶势力的生成逻辑及其运作机制》，《国家治理》2018年第11期。

> 较狠，如果你不给他们留一个指标的话，他们以后就会给村干部为难，比如说给村干部开会，他们就闹事，或者带头给村干部为难。给狠的人留指标不是说把贫困户的指标给狠人，而是说留给了狠人的亲属，比方说狠人的大爷啊，二舅啊之类的。狠人这样做，就可以更好地在村里面说话，比较有权威，比较威风。（20160823CZS）

综上所述，村干部在贫困识别中的行动逻辑是“不出事”，也即他们在提升贫困识别的精准度上表现消极与不作为。他们并不是将“精准”作为自己的行动指南，而是关注自身如何通过上级政府的检查以及如何摆平村庄公共事务。

第六章

多元主体在贫困识别中的具体行动

在贫困识别中，有三种不同类型的行动主体。一是政策制定者，他们主要是薯县扶贫攻坚领导小组的相关领导和成员。既他们一起上传下达、穿针引线的作用，传达并执行国务院扶贫办、省扶贫办、市扶贫办的政策指令。另一方面又根据薯县的实际情况制定出贫困识别的制度规定。二是政策执行者，包括乡镇干部、村干部、包保干部。其中，村干部在贫困识别中拥有绝对的信息优势，因而是贫困识别中最主要的执行者。三是政策目标群体，他们是薯县数量最为庞大的农户。由于多元主体具有不同的利益诉求、嵌入不同的制度类型，因而在贫困识别中他们展开了不同的行动。

第一节　维护与构建：政策制定者的制度作用

薯县扶贫攻坚领导小组的行动导向是“干大事”，这不仅符合选出真正的贫困户的道义要求，也是政策制定者基于政治利益考量的理性选择。“干大事”的前提是不出事、不逾矩。换言之，只有在不触碰精准识别红线的基础之上，政策制定者才能谋划进一步的工作思路。“不出事”要求政策制定者严守正式制度的刚性，但这只能确保贫困识别形式上的精准。为了达致贫困识别的实质精准，政策制定者通过预留一定的弹性空间和选择性吸收非正式制度的方式，以不断促进精准度的提升。无论是对正式制度的绝对遵从还是对非正式制度的选择性吸收，都依赖于制度实施机制的有力保障。政策制定者主要通过趋同性生产的方式完善制度实施机制，这是“干大事”导向下的最优选项。

一 维护制度刚性：对正式制度底线的坚守

正式制度一经订立，即便不够成熟乃至存在某种程度的争议，它都具有刚性的、强制的、不可逾越的典型特征。政策制定者对正式制度的遵从包括两个方面：国家贫困线尽管既不符合薯县的实际情况，也不具备可操作性强的优势，但政策制定者在工作进程中始终紧紧围绕着国家贫困线，以“仪式性维持”的方式凸显国家贫困线的权威。而对于操作性更强的否定性标准，政策制定者则提出严苛的要求，不为制度的灵活变通制造任何空间。

（一）严守底线：对国家贫困线的仪式性维持

正如上文所说，中国的国家贫困线标准相对偏低，而薯县被选为国家级贫困县也有政策照顾的考量，因此国家贫困线对于薯县来说并不现实。但这并不意味着薯县将国家贫困线抛掷一边。相反，薯县从始至终都将国家贫困线奉为圭臬，而他们的方式就是仪式性地维持国家贫困线的神圣性，这一点，有点类似于对制度的变通，也就是“采用和原制度相同的话语系统，并受与这套话语相联系的意识形态等因素的约束”①。政策制定者对国家贫困线的仪式性维持主要表现在三个方面。

在正式制度的生产中，始终将国家贫困线的标准作为核心指标。尽管国家贫困线的标准因具有简约化、通用性的内在要求而并不符合薯县的复杂实际，但政策制定者仍然致力于维护国家贫困线

---

① 制度与结构变迁研究课题组：《作为制度运作和制度变迁方式的变通》，《中国社会科学季刊》1997 年冬季号。

的神圣性。具体而言，在正式文本制度的生产与表达中，坚决地捍卫国家贫困线的权威。无论是“四看”标准、“几不准”标准，还是“负面清单”标准都以识别出人均纯收入低于2736元的贫困农户作为主要目标；同时，也严禁人均纯收入明显高于2736元的农户入选为贫困户。

> 凡是有上述八种情况之一的，就会被剔除出贫困户的范围内，对于第一种，在城镇购房的，有些村民为了选上贫困户，就会瞒报在城镇购房的情况。第二、三、四种，有小车或者家庭成员中有财政供给或有小型超市、加工厂和其他实体经济的，年收入肯定高于2736元，也明显不符合贫困户。第五种，对于父母和子女分离单独立户的，也不能列为贫困户，因为这就是把子女的养老责任推向社会，所以政府绝对不允许。第六种，家庭成员有两人及以上在外务工的，年收入也绝对高于2736元。第七种，就是剔除之前并不是贫困户而是因为是关系户或人情户才入选的。第八种，人均纯收入明显高于2736元的，也不能入选。(20151228 薯县扶贫办工作人员解释“几不准”标准的制定)

在对乡镇及村一级的考核中，始终关注贫困户的人均纯收入是否低于国家贫困线。尽管薯县扶贫领导攻坚小组对国家贫困线在薯县的不适用有着全面清晰的认识，但仍然会以国家贫困线的标准对乡镇及村一级提出要求。以对乡镇及村一级的“案头作业”的检查为例，“四看”表格、贫困户申请书的填写是否严格控制在国家贫困线以下是检查中最为关注的细节。在国家贫困线并不能完全适应薯县实际情况的前提下，捍卫国家贫困线的权威性意味着一定程度上要对内容填写的真实性降低要求。也就是说，在薯县贫困户的人均纯收入普遍高于国家贫困线标准的情况下，通过对贫困户收入的再制作，实现国家贫困线的权威性。

> 我们这次要将贫困户的信息并网，大家一定要注意一个问题，就是贫困户的收入一定不能高于2736元这个数字，否则入不了网，审核不能通过。（20151231 薯县扶贫办对各乡镇工作人员进行入网填报培训）

在回应贫困户的落选质疑时，将国家贫困线作为重要的成因解释。尽管在评选贫困户时国家贫困线的标准并未起到实质性的参照作用，但在农户质疑自己为什么没有被评为贫困户时，人均纯收入高于国家贫困线标准通常会成为回应质疑的语料库中最为活跃的一个部分。在寒冬的某一个下午，韩东辉拄着拐杖来到薯县扶贫办，他是个残疾人，家中还有他的老伴、儿子、儿媳妇和孙子。除了儿媳妇身体健康之外，他们家的剩余三位主劳动力（他本人、他老伴和他儿子）均为残疾人，而孙子则年仅7岁。他告诉薯县扶贫办的工作人员，他之前选上了贫困户，但是"回头看"之后被取消了贫困户的资格：

> 以前我们家还是低保户的，现在搞了精准扶贫，我们不是低保户了，贫困户也没有选上了。跟你们说实话，我想选贫困户，就是想做房子，有那个扶贫搬迁的政策。（20160119HDH）

韩东辉告诉薯县扶贫办的工作人员，他家目前居住在简陋的瓦屋，劳动力也不强，按照"四看"标准完全可以被评为贫困户，因此他不知道是因为什么原因而被取消了贫困户资格。扶贫办的工作人员随后给韩东辉所在的乡镇打电话，乡镇书记说，他们家里开了个小超市。家中开有小超市属于“私营业主”，是“负面清单”标准中严令禁止的一项。在知晓情况后，薯县扶贫办的工作人员耐心地做出了解释：

那你没有选上是对的，县里面有八个标准。凡是有一条，就必须剔除出贫困户，你这开超市就是这一条。你不能怪人家村干部，人家村干部也是按规定办事，不是说村干部选了贫困户，就能入选的，我们还要下去抽查的，像你这个情况，如果把你选上了，我们下去检查，发现你这种开超市的是贫困户，那村干部就是要背责任的。你这个超市，再怎么样，一年人均纯收入高于2736是没有问题的吧？（20151228LQ）

薯县扶贫办工作人员指出，开超市意味着人均纯收入一定远高于国家贫困线2736元的标准，因而韩东辉没有入选为贫困户的可能。由此我们发现，尽管政策制定者对国家贫困线的适应性不足有着清晰的认知，但是国家贫困线作为指导贫困户评选的标准却无时无刻地显现。国家贫困线如同一把量尺，尽管使用它的人并没有完全遵照它的刻度衡量，但是仍然紧紧地将其握在手中，无处不彰显这把量尺的权威。

（二）捍卫权威：对否定性标准的无条件遵从

对国家贫困线的仪式性维持主要是基于其适应性不足的考虑，既不符合薯县的实际情况，也存在操作中的客观困难。而对于“几不准”标准、“负面清单”标准等否定性标准，政策制定者则要求无条件执行。是否触碰了否定性标准通常可以通过直接的方式衡量，如村中有两层小楼房、家中有村两委主职干部、家中有价值5万元以上的小汽车等，都可以通过观察、询问等方式做出迅速而准确的判断。对于“连续性缴纳住房公积金、社保费、领取养老金基数高”或“在城镇购置商品房、异地自建（购买）住房”等村干部不一定清楚掌握的信息，则可以通过大数据排查的方式得到翔实而可靠的结论。尽管否定性标准也存在一定的争议，它对少部分确实困难的贫困家庭造成了一定程度的误判。但它仍然是提升精准度的行之有效的判断方法，尤其是在筛查“伪贫困户”的过程中发挥了举足轻重的作用。基于此，政策制定者对否定性标准采取无条件执行的方式，以守住正式制度的刚性底线。

新淮镇的村民吴广宁是一位阳光、开朗的小伙子，尽管家境并不富裕，但其父母始终竭尽全力地给予他支持。成长在党员家庭，吴广宁积极向党组织靠拢，并于五年前正式加入中国共产党。在大学期间，吴广宁刻苦学习、努力钻研，并最终考取研究生。然而，天有不测风云、人有旦夕祸福，温暖和煦的阳光照向吴广宁之后竟出现晴天霹雳。2015 年 8 月底，吴广宁的母亲因身体不适前往薯县人民医院检查，方才得知自己患有肺腺癌。为了驱散疾病，吴广宁的母亲前往省城的医院接受长达半年的治疗，共计花费治疗费约 10 万元。高昂的医疗费用对于一个普通的农村家庭来说实在是难以背负的重担，更何况，半年时间的治疗仅暂时性地阻断疾病向更险恶的方向发展，但若想真正治愈疾病，还需要后续持之以恒的努力，这对于吴广宁来说，着实负担不轻。吴广宁的母亲虽为村干部，在村中从事计生工作二十余年，但收入较为有限；其父亲以务农为业，既没有手艺，也缺乏获取其他经济来源的渠道；吴广宁作为在读学生，则完全没有收入。尽管吴广宁的母亲已办理新型农村合作医疗，但是报销比例相对有限、部分药品和诊疗项目也不在报销范围之内。面对巨大的医疗支出的缺口和微薄的收入来源之间的失衡，吴广宁于 2015 年下半年申请成为贫困户，并最终得以批准。

然而，在“负面清单”标准出台之后，现任村两委主职干部及其家属不能享受精准扶贫政策以成文的形式得以明确规定。吴广宁的母亲作为村干部，随之被排除于贫困户名单之外。在吴广宁家的贫困户资格被取消后，乡政府向他们做了解释，明确告知村干部不能享受精准扶贫，如果想享受精准扶贫的话则需要放弃村干部的身份，也即在贫困户和村干部二者之间仅能做出一个选择。乡政府的解释令吴广宁感到大为不解，他略带无奈地表达了心中的困惑：

> 为什么已经经过研究决定下发下来的精准扶贫本现在要取消？而取消的理由就是所谓的一条硬性规定："当村干部就不能享受精准扶贫！"可是妈妈是身患重病，难道村干部就不能生病，不能考虑生病这种情况？真有"当村干部就不能享受精准扶贫"这样的硬性规定吗？难道政策不考虑实际情况吗？"(20160323WGN)

吴广宁不仅心中有困惑，而且积极、主动地与薯县扶贫办联系、沟通，表达了他心中的疑问，并热切地恳请薯县扶贫办对他家的困难给予关注。在知悉吴广宁家中的客观困难和主观困惑之后，薯县扶贫办于2016年3月28日组织专人前往吴广宁所处的新淮镇汪家岗村进行了走访调查。他们指出因为吴广宁的母亲是村干部，所以不符合"负面清单"的标准，需要取消他们的贫困户资格。同时，鉴于吴广宁陈述的家庭困难情况属实，扶贫办工作人员也为他们提供了一个可选项，即如果确实想要享受精准扶贫相关政策，可以考虑放弃村干部身份。

> ……在此次省审计组排查过程中，明确规定，因村干部是诸多惠农政策的落实者，故村干部不能纳入精准扶贫对象。如确需享受精准扶贫相关政策，只能放弃村干部身份。

（20160330 薯县扶贫办对吴广宁的回复）

吴广宁是“几不准”标准、“负面清单”标准生效后被取消贫困户资格的农民的一个缩影。他们通常发出这样的疑问，我本来被评为贫困户了，为什么又突然被取消了呢？在他们看来，自己确实存在各种类型的经济困难。然而，他们并不理解精准扶贫的政策意蕴，而是将贫困户指标视作为一种稀缺资源。而对于政策制定者来说，他们的工作职责对他们提出了严守刚性底线的要求。尽管国家贫困线标准存在操作中的困境，但政策制定者通过种种方式捍卫了国家贫困线标准的权威。此外，为了弥补国家贫困线标准的不足，并为贫困识别提供一个操作性强的参照标准，政策制定者将否定性标准推向台前，并要求坚决执行。

二　弥合制度缺陷：对正式制度的不断优化

正式制度的运行是个动态的过程，同时制度的创立也是个开放的过程，先期制定的制度也不可能尽善尽美。追求“干大事”的政策制定者对国家贫困线标准的局限性有着充分的认识，为了不断校准贫困识别的精准度，贫困识别的政策制定者在严守底线的基础上不断优化正式制度，以弥合制度的缺陷。

（一）预留弹性空间：对“四看”标准的模仿性生产

在贫困识别的制度标准中，国家贫困线的标准可操作性不强，在实践中难以执行，因而尽管国家贫困线的权威性通过仪式性维持的方式得以捍卫，但它并不能成为真正付诸于实践的具体标准。为了寻求贫困识别的最优解，薯县扶贫攻坚领导小组成员前往贵州毕节学习经验。之所以向贵州毕节学习经验，主要在于当时贵州毕节的识别方法得到了高度的评价，被视为成功的经验。薯县通过模仿性生产的方法借鉴吸收了贵州毕节的“四看”标准。模仿机制是各个组织模仿同领域中成功组织的行为和做法。[①] 制度模仿主要是缘于环境的不确定性，因而模仿其他组织的成功做法。通过模仿贵州毕节被得到认可的做法，薯县以“四看”标准作为识别贫困户的重要参照依据。即通过对家中住房结构如何、家中口粮如何解决、家中有无读书郎、家中有无长期病人、家中在外打工人数、家庭收入如何等情况对农户的经济状况做系统的把脉。

“四看”标准是在准确把握国家贫困线标准局限性的基础之上，所做的极具创造性的尝试。它突破了国家贫困线试图以量尺准确衡量农户收入的思维桎梏，向更为综合性的评价标准寻求智识资源。从国家贫困线标准向“四看”标准的迈进，是将难以执行的刚性标准逐步分解的过程，通过将不易测量的农民收入标准化约为房屋状况、粮食状况、劳动力状况、读书郎状况，使农民的经济状况得以显现。

（二）追求实质精准：对非正式制度的选择性吸收

任何正式制度的制定和运行，不仅不可能而且也没有必要完全堵住非正式制度的运行空间。也就是说，任何制度的设计者都不可能设计出无缝隙的“铁板一块”或“密不透风”的制度规则，制度规则之间必然在客观上存在间隙，这样就为非正式制度的运行提供了可能空间。只要不违背制度的初衷与预期，就可以进行制度的调整与制度间的融合。“政策执行中的方案调整，它既包括对原方案与实际问题之间产生偏差的调整，也包括采用各种限制措施纠正偏离目标的行为。”[②] 任何正式制度要想在实践中起到预期的效果，其制度设计也必须以非正式制度作为前提，将正式制度“因地制宜”“因时制宜”地嵌入非正式制度的文化土壤之中。[③]

① 周雪光：《组织社会学十讲》，社会科学文献出版社 2012 年版，第 87 页。

② 柳新元：《利益冲突与制度变迁》，武汉大学出版社 2002 年版，第 48—50 页。

③ 杨嵘均：《论正式制度与非正式制度在乡村治理中的互动关系》，《江海学刊》2014 年第 1 期。

薯县贫困识别的正式制度并非与非正式制度完全对立，相反，它借鉴了非正式制度的一些内容。从国家贫困线标准到“几不准”标准到之后的“负面清单”标准，尽管正式制度不断细化，但它也是一个逐渐汲取非正式制度养分的过程。在非正式制度中，不会“做人”的农民不应该享受精准扶贫政策的照顾。这一观念在国家贫困线标准和“几不准”标准中都没有得到直接体现，但在之后的“负面清单”标准中，非正式观念中的“做人”标准则被正式采纳。在“负面清单”标准中第七条明确指出“家庭成员具有劳动能力、无正当理由不愿从事劳动的，不履行赡养义务的，有赌博、吸毒、好逸恶劳、家庭不和谐等行为之一的”均不能被评选为贫困户。

正式制度也为非正式制度的运行预留了一部分空间。如前所述，“几不准”标准和“负面清单”标准都对哪些人不应该被评为贫困户做出了明确的、严格的界定。但乡土社会是错综复杂的，农民的经济状况也并非静止不动而是处于不断发展变化之中。如果正式制度是无缝隙的“铁板一块”，那么最终可能会生成一份形式上完全精准的贫困户名单。但“干大事”的政策制定者不仅关注形式精准，也对贫困识别的实质精准有着更高的追求。基于此，政策制定者在出台了“几不准”标准、“负面清单”标准等否定性标准之后，也提出了“失准贫困人口处理办法”，以弥合正式制度的不足。

失准贫困人口处理办法①

一、如该户虽然确实不符合审计比对有关条件，有“硬伤”情况，但因病、因灾等原因支出压力过大、负担过重，造成该户生活确实困难，且该户识别程序履行到位并有完整记

① H省扶贫攻坚领导小组：《H省贫困人口精准识别专题审计整改工作方案》，2016年8月14日。

录，经再次评议、公示程序，本村村民无异议，该户可作为扶贫对象保留。

二、如该户虽然确实不符合审计比对有关条件、有“硬伤”情况，但基础设施不完善的（包括住房仍是危房、没有解决安全饮水），养老保险、医疗保险没有落实，家庭有义务教育阶段因贫辍学子女，且该户识别程序（民主评议、公开公示环节）履行到位并有完整记录，本村村民无异议，该户可作为扶贫对象保留。

对上述情形，需逐户说明“硬伤”情况，保留原因并实行全过程签字负责制。

《失准贫困人口处理办法》中提出不符合审计比对条件的农户，如若要作为扶贫对象保留必须满足“本村村民无异议”这一条件。通常来说，本村村民对农户的经济状况最为了解，他们可以发挥一种监督的作用。但更为重要的是，对本村村民意见的重视体现了对乡土社会中非正式制度的接纳与吸收。贫困识别的制度在不断地调试，它在发现自己的制度过于僵硬之后，主动拥抱非正式制度，选择性地吸收了非正式制度的部分内容，从而实现贫困识别精准度的不断提升。但是，对非正式制度的吸收并不是毫无条件的，对于认为贫困户指标应该轮流转的“平均主义”持有一种坚决反对的态度。概言之，对非正式制度的吸收以追求实质精准为目标，它选择性地吸收有助于提升精准度的部分内容，而将对精准度提升起不到作用甚至产生负面作用的部分剔除。

三　保障制度运行：对制度实施机制的完善

诺斯指出，微观层次的制度包括三个方面的内容，除了正式制度与非正式制度之外，还包括这些制度的实施机制。[①] 这三个方面内容的结合构成制度的完整概念内涵。其中，制度的实施机制指的是为了确保正式制度或非正式制度得以执行的相关制度安排。可以毫不夸张地说，离开了实施机制，任何制度尤其是正式制度都会形同虚设。[②] 检验制度实施机制是否有效（或是否具有强制性）主要看其违约成本的高低，“强有力的实施机制将使违约成本极高，从而使任何违约行为都变得不划算，即违约成本大于违约收益”[③]。否则，便会产生大量的违规行为。此外，奖惩机制也在制度实施过程中起到了举足轻重的作用。换言之，在制度实施的过程中如果公正合理的实施机制和执法者缺席，而监督手段和激励措施失效，那么制度便难以顺利运行。这不仅会增加制度履行的成本，而且可能使得制度约束趋于无效。

薯县扶贫攻坚领导小组，为了在目标管理责任制下较好地完成贫困识别这项工作，不断完善贫困识别的制度实施机制。为了确保贫困识别的制度能够在实践中真正起到作用，政策制定者强化了信息公开的力度。在薯县贫困识别的“五步工作法”中，将“公示”这一步骤置于尤为重要的位置。自 1998 年《村民委员会组织法》修订以来，村务公开的形式、内容等方面都做了明确而具体的规定。尽管公示制度已经实施了很长的时间，但是大部分公示都集中在村级财务、计生工作以及各种补贴政策领域，不仅公示时间有限，而且方式简单、地点封闭。此外，村干部将选择性公开作为策略，重点公开一些无关痛痒的小事，而关乎村民利益的大事则常遮掩，也即“该公开的不公开，不需要公开的都公开”。[④] 在公示的

---

① ［美］道格拉斯·C. 诺斯：《制度、制度变迁与经济绩效》，刘守英译，生活·读书·新知三联书店上海分店 1994 年版，第 4—5 页。

② 卢现祥：《西方新制度经济学》，中国发展出版社 1996 年版，第 28 页。

③ 同上书，第 29 页。

④ 贺雪峰：《新乡土中国》，北京大学出版社 2013 年版，第 170—171 页。

时间、内容、地点都做了简化处理之后，公示便难以有效地发挥群众监督的作用，影响预期效果的达成。而根据“五步工作法”的要求，公示是一项必须完成的步骤，贫困户的公示不仅时间长，而且公示的内容也很全面，包括户主姓名、村名、家庭人口、贫困类别、主要致贫原因、脱贫需求、脱贫计划等信息。

表6—1　　黄涧河镇贫困户精准扶贫公示栏①

户主姓名	村名	家庭人口	贫困类别	主要致贫原因	脱贫需求	脱贫计划	包保工作人员	联保市场主体	帮扶举措	脱贫进展
HCZ	KS村	4	一般贫困户	2	2	2016	ZR	—	—	—
MSF	MF村	3	一般贫困户	1、2	1、2	2017	PGZ	—	—	—
ZYM	MF村	4	一般贫困户	2、3	2、7	2016	HZP	—	—	—
XBA	SB村	5	一般贫困户	1、5、6	1、5、6	2016	ZL	—	—	—
WXB	WC村	4	一般贫困户	1、3、7	1、3、7	2017	ZX	—	—	—
LCL	XZJ村	5	一般贫困户	3	7	2017	XF	—	—	—

村民们通过朴素的语言表达传递出对公示这一环节的肯定，他们对贫困识别中公示所起到的积极作用给予了积极的评价。他们指出，自精准扶贫方略提出以来，贫困户的公示环节较之以往更为严

① 公示栏中主要脱贫原因按照阿拉伯数字依次排序分别为：（1）因病；（2）因学；（3）缺劳力；（4）缺技术；（5）缺资金；（6）无业；（7）无住房。脱贫需求按照阿拉伯数字依次排序分别为：（1）提高医疗报销比例；（2）提供助学贷款；（3）帮助生产；（4）帮助培训；（5）帮助安排市场主体做工；（6）扶贫搬迁。

格，它调整了将贫困户名单张贴于村委会公示栏的策略，增加了在每个自然村公示的步骤，从而提高了农民对贫困户人选的知晓度。

原先好多，那真正是贫困户还冒评到，有么斯福利都发给有关系的人去了，那真正贫困的人冒得到。今年全部要公示出去，一般贫困户公示三天，以前的低保户也要公示，没有今年这么严格。今年是每个塆子都要去公示，原先就是在村委会的院子里面去公示。(20151219CFC)

之前选贫困户，那确实是有好多关系户、人情户选上了。但是，这一次，搞精准扶贫，确确实实共产党是动了好大的心思。以前的贫困户选出来了，结果村里的人根本都不晓得，哪个选上了哪个没选上，我们根本都不知道，只有村里的干部知道，所以搞了好多关系户、人情户进去。不过这一次，搞精准扶贫，贫困户选出来的结果要公示，每个塆子里都要把贫困户选出来的结果贴出来，所以，村干部就不好搞鬼。(20160117ZDB)

第二节　表达与反抗：政策目标群体的制度策略

道义观强弱的分类及利益联系紧密或松散的划分一定程度上预示着农民的行动意愿，但是农民到底采取何种行动则有赖于他们的行动能力。根据是否具有政治社会影响力，村民可以分为非治理精英和普通村民两类。非治理精英是与治理精英相对应的概念，他们没有国家授予的正式行政权力，在村庄中也没有任何的正式职位，给予他们政治社会影响力的是各种非正式的权力资源。① 非治理精英在村庄中包括经济精英、社会精英，他们在经济资本、文化资本

① 仝志辉、贺雪峰：《村庄权力结构的三层分析——兼论选举后村级权力的合法性》，《中国社会科学》2002 年第 1 期。

和社会资本的占有上具有一定优势。其中，经济精英主要是指村庄中处于财富金字塔顶端的“富人”；社会精英则包括乡绅、党员、宗族精英、文化能人等。在村庄中，除了治理精英和非治理精英外，占绝大多数的是没有影响力、没有话语权的普通村民。

当利益联系松散，且道义观弱的时候，非治理精英和普通村民没有任何的差别，他们都是抱着“关起门来过自己的日子”的态度，信奉“多一事不如少一事”的理念，因而在贫困户识别的过程中一以贯之地采取“不生事”的原则。当利益联系紧密，且道义观强的时候，非治理精英和普通村民通常抱着“按规矩来，能评上就评，评不上就不评”的态度，具体的表现就是遵守制度。可以说，无论是不生事还是遵守制度，都是对既定结果的默许，属于一种相对被动的方式，因而非治理精英和普通村民没有表现出太大的差别。但是，一旦村民对现有结果感到不满，或者说村民想左右贫困识别的结果时，那么非治理精英和普通村民在行动能力上的差别就体现出来了。一方面，当村民利益联系紧密而道义观弱，希望谋求不合理的贫困户指标的时候，非治理精英可以动员自己村庄内的社会资源，采取“拉关系”的方式，向村组干部“要名额”；而普通村民由于村庄内社会资源不足，只能通过“找关系”的方式，向村组干部“求名额”。另一方面，当村民认为村庄内贫困户识别存在问题的时候，非治理精英可以通过“说公道话”或公开反抗向村组干部施压；而普通村民要么是在日常生活中以诉苦等方式作为抗争，要么则是通过上访的途径弥补相关资源的匮乏从而表达他们的不满、反映他们的诉求。一言以蔽之，非治理精英可以借用自己的政治社会影响力，在村庄内部寻求表达与反抗的途径；而普通村民囿于各方面资源的不足，只能通过日常生活表达不满或是向村庄外寻求资源。

表 6—2　　农民的行动类型分类

道义 利益	非治理精英		普通村民	
	道义观强	道义观弱	道义观强	道义观弱
利益联系紧密	遵守制度 公开的反抗	拉关系	遵守制度 混合型上访	找关系 日常生活的反抗 诉求型上访
利益联系松散	说公道话	不生事	道义型上访	不生事

一　“拉关系”和“找关系”：村民对双重制度的破坏

中国人是“关系取向”的，“中国人之关系取向，在日常生活中最富有动力的特征是‘关系中心’或‘关系决定论’”①。贫困户指标因附着了大量的稀缺资源，因而对农民具有相当程度的吸引力，成为农民寻求关系以获取贫困户指标的内在动力。农民对关系的运作主要有两种方式：“拉关系”，即具有一定社会资本的非治理精英，将自己所掌握的社会资本进行整合，从而寻求获取贫困户指标的突破口；“找关系”，即普通村民应对社会资本不足的一种替代性手段。

无论是“找关系”还是“拉关系”，一旦达成行动目的，即意味着参与其中的不仅是普通村民，还包含在贫困识别的具体执行中具有一定话语权的基层官员，而后者通常对他们的政治生命较为看重。在精准扶贫方略对贫困识别的精准度提出较高要求的背景之下，基层官员所做的任何违背精准度的逾矩都暗含着极大的政治风险。这也意味着，“拉关系”和“找关系”通常是一种隐蔽的行为，通过在后台的悄然运作而得以实现。尽管没有充分的资料能够证实关系户的客观存在，但“拉关系”与“找关系”对贫困识别的破坏仍然难以避免地留下了些许痕迹。在对农民的深度访谈中，

① 杨国枢：《中国人的社会取向：社会互动的观点》，载杨国枢、余安邦主编《中国人的心理与行为：理论及方法篇》，台湾桂冠图书公司 1992 年版，第 106 页。

部分农民会无意间透露个别贫困户的社会关系网络：

> 那和庆，和庆还是个手艺人，他么样得到了个低保咧？他两个儿子不也在县里买了房子哩。他儿媳妇的娘屋的人有个搞低保，这样子搞的。他两个儿子哈（都）在县里买了房子。两个儿子也是手艺人，和庆是55年的，两个儿子大的81年的，细的（小的）84年的做钣金白铁的。这样得了低保的，你看哪里去说？（20160828ZGM）

二 “守规矩”和“不生事”：村民对双重制度的维持

在村庄中，有一群人他们服从正式制度和非正式制度，被视为“守规矩”的人，因而对于贫困识别是一种维持。

> 我们塆子里都知道他们是贫困户，哪个去想这个名额咧是吧，情愿人家有咧，哪个情愿人家无，是吧？（20160828新淮镇集水村云田塆）
>
> 这个政策该得就得，不该得就不得，你像我们个人（自己）身体好，不指望去得那些政策。你想我们就惟愿个人身体好，个人自力更生，不惟愿得国家照顾，不争那些东西。（20160827FYW）

除此之外，更多的人是秉承着一种“不生事”的原则。在距离县城仅不到六公里的新淮镇李家塆，呈现出一片生机勃勃的景象，村民们正在如火如荼地修建房屋。从外观上看，他们新建的房屋多为三层或两层半的楼房（最上面半层用于隔热），门前还会新建一个车库。一位年轻的村民站在房屋的沙堆前，思索着下一步的工作方案。他们正如涂尔干所描写的那样：“一旦他可以频繁地外出旅行，积极地同他人进行交往，在外地经营自己的业务，他的视线就会从身边的各种事务中间转移开来。他所关注的生活中心已经不再局限在生他养他的地方了……他的生活已经超出了这个狭窄的范围，他的利益和情感也不再局限在这个范围里”[①]。

关心没用，那不是我关心的。发展才是硬道理，没必要去管那些事，把自个儿管好就够了。(20160826LJW)

你的日子么样不可过，又不要你去下地，你只用在屋里烧个火（指做饭）洗个衣服就可以了，其他的事情，你就不要管，你现在乱去说别人的拐话（坏话），得罪了别人，以后你自己想做点什么，别人也会给你使绊子。为么斯我老叫你尽量地啊，多栽花少栽刺，尽量不去得罪人，这是最好的。你要冒得就攒劲做。(20160821HGB)

哪个有意见哩？哪个愿意去说哩？你去说人家做么斯？国家发钱的东西，你哪个去管那些事哩？(20160828ZGM)

那他们把“八”字做好了，你再不可能去把这个“八”字拆散了撒。就说那可以，那你再不可能说那不行，那哪个哪个还（穷些）。你再去说就得罪人呗。你既得罪了村干部，到转头来马上得罪了选上的群众。(20160821HGB)

在访谈中，村民不仅不愿意得罪同村的人，更加不愿意得罪村干部，这是因为分税制改革之后，国家一改过去对农村、农民的汲取型姿态，转而通过财政再分配将越来越多的公共资源投入乡村社会。2000 年税费改革以来，国家对农民的直接汲取宣告结束。2003 年颁布实施的以“多予、少取、放活”为核心的惠农政策更是释放

① ［法］埃米尔·涂尔干：《社会分工论》，渠东译，生活·读书·新知三联书店 2000 年版，第 257—258 页。

了重要的利好信号，使农村贫困治理的资源得以增加。同时，党的十六大提出统筹城乡经济社会发展的要求，有效地弥补了农村公共产品和服务缺失的不足。自21世纪以来，中央逐步建立了支农专项补贴制度和重点粮食品种最低收购价政策。与此同时，中央也增加了对农村基础设施建设和科教文卫的投入。这使得农村的生产和生活条件得到了显著的改善。① 如果说以前的国家是“汲取型”的，那么现在则是“给予型”的。他不仅不再以国家之名，以家户和人口为单位向农村、农民进行直接且统一的资源汲取，反而以农村社区、家户或人口为单位直接输送资源。②

> 冒得人去计较这些东西，哪个去计较呢，哪个去得罪村干部呢？得罪村干部，村干部就跟他为难呗。愿意得罪村干部的人不是好多，一个塆里找不几个出来。得罪村干部了村里处处跟你为难，你不可能冒得事找村里呗，因为这么咱不是像原先说去上交么斯村里要指望着你收钱，这么咱都是国家政策好，都是发东西下来。现在不同呗，现在国家发东西给农民呗，你说得罪了他，你有好果子没？得罪人好简单，你在塆子里头好难得做晓得不咧？你只有求着他呗。所以一般不敢得罪村干部呗。(20160826HGB)

三 “诉苦”和“说闲话”：村民对非正式制度的表达

由上可知，道义观弱而利益联系紧密的村民试图通过“拉关系”与“找关系”的方式获取贫困户指标，事实上造成了对贫困识别的破坏；而部分村民的“守规矩”和“不生事”的行动则维

① 参见应星《农户、集体与国家——国家与农民关系的六十年变迁》，中国社会科学出版社2014年版，第127—129页。

② 王雨磊：《数字下乡：农村精准扶贫中的技术治理》，《社会学研究》2016年第6期。

持了当前的结果。在贫困识别中，必然会有一部分村民对贫困识别的结果感到不满，但是由于种种原因而没有采取公开的暴力抗争。此时，他们通过“日常形式的抵抗”（everyday forms of resistance）[①]表达他们的观念，主要包括“诉苦”和“说闲话”两种方式。

（一）构建苦难：诉苦的抗争作用

“苦”，在漫长的历史进程中，都是底层农民的真实生活写照。2000年，李昌平向朱总理上书，悲愤地表示“农民真苦、农村真穷，农业真危险”[②]。他不仅一语道出了农村的艰难境况，而且将“农民真苦”摆在了最为突出的位置。陆学艺进一步指出，“农民真苦”主要包含农民收入低、收入增长缓慢和农民负担重两个方面。[③] 但是，“苦”不等同于“苦难”，“苦”是一种客观的生活状态，而“苦难”则是“一种主观心理上对痛苦的回应”[④]。当普通村民道义观相对较低，且希望得到贫困户指标或为自己没有得到贫困户指标而感到不公或产生了相对剥夺感时，诉苦便成为“舒张自己的利益与情感价值诉求”[⑤] 的有效方式。

潘大嫂是深谙如何构建苦难，并将“诉苦”发挥得淋漓尽致的村民形象。当我前往张古村时，恰逢农闲时节，十多名农民围坐在一起闲聊。我向村民们表明来意，并询问村民们对贫困识别的看法，潘大嫂表现出了极大的兴趣，并打开了“诉苦”的话匣子：

---

① “日常形式的抵抗”（everyday forms of resistance）这一概念由詹姆斯·C. 斯科特提出来的，他在对马来西亚的农民进行研究时，发现马来西亚的农民常常采用各种非正式的、隐蔽的抵抗行为，其范围涵盖偷懒、装糊涂、开小差、假装顺从、偷盗、装傻卖呆、诽谤、纵火、怠工等，这些抵抗行为被称为“弱者的武器”。（参见 James C. Scott，*Weapons of the Weak*：*Everyday Forms of Peasant Resistance*，New Haven：Yale University Press，1985，pp. 29 – 34。）

② 李昌平：《我向总理说实话》，光明日报出版社2002年版，第20页。

③ 陆学艺：《“农民真苦，农村真穷”?》，《读书》2001年第1期。

④ Iain Wilkinson，*Suffering*：*A Sociological Introduction*，Cambridge：Polity Press，2005，p. 21.

⑤ 吴毅、陈颀：《“说话”的可能性——对土改“诉苦”的再反思》，《社会学研究》2012年第6期。

见广[①]哦。哈是有路子的人，有关系的人。像我的婶娘她是那么咱[②]计划生育得的病，一直到现在怕百么事[③]政策都冒得到。那不哈是见广的事么？我一年到头都是个病人，有乳腺病，还有肾积水。一个月要560块钱的医药费，只有省城的协和医院才能治，其他的医院都冒得药。我前天才刚从省城的协和医院出来，住了23天的院，一时又好不了，但是又死不了。我两个伢在当兵，大儿子在部队里面回了，抗了洪水，现在冒做么斯，在外头打工，小儿子也还在当兵。我儿子去抗洪，大儿子在安徽抗了二十多天洪，我硬是哭死了啊，也冒得到么斯。他滴爸爸61年的，在部队里，有腰肌劳损，抗过洪的，也百么事冒得到，连个低保都冒得到，你跟哪个去说咧？得贫困户的哈是有关系的啊。我跟村干部说我屋里这样的条件，村干部跟我说："那你家要是得了，全世界的人个个都要得"。我真是百么事冒得到，国家的一点好处都冒得到。(20160823PDS)

从收入标准来看，潘大嫂的家庭收入通过推测远远超过了国家贫困线的标准。从"四看标准"来看，潘大嫂54岁，其老公年龄相仿，正是年富力强，且她还有两个正值壮年且身强体健的儿子，因此，潘大嫂家庭的劳动力十分充裕，且家中没有读书郎。而且通过其他村民的透露，潘大嫂家中也早早地盖起了楼房。同村的村民，在私下也向我表示潘大嫂家里条件不错，得不到贫困户理所应

① "见广"一词，在西南官话中意为"见世面"，含有戏谑的成分。也就是说"如果能有这种事，那还真是开了眼界"。（参见许宝华、［日］宫田一郎《汉语方言大词典》，中华书局1999年版，第718页。）

② "那么咱"一词，在西南官话中意为"那会儿"。（参见许宝华、［日］宫田一郎《汉语方言大词典》（第二卷），中华书局1999年版，第2275页）

③ "百么事"一词，在西南官话中意为"什么、任何"，一般做否定时用。"百么事都冒得到"，意为"什么都没有得到"。（参见许宝华、［日］宫田一郎《汉语方言大词典》（第二卷），中华书局1999年版，第1789页）

当。他们对潘大嫂的评价是："她是个烂战（胡搅蛮缠）的人，她不晓得比哪个都快活些，她老公蛮早就当兵，退伍了再待外头做点事，他两个儿子也都当兵有钱。"（访谈记录20160823WDM）由此可见，表达性现实有时并不能与客观性现实保持一致，甚至二者之间存在着一定的距离。[①] 但为了构建苦难，潘大嫂将家庭条件不错的客观性现实做了模糊性处理，而是突出强调自己有乳腺病、肾积水，老公也有腰肌劳损的病痛。但是这些理由在村民们看来也是不成立的。他们认为现在上了点年纪的人有点病痛很正常，更何况这些病也不是什么大病。除了病痛以外，潘大嫂还将老公及儿子当兵作为诉苦的资源，指出自己的儿子是"抗过洪"的，很不容易，儿子抗洪期间自己整天提心吊胆、以泪洗面。然而，村民们同样认为这个理由不成立，在他们看来能当兵是一件有出息、有出路的事情，比面朝黄土背朝天强得多，也比在外面打工好。概言之，在村干部和村民们看来条件不错的潘大嫂，通过强调自己和老公的病痛，通过突出自己家人在外面当兵的辛苦，描绘出一副底层农民的苦难形象。

如果说潘大嫂的"诉苦"是一种刻意而为之的行为，在技巧化"诉苦"的同时也遭到村民的反感，是一种极致但不典型的诉苦类型，那么黄达英的"诉苦"则显得更为常见，也更容易得到村民的理解。黄达英与潘大嫂同村，70岁，她的老伴则比她大三岁。黄达英家中有三个儿子，分别是43岁、41岁和39岁。在农村，普遍存在着一种男性偏好，家庭中男性数量多意味着家族的人丁兴旺以及宗族的势力强大，因而是农民所向往和追求的。但在黄达英这里，儿子却成了一种诉苦的资源：

① ［美］黄宗智：《中国革命中的农村阶级斗争——从土改到文革时期的表达性现实与客观性现实》，载黄宗智《中国乡村研究》（第2辑），商务印书馆2003年版，第70页。

> 说起来我养了三个儿子，但是三个儿子根本都冒照顾我们两个老的。他们都在外面打工，那么咱我们穷，供不起他们读书，他们泡把岁（十几岁）都冒读书，现在都跑出去打工了，现在在广东搞养殖，搞养殖又赚不了钱，他们自己都过不来（指自己都照顾不了自己）。我们又冒得个姑娘，两个老的个人做给个人吃。我们两个老的这么咱房子都没有，今年下大雨的时候倒了，是个老房子，怕打到别人的屋，国家就把房子拆了。我这么咱冒得房子住，只能在儿子的房子里住，儿子要是回了，我就没有睡的场子（地方）。我说把我搞个贫困户。大队干部说，那你莫想，那冒得那个事。（20160823HDY）

在黄达英的话语中，她极力淡化儿子多且儿子在外面打工挣钱这一客观事实，而是突出强调“儿子在外面赚不到钱”“儿子自己都过不来”“儿子没有照顾自己”。通过这种方式，黄达英成功地将传统话语体系中“养儿防老”的寓意置换掉了，儿子不仅不是生活保障的象征，相反，儿子没有照顾自己而自己又没有女儿也成了宣称自己是“弱者”的语言库。除此之外，她将自己住在儿子的房子里这一件原本可以体现儿子孝顺、反映自己有养老依靠的正面事实置换为自己没有房子住、只能住在儿子的房子里面的凄凉景象，甚至将儿子回了自己就没有地方住的“想象的现实”强加于自己身上。由此，苦难的叙述便合情合理，也能够得到村民的理解和同情。

除了潘大嫂和黄达英之外，诉苦广泛地存在于村庄内部，或是以“哭”“闹”等情绪化的方式传递自己对于苦难的感知，或是一遍又一遍地重复自己所经历以及正在经历的苦难，或是在与同村人的闲聊中抒发自己的情绪，或是在嬉笑调侃中对自己所处的困境有所提及。身份，是诉苦的一项重要资源。[①] 在薯县，可供农民诉苦的弱者身份包括老人、残疾人、病人或者有几个老人或者孩子要照顾的人。而一些在同村人看来是强者象征的身份也被农民转换成了诉苦的资源，如上文潘大嫂和黄达英将儿子当兵、儿子打工这种在同村人看来有出息、能赚钱的正面典型建构成他们苦难的根源。除此之外，村民们也擅长将自己的苦难归因于对国家的牺牲或奉献，如潘大嫂突出强调儿子抗过洪，又如一位村妇强调自己婆婆的疾病是因为计划生育而落下的。通过将苦难归因于对国家的牺牲或奉献，透露了他们内心的复杂情绪。一方面，他们潜意识里认为自己是为国家受苦的，国家对他们有所亏欠，如果不是因为国家，他们不会受这个苦，从而强化了他们对苦难的感受。另一方面，通过将受苦的源头指向国家，他们也表露出国家理应有所补偿的心迹，这也对村组干部构成了无形的压力。

不管是何种诉苦方式，也无论如何归因苦难的源头，诉苦广泛地发生在薯县的各个村庄。笔者无意于对诉苦做道德评判，也无法判断到底何种诉苦是真苦，何种诉苦是假苦。但是，诉苦作为一种“弱者的武器”（weapons of the weak）[②] 被利益联系紧密的村民们广泛使用，潜在地对村组干部形成压力，使得村组干部在选贫困户的时候不得不考虑他们的诉求。基于此，诉苦成为村民们“在日常生活中进行利益表达的一种行之有效的抗争技术”[③]。

（二）生产话语：闲话的道德功能

除了诉苦之外，村民也通过“说闲话”的方式表达对贫困识别

① 刘氚、何绍辉：《日常生活中的诉苦：作为一种抗争技术——兼论底层研究的拓展及进路》，《求索》2014 年第 2 期。

② James C. Scott, *Weapons of the Weak: Everyday Forms of Peasant Resistance*, New Haven: Yale University Press, 1985.

③ 刘氚、何绍辉：《日常生活中的诉苦：作为一种抗争技术——兼论底层研究的拓展及进路》，《求索》2014 年第 2 期。

的异议。广义概念的闲话指的是“所有日常生活中发生的闲聊和谈话”[①]，从这个角度看，村庄内占相当大比例的话语都是闲话。但是在村庄这样的熟人社会，说闲话通常会考虑话说出去之后可能带来的不利影响。因而，村庄内的闲话通常限定在一定的情境之中：首先，为了避免因闲话而引发矛盾、纠纷，闲话通常产生于被说闲话的人不在场的情形；其次，闲话往往出现在非正式场合，而鲜见于村干部组织的会议上；最后，闲话往往建立在相互信任的基础之上，相信对方不会将闲话传播出去，因而说闲话与听闲话的人具有一定的信任，说闲话的人相信听闲话的人不会乱传话，听闲话的人也有着这样的默契。[②]

虽然薯县许多村民们因为害怕得罪人而不愿意多管闲事，秉持“多一事不如少一事”的原则，但是在村庄这个熟人社会，说闲话仍然是茶余饭后的一种消遣方式。笔者对于薯县村民们来说是陌生的，但恰恰是因为陌生，村民们相信笔者不会将闲话传出去，也没有渠道将闲话传出去，因而笔者经常听到有关贫困识别的闲话。根据闲话所针对的对象，笔者将闲话分为三种类型。

针对村组干部的闲话：既包括质疑村组干部在识别贫困户的公平性的闲话，也包括对村组干部的公平性予以肯定的闲话。通常来说，对村组干部的公平性予以肯定的闲话比较一致，这种闲话主要是指精准扶贫之后，工作做得确实细致了很多，村干部也比较公正，选的贫困户确实是比较穷的，如“说规矩话，我们村里面选的确实是那回事，那选出来的绝对是正宗的贫困户（20160117 村民闲谈记录）”“原来确实存在该得的冒得到，不该得的反而得到了这种情况，但这是精准扶贫以前的情况，现在搞了精准扶贫以后，这个政策就非常的具体，你开玩笑（指这件事情很严肃），具体了以

① 薛亚利：《村庄里的闲话：意义、功能和权力》，上海书店出版社 2009 年版，第 10 页。

② 同上书，第 98—110 页。

后（村组干部）就不敢随便搞了（20160826 村民闲谈记录）”。而对于村组干部在识别贫困户提出质疑的闲话主要是下面两类。

一类是对村组干部的公平性提出质疑的闲话，这种闲话主要是认为村组干部在选贫困户的过程中选出了与自己关系好的人。这种闲话又根据信息的掌握程度可以分为没有证据的闲话和有证据的闲话。没有证据的闲话也就是村民对贫困识别的情况并不了解，但是根据以前的经验或者是根据自己的臆断而主观地认为村组干部不公平、不公正。这类村民通常用一句比较笼统的话语做出总结，也就是“有的不够贫困户资格的，他也选上了，有的够贫困户资格的，他没选上”，更有村民将不公平、不公正的原因归结于没有关系，进而得出“有关系的不贫困他也贫困，冒得关系的贫困他也不贫困”的结论。除此之外，也有村民如上文中诉苦的潘大嫂一样，因为自己没有评上贫困户而轻易给出贫困识别不公平的结论。有证据的闲话则具备两个条件，既了解谁被选上了贫困户，又了解贫困户与村组干部的关系。相对而言，有证据的闲话往往能够提供丰富且隐蔽的信息，如“他照顾的是他们那一房的”“他还不是想照顾哈子他咧，哪个叫他们俩的鱼塘是挨在一起的咧”，等等。

另一类则是认为村组干部不作为的闲话，园竹塆的村民便是说这种闲话的代表。据他们说，他们的小队干部是个不管事的人，大队里的什么事情小队干部都不跟他们说，从来都不替塆子里的人着想。笔者在园竹塆开展访谈的时候，他们还在为七月的一件事情义愤填膺。七月的薯县正值梅雨季节，许多村庄都受到洪水的侵袭，大面积的农田被淹，还有一些农民的老房子也倒塌了，农民的生产和生活受到了严重的影响。为了降低洪灾给村民带来的不利影响，薯县给每个塆子都发放了赈灾的米和油。据村民韩东辉打听，薯县给园竹塆发了两壶油（每壶油约十斤）和两袋米（每袋约五十斤），其中的一壶油和一袋米是专门发给小队干部作为赈灾工作补助的，而剩下的一壶油和一袋米则是专门发给塆子里的农民。但是由于塆子里总共有四十多家，油和米不好分，怕村民有意见，所以小队干部只领了发给自己的米和油，而没有领塆子里的米和油。这件事情让村民们意见十分大，也激起了他们对小队干部的不满。他们联想起小队干部许多不作为的事迹，并将自己塆子里没有贫困户与小队干部的不作为联系在了一起：

> 我们塆子里没有贫困户都是因为小队干部不替我们着想。你说大队里有么事情不都是要小队干部通知我们才晓得，你说我们农民晓得么斯啊？你小队干部随么斯都不为我们着想，隔壁的塆子就搞得好多了，他们塆子就有贫困户，我们塆子倒好，一个贫困户都冒得。他只晓得管他个人，我们塆子里的事他就不管嫌（不管事）。村干部村干部，你要为村里着想，你不为村里着想，你当村干部做么斯？（这里指的是小队干部）我们塆子里完全应该改选小队长。（20160823 园竹塆村民闲谈记录）

针对贫困户的闲话：既包括认为某些贫困户不应该得到贫困户指标的闲话，也包括对部分贫困户得到指标的认同与支持。一般来说，对贫困户得到指标的认同与支持的闲话主要是肯定该贫困户勤劳苦干，或者是同情该贫困户处境糟糕，认为他十分可怜，值得同情。而认为某些非贫困户不应该得到贫困户指标的闲话则分为两种，一种是认为贫困户家里条件不错，不应该选为贫困户，这种类型的闲话一般会以贫困户的具体经济状况作为佐证，如“她老公一年在外面一年一二十万，我就搞不懂怎么那样的人也能精准扶贫（20160823 园竹塆村民闲谈记录）”或“你看他屋里盖的那么好的房子，怎么就能是贫困户呢？（20160902 蔡李村村民闲谈记录）”。

另外一种则是因为某些贫困户具有某方面的背景，如家里的远房亲戚认识县城里某个单位的人，或者是该贫困户与村组干部关系较好，因而自然而然地将该贫困户的入选和他的某种背景联系在一起，如“要不是他儿媳妇的娘屋里有人，他么样能够选上贫困户?”（20160828 张垅村村民闲谈记录）或“还不是因为他跟大队书记是一个房的”（20160902 蔡李村村民闲谈记录）。

针对非贫困户的闲话：针对非贫困户的闲话也有两种，一种是认为该村民没有得到贫困户的指标理所应当，如上文中诉苦的潘大嫂，村民们对她十分反感，认为她没有选上贫困户很正常，根本都不应该诉苦，村民们认为她十分难缠，并认为“她不晓得比哪个都过得好些（20160823 园竹塆村民闲谈记录）”。另一种闲话是为某些非贫困户没有得到指标而感到不公。笔者前往范元村南冲塆时，正逢酷暑，天气炎热，村民们坐在客厅里午休，等着天气凉快一点儿再出去干农活。南冲塆距离乡镇较近，步行至乡政府约十分钟到十五分钟的距离，方圆几里的范围不仅有小学、中学、银行、卫生院等公共服务场所，而且离公共汽车站也十分近。更重要的是，南冲塆莅临薯县远近闻名的一处旅游景点，该景点每天吸引全国各地的游客慕名而来，这也带动了当地的旅游业及旅游相关产业。正因如此，南冲塆相当一部分村民并没有选择外出打工，他们大多在村庄附近从事泥工、瓦工等与建筑业相关的工作；也有一些村民在旅游景点附近购置或租赁商铺，开小型餐馆、副食店、小型旅社、纪念品店等。便利的交通条件、完善的公共服务以及火热的旅游产业，给村民们带来了大量的非农就业机会，使得农民不离乡也能增加收入。与此同时，南冲塆也吸引了开发商的目光，村民们在午休的时候话题自然离不开村庄里的大事，也就是塆子里的一片离乡镇最近的土地被开发商买走了，现在村民们还没有拿到补偿款，又没有地方种菜，需要到集市买菜买米，他们表示，“每天一睁开眼就要花钱”。

村民们在抒发对要花钱买米买菜且至今还没有拿到土地补偿款的不满时，转而提到了塆子里的王大爷一家。王大爷今年有 55 岁，据村民们说，王大爷虽然是个庄稼汉，但是读书不错，是塆子里不多的老高中生。王大爷有四个孩子，两个儿子和两个女儿。早年由于家里条件差，将两个女儿早早地送人了。如今两个儿子一个在北京读研究生，还有一个儿子大学毕业后留在学校所在的城市工作。村民们在闲谈中普遍表达了对王大爷没有选上贫困户的同情，他们对王大爷展开了热烈的谈论：

> 村民 A：要说他真是造业，两个姑娘都把得别个去了。屋里条件差，大儿子到这么咱（现在）还冒谈到个媳妇。
>
> 村民 B：又不是我一个人说，你不信随便到我们塆子里去问，绝对是百分之八十以上都觉得他应该得贫困户。他又不是懒，他一直都在种庄稼，就是这么咱得了胃出血，老是有病，不能那样做事。
>
> 村民 C：是说的个么斯哩，他这个月 1 号又跑到医院去住院了，诊了七八万，好多病。夫妻两个好造业，都是靠种地，关键这么咱塆子里的地又盖了房子，地再又种不了了，百么事都要靠买。
>
> 村民 D：说到底还是他这个人有点傲，他也晓得自己屋里也得了国家蛮多好处。那么咱他滴两个儿子读书老交不起钱，但是成绩又好，老是该着（欠着）学校钱，学校老是冒要他滴两个伢的钱，免了好多学费。要说他，也不是一点个国家的好处都冒得到。（20160827 南冲塆村民闲谈记录）

通过闲话的述说，村民们表达了对王大爷没有得到贫困户的遗憾和同情，并保持了观念的集体一致。而他们在闲话中所提供的不同佐证话语，如“家里穷到女儿送人、儿子还没娶到媳妇”“身体不好，老得病”“征地后连庄稼都种不了”等则在闲话中将所有认为王大爷应该得到贫困户的信息汇总在一起，不断增强了村民的观念认同。

综上可知，根据闲话的对象，村民的闲话可以分为针对村干部的闲话、针对贫困户的闲话和针对非贫困户的闲话。根据闲话的性质，针对不同对象的闲话又都可以分为正面的闲话和负面的闲话。换言之，村庄内的所有人都被置于村庄内这张闲话的道德评判的大网中。这是因为，道德边界在村民的闲话中起到了隐性的作用，虽然村民们在说闲话的时候不一定意识到，但是不可否认的是闲话确确实实在“不断地加强和维持群体的道德价值观念”[①]。通过闲话，村组干部的不作为和乱作为受到抵制，而公平、公正得到认可，这对村组干部无疑是一种隐性的约束和监督。与此同时，村民朴素的公平观念也对村民构成一种压力，经济较好的人被评为贫困户或去争取贫困户会受到质疑，这也是无形中约束村民行为的一种威慑力量。从这个角度来看，无论村民们说闲话的目的到底是出于道义观念还是仅仅因为无聊抑或出于其他原因，也不管村民们的闲话中到底有几分是真有几分是假，闲话实实在在地发挥了一种正功能：“闲话是一种将话语道德化的机制。”[②] 这是因为，闲话虽然产生于村民的闲谈中，但是村民们在闲话论述中又不自知地做了一个切割术，将闲话中的事实和佐证材料以及村民们潜意识里的道德规范分离开来。村民们在论述闲话的同时，也在无意识中不断地强化并

---

① Chris Wickham, “Gossip and Resistance among the Medieval Peasantry”, *Past and Present*, Vol. 160, No. 1, 1998.

② 薛亚利：《村庄里的闲话：意义、功能和权力》，上海书店出版社2009年版，第177页。

传播他们的道德规范，由此村民们认同的道德规范得到鼓励和加强，而村民们否定的道德规范则得到抑制和调整。[①]

四　村外的上访：村民对双重制度的调动

上访是传统中国政治结构给民众安排的一种特殊的诉愿机制，这一机制在政府与民众的体制性沟通中之所以一直占有独特地位，既与国家出于政治安全考虑而有意为民众预留一定诉愿渠道的传统有关[②]，也与1949年以来国家建设中行政权力独大（当代中国场域中的党权也视为广义的行政权）的现状有关。[③] 薯县扶贫办的林主任专门负责接待与精准扶贫工作相关的群众上访，在他的工作记录中，他将群众上访归结为以下几种类型：天灾人祸型、作风不实型、优亲厚友型、心有积怨型、摇摆不定型、相互攀比型、投机取巧型和胡搅蛮缠型。[④] 而在上访的过程中，农民充分调动正式制度和非正式制度，其中，抗议者“非常关注国家放出来的‘信号’，并尽可能按照国家的规则来行事”[⑤]。

第一种上访是道义型上访，在上访中并不反映个人的利益诉求，仅仅反映贫困识别中存在的问题。

薯县扶贫办曾收到一封来自多人的检举信，在一张不大不小的纸上，整整齐齐地按压着三行手印，来自祁柳坡镇秦锦富村的十一位村民共同将检举的对象指向该村村委会。他们举报的内容主要分为两方面，包括举报村干部的违规行为以及实名列举村庄内的伪贫

---

① 薛亚利：《村庄里的闲话：意义、功能和权力》，上海书店出版社2009年版，第179—183页。

② 应星：《作为特殊行政救济的信访救济》，《法学研究》2004年第3期。

③ 吴毅：《“权力—利益的结构之网”与农民群体性利益的表达困境——对一起石场纠纷案例的分析》，《社会学研究》2007年第5期。

④ 本部分内容所讨论的事例均来自信访者的个人陈述，部分信访者的部分陈述与薯县扶贫办随后深入调查所了解到的实际情况有所出入，在此特做说明。

⑤ 裴宜理：《中国式的“权利”观念与社会稳定》，《东南学术》2008年第3期。

困户名单。在信访书中，他们指出村干部以发展养殖业的名义，违规征用村集体退耕还林的土地并用于修建住宅，受益对象覆盖了村书记的两位叔爷。此外，他们以“负面清单”的标准作为依据，逐一实名列举了该村的伪贫困户，并简要地陈述了他们不应该被评为贫困户的理由。他们的列举方式分为单一型列举和混合型列举。

通常，农民对本村村民的了解主要是通过一些显而易见、无法掩饰的特征，如劳动力的数量和房车的情况。因此，单一型列举侧重于强调某户村民劳动力强或有房有车，以此否认其被评为贫困户的合理性。一类是劳动力较强却被选为贫困户的情况，如村中的张正远家“五人吃饭、人人挣钱”，又如林泽建家“五人吃饭、四人挣钱，本人在书记家打工”；另一类是有房有车却被选为贫困户的情况，如张曲波家仅有一位需要赡养的老人，而其两个儿子的经济状况都较好，“大儿在家建了新楼房，还有老房，小儿在外地买了新房，还有几十万的豪车”。混合型列举则是从多个不同的维度共同印证村民经济状况较好，从而证实所列村民为“伪贫困户”。在信访书中，混合型列举是将该户村民的劳动力状况和房车情况共同展现出来。如陈进家“一家四人吃饭，丈夫在上海打工二十余年，县城买了新房，三人养一个小孩”，又如刘辉聪家“四人吃饭，儿子儿媳都是教书的双职工，早年在县城买了房子，家里还建了新房”。为了更充分地论证自己的观点，他们在信访书中还指出了部分村民与村干部的亲属关系，如在秦方昂的名字后面做了备注，强调他是村书记的叔爷；又如刘辉聪为村干部的父亲也在信访书中清楚地做了说明。

他们义愤地表示，上述扶贫对象为“弄虚作假、大多是水货”。并且，他们强烈要求上级组织对上述扶贫对象的家庭人员结构以及家庭财产状况展开全面的调查。他们愤慨地强调“在从严治党、反腐倡廉的大好形势下，村干部还这样为所欲为、弄虚作假，是谁给他们这样的权力？秦锦富的村民是敢怒不敢言。我们强烈要求对村干部问责，等候你们的处理结果，还秦锦富村村民一个公道"。之所以称秦锦富村的上访为"道义型上访"，主要原因在于他们并没有在上访中提出任何其他的诉求，也没有增补贫困户人选的需求，他们的上访追其溯源主要在于对村干部行为的不满以及对部分村民不合理占用贫困户名额的义愤。他们上访希望达成的目标，也仅仅是希望揭露并消除村干部的不合规行为，为本村村民寻求公道。

第二种是诉求型上访，上访主要以反映个人需求为主，并不揭露其他的问题。

祁柳坡镇邓村村民邓振岳是一位年过花甲的老人，本应安然闲适地度过自己的晚年生活，却不幸被儿孙所羁绊。儿子患有精神病至今已有十余年，长期在精神病院接受治疗；八年前，儿子儿媳离异，将未满周岁的孙儿留给邓振岳照料。尽管邓振岳生活困难，他在申报贫困户的过程中，仍然遇到阻碍。2015 年薯县进行精准识别期间，邓振岳在该村组织贫困识别中，评分未能达到入选贫困户的标准；2015 年年底，邓振岳仍未被村民代表选为贫困户。究其原因，主要在于邓振岳家中自建了两层小楼，在"四看"评分细则中第一条即为"看房"，因而不具备入选贫困户的条件。无奈之下，邓振岳于 2016 年 3 月 9 日递交了一封求助信。在求助信中，他详细地介绍了自己的家庭情况："现年 64 岁，家中五口人吃饭，以务农为主。老伴 61 岁，有严重高血压，常年服药。弟弟是个聋哑人（五保），现年 61 岁，一级残疾，靠我们照应。儿子 35 岁，二级残疾，十年来患有精神病，长期在精神病医院住院，孙子 9 岁，在他半岁时爸爸妈妈就离婚了，靠爷爷奶奶抚养至今。"

为了让自己的求助更打动人心，他还附上了舅舅的光辉故事，表明自己的舅舅曾"过二万五千里长征，打过三大战役，在薯县烈士祠（陵园）落墓"。除此之外，邓振岳丝毫没有为了增强自己求助的分量，而在求助信中提及村庄内其他村民的情况，更没有与其他入选贫困户的村民进行经济状况的对比。他只是逐一说明了自己家庭成员的年龄、身体状况及生活状况，因而这类上访可以被视作为诉求型上访。

第三种是混合型上访，是反映个人诉求与举报他人不端行为兼具的上访。

2016 年 8 月，薯县黄涧河镇侯村村民侯段双递交了一封信访书。在信中，他略显无助的描述将一位孤苦的农民形象跃然纸上："现在我是孤身一人，患有严重的支气管炎和哮喘，全身是病却无钱检查和治疗，家中有三间土坯房屋，在 2015 年的春雨中倒塌，是一贫如洗，无经济能力修建。我现在是一无所有，无家可归也无固定工作，儿子看到我患有严重的支气管炎和哮喘、上气不接下气的现状，他只好放弃学业，这样让一个做父亲的心是又痛又心酸。"通过多次强调自己"孤身一人""无家可归""患有严重的支气管炎和哮喘"，侯段双将自己对贫困户的迫切需求展露无遗。

之所以称侯段双的上访为混合型上访，是因为他将自己没有被评为贫困户的原因归结为自己没有笼络村干部。他强调，自己既没有给村干部送礼，也没有请村干部吃饭，因而自己在申请贫困户的过程中屡次受阻。[①] 为了印证自己观点的正确性，他披露了村干部违规收受礼品的行为，并以侯村四组的侯宏祝、侯宏谷兄弟二人的申请经历为证。"侯宏祝他今年已是 65 岁的孤老，常年在外靠捡破烂为生，是饱一顿饿一顿……"尽管二人生活难以为继，但弟弟侯宏谷的多次申请都无功而返，直到"2015 年 10 月份，他只好买一条黄鹤楼香烟，沱牌酒一对送给纪史川纪书记"后，侯宏谷的申请材料才得到了村干部的重视并报告给上级部门。概言之，侯段双的

① 后经薯县扶贫办的深入调查，信访人全家常年在外居住，且户口不在薯县，因而不具备享受薯县扶贫相关政策的资格，特此说明。

上访是以反映个人困难从而实现自身利益诉求为主，夹杂其中的对他人不端行为的揭示主要是为了映衬自己申请贫困户过程的不易，从而增加自己应该被评为贫困户的说服力。这种在信访中既反映个人诉求，同时又举报他们不端行为的上访属于混合型上访。无论信访人在上访中举报他人的不端行为是出于道义抑或出于自身利益诉求，在他们将自己所看到、所听到的不端行为转化为确凿的文字并递交给上级相关部门时，他们的上访就不再只是个人利益的诉求。同时，对被举报人员来说，信访书也是一张考卷，他们随时都有可能接受来自上级相关部门的考核。

无论是道义型上访，还是诉求型上访，抑或是混合型上访，村民都运用了信访这一种监督制度。通过信访达成对贫困识别的一种表达或反抗。在其中，他们充分调动了正式制度和非正式制度。

第三节　重构与嬗变：政策执行者的制度运作

“当国家正式的权力结构收缩至乡（镇）一级以后，地方精英对村落社会的支配性影响便愈益明显。”① 有关村庄选举的国家政策难免出现模糊性和内在矛盾。这些模糊性和内在矛盾在政策执行过程中留下了灵活性的空间，也可能导致摩擦和紧张，从而影响了与其他制度逻辑之间的相互作用。② 对于村干部来说，他们不仅受到正式制度和规范的约束与监督，乡规民约等非正式制度对其也具有无形的约束力。③ 正如曹正汉所言：“我们很难将制度的自发演化与

① 吴毅：《制度引入与精英主导：民主选举规则在村落场域的演绎——以一个村庄村委会换届选举为个案》，《华中师范大学学报》（人文社会科学版）1999 年第 2 期。

② 周雪光、艾云：《多重逻辑下的制度变迁：一个分析框架》，《中国社会科学》2010 年第 4 期。

③ 贺雪峰：《熟人社会的行动逻辑》，《华中师范大学学报》（人文社会科学版）2004 年第 1 期。

精英人物的有意识作用截然分开，实际的制度演化往往是这两种力量共同作用的结果。”①

一　应对上级检查：对非正式制度的借用

正如上文所说，村干部不可避免地遇到小队利益、宗族组织利益和人情关系的约束，但是，村干部同时面临着“压力型体制”的约束。为了让他们的行为不致于给自己带来不利的影响，他们在替一些关系户、人情户“要”指标的时候，通常会借用非正式制度的作用，这有助于他们规避上级政府的考核风险。

笔者见到潭华村的村书记裴陆时，他对我大吐苦水，向我倾诉开展精准扶贫工作的不易。他告诉我村中有一位60多岁的男性，名叫曾贺安。曾贺安有五个女儿，其中最小的女儿还在读高中。除此之外，曾贺安的肾由于生病而被摘除，他的老婆得了“僵病”，一发病就倒在地上口吐白沫。裴陆说他家里很可怜，没有一个儿子，女儿嫁出去了就不怎么管他了。对此，他解释道，在薯县女儿没有给父母养老的义务。基于上述情况，裴陆认为贫困户的指标应该向曾贺安做适当倾斜。但是，村民却对此表达了不同的观点：

> 曾贺安哪有好造业啊，又冒种田，又冒种个地。有的时候去外头打个工，有的时候去摸点鳝鱼咧，摸鳝鱼也能摸两个钱咧。这两年没有去打工，这两年也不需要打工啊，三个女儿。不管嫌也是说的话，冒得儿伢能不管嫌呐？他滴大姑娘挨着他们住着，也是在我们这一个村子里。么斯不管嫌哩，裴陆估计是想帮她搞一把。裴陆搞的鱼塘的场子挨着贺安的鱼塘（原来的鱼塘，现在没有），所以关系好，想跟他搞一个，提一下就

---

① 曹正汉：《精英人物影响社会制度演进的条件和机制——广东省中山市崖口村公社制度个案》，《管理世界》2004年第6期。

提一下咧。(20160825YDQ)

帮曾贺安申请贫困户是村干部向上“要”指标的一个典型案例。在这个案例中，村书记裴陆并不讳言曾贺安的几个女儿生活条件还不错，但是这也不影响他帮助曾贺安争取贫困户的名额。除了曾贺安和他爱人两个人的身体状况较差之外，家里都是女儿也是村书记帮助曾贺安向上“要”指标的重要因素。通过对非正式制度的借用，村书记巧妙地掩盖了自己和曾贺安关系好这一事实，而是将农民的公平观念中“是否可怜”中的女儿户这一因素拉入前台，从而实现了帮助曾贺安争取贫困户指标的正当性与合理性。

二　回应村民质疑：对正式制度的运用

村干部为了帮自己关系好的人要指标，通常会借用非正式制度，使得他们要指标的行为显得合理，而当村干部面对他人的质疑时，则往往借用正式制度以捍卫自己的公道。万村的村民郑少宏常年身体不好，需要打针吃药。他到薯县扶贫办来上访的时候表达了对村干部的强烈不满，他控诉村干部选出的贫困户条件比自己家里要好：

> 我们一个塆子的，每个人屋里的情况都清楚得很。我们并不是因为别人选上贫困户了嫉妒，如果是真正的贫困户，我们就心服口服。比如之前选低保户，只有一个名额，哎，人家确实比我们更苦，那我们就认了，没有意见。但是问题是，这次有的选的贫苦户，就根本不是贫苦户。我们找村干部反映，村干部就说，那他们屋里有人在读高中。哦，你家里有人读高中，你就是贫困户，那我们家里还有两个伢，那比你还多一个。再说，要是有人读高中就是贫困户，那全县那么多高中

生，那家里都可以选上贫苦户了还？(20160118ZSH)

当郑少宏质疑村干部选出的并不是真正的贫困户时，村干部理直气壮地回应道对方家中有高中生。这引起了郑少宏的不满，因为他认为全县高中生很多，不可能仅因为家中有高中生就被评为贫困户。但不可否认的是，在“四看”标准中有一条重要的原则是“看家中有没有读书郎”，因而这个原则使得村干部选出该贫困户充分合理。简言之，村干部并不会公开地、肆无忌惮地选出大家不认可的贫困户，而是以正式制度作为依据，并以此抵挡村民的微词。与此同时，当村民对自己没有被选上贫困户而感到不公时，村干部也是以正式制度作为回应村民质疑的有力武器。当村民对没有被评为贫困户而感到不满时，村干部往往以家中不得有两层楼的楼房、不得有小超市、在外打工甚至是人均纯收入不得超过 2736 元作为回应。

概言之，村干部的行动导向是“不出事”。因而当他们想帮助一些正式制度认为不应该选为贫困户的农户时，他们往往借助非正式制度以向上争取指标；而当他们面向村民时，他们则主要以正式制度作为回应村民的依据。

以教育扶贫实施办法为例，它的帮扶对象是全县精准识别后贫困户家庭在校学生，以确保他们不因贫失学、不因学致贫。为了解决贫困家庭子女就学问题，教育扶贫实施办法覆盖了从学前教育、义务教育、高中教育、中职教育、高等教育等各个教育阶段，并构建成了包含有“助、补、免、贷、奖”五位一体的资助体系。

你比如我们今年底到去年的，我们增了 1000 多人。增加的有的是重大变故的，有的是带着细伢（孩子）、没有父母，但是爹爹（爷爷）带着孙子这样的，爹爹当时身体还可以的时候就没有把他算进贫困户。但是现在一个是爹爹年纪大了，过去你就算放在里面也不符合，那么现在有些政策，那么它这个家庭条件下，一个爹爹带两个孙子的话，孙子在读书，那么他可以享受到读书的政策。你把他带进去，对这个家庭有所帮助呗。你以前对他没有帮助呗，你以前就对他没有帮助呗，你以前他是个小孩子，他又没有能力改房子，他又不能搞，他只有读书，过去的读书只有‘雨露计划’，现在我们薯县有自己的政策，从幼儿园到小学到大学生都有相应的政策。（20151219王冲镇镇长访谈）

结　语

本书以政府、学界以及社会广泛关注的精准识别问题开展相关讨论，主要关注贫困户的识别。在研究中，笔者借助制度研究的理论工具，先后回顾了制度研究的古典遗产、新制度主义理论等，并将算计的路径、文化的路径、制度嵌入性视角以及多层次的行动者框架糅合在一起，形成了一个综合性的分析框架。同时，笔者选取了H省东北部的一个国家级贫困县薯县作为田野调查的地点，综合运用了参与观察法、深入访谈法以及文献研究等资料收集方法。在研究中，笔者有如下分析与思考。

贫困识别是一个多元主体不断互动、不断博弈的过程。在县域范围内，县扶贫攻坚领导小组、县扶贫办是贫困识别中的重要参与主体。在这个过程中，他们既起上传下达、穿针引线的作用，传达并执行国务院扶贫办、省扶贫办、市扶贫办的政策指令。又根据薯县的实际情况生产出贫困识别的制度规定。从县这一层级来看，薯县扶贫攻坚领导小组、薯县扶贫办等相关部门是薯县贫困识别的政策制定者、掌舵人。但是，薯县扶贫攻坚领导小组或薯县扶贫办并不具体执行薯县贫困识别的工作，这不是他们的工作职责，并且他们也缺乏足够的人力去完成这项工作。因而在薯县的贫困识别工作中，县扶贫攻坚领导小组、县扶贫办是委托方，而代理方则是乡镇干部、村干部、包保干部，他们是薯县贫困识别的政策执行者。其中，村干部在贫困识别中拥有绝对的信息优势，因而是贫困识别中最主要的执行者。政策执行者并不会完全执行政策制度者生产出来的制度规定，可能会歪曲执行，并使得贫困户的识别瞄偏。当然，在贫困识别的过程中，除了政策制定者、政策执行者之外，还有一个不容忽视的参与主体——政策目标群体。他们是薯县数量最为庞大的农户，也是精准扶贫政策最直接的受益对象。虽然许多农户抱着“关起门来过自己的日子”的心态，对贫困识别并不关心。但是，更多的农户以积极或消极的方式参与到贫困识别中。他们或是通过诉苦、说闲话等方式发挥一种类似于“议论性参与”的功能，或是通过上访的方式表达他们对贫困识别的认知和态度。概言之，在薯县贫困识别的过程中，政策制定者是掌舵人，掌控贫困识别的方向。他们不仅传达上级部门的政策规定，也生产相关的制度规定。政策执行者是划桨人，具体执行贫困识别的工作，他们可以帮助掌舵人更好地航行，也可以给掌舵人制造阻力，使得贫困识别偏离了正确的航向。政策目标群体则发挥了哨兵的功能，他们诉苦、说闲话、上访如同吹响了不同音色的口哨，以提醒掌舵人重回正确的航行方向。正是这三种不同类型的主体，才共同推进了贫困识别工作的开展。

影响贫困识别走向的不仅有多元主体的利益，也与多元主体所嵌入的制度高度相关。也就是说，利益是影响多元主体在贫困识别中展开行动的重要因素，但并非唯一因素。人是趋利避害的动物，追求个人利益最大化几乎是人类的本能。在贫困识别的过程中，不同的行动主体也受到迥异的利益驱动。具体来说，政策制定者处于目标管理责任制之下，面对的是可能的奖励性的政治利益和惩罚性的政治损益；政策目标群体面对的是扶贫政策中的巨大经济利益，其中尤以易地扶贫搬迁、健康医疗的诱惑最大；政策执行者的利益更加错综复杂，包括政治生涯的考量和社会性收益的得失等。但是，这并不意味着个体不具备道义的观念。事实上，对利益的追求和道义观念并不冲突，它们同时存在于个体的内心深处。此外，“人不仅是一种追求目的（purpose-seeking）的动物，而且在很大程度也是一种遵循规则（rule-following）的动物”。[①] 尤其是在对精准扶贫大力投入的宏观环境下，中央对各级政府实行目标管理责任制，采取“一票否决”的策略。在笔者对薯县的调查中，全县上下对精准扶贫工作高度重视，各部门、各乡镇也将精准扶贫视为工作的重中之重。他们也逐渐意识到“干部千万不能倒在扶贫攻坚这项工作上”。乡镇干部、村组干部在执行中的失范虽不可避免，但是对利益的诉求不能被无限放大。更何况“扶真贫”完全符合政策制定者的政治利益，部分符合政策执行者的社会性收益。此时，我们需要将研究的视野从聚焦于利益的诉求转到对制度的关注。这契合当前中国传统农村的基层治理从主体到规则的转向，也就是从关注“谁在治理”转而聚焦“如何治理”。在规则分析的路径下，研究者假定个体的行为是被他生存其中的（正式或非正式的）制度所刺激、鼓励、指引和限定的。[②]

贫困识别的文本制度经历了一个不断转化的过程，最终实践的制度与文本的制度存在着一定的张力。国家贫困线始终是贫困识别中不可逾越的硬指标。但是，国家贫困线的标准在识别贫困户的过程中过于理想化，在现实的具体情境中难以执行。为了提高精准度，薯县在贫困识别的实践中不断发展出替代性的鉴别贫困的标准。最早的正式制度是“四看”标准，即一看房，二看粮，三看有没有读书郎，四看劳动力强不强，通过“四看”标准来作为识别贫困户的依据。随后，薯县又以“几不准”，即不准有楼房、不准有

---

① ［英］弗里德利希·冯·哈耶克：《法律、立法与自由》（第一卷），邓正来、张守东、李静冰译，中国大百科全书出版社 2000 年版，第 7 页。

② 张静：《基层政权：乡村制度诸问题》，浙江人民出版社 2000 年版。

汽车、不准有财政供给等作为剔除伪贫困户的标准。最后，借助大数据排查的技术支持，薯县将“几不准”的标准升级为“负面清单”，作为全面排查伪贫困户的标准。此外，在乡土社会内部，还存在着与正式制度并不完全一致甚至产生碰撞的非正式制度。在贫困识别中的非正式制度主要是指农民的公平观念，农民的公平观念与正式制度并不一致甚至产生碰撞。农民的公平观念中生存伦理的理念与正式制度中消除贫困的目的相一致，因而实现了制度融合。但是，公平观念是依据内隐信息做出判断，而正式制度是以外显策略作为识别贫困户的方式，因而他们存在一定的认知差异。农民的公平观念与贫困识别中的正式制度相互作用，共同推进了贫困识别的制度变迁。最终，贫困识别的制度不再是最开始国家制定的贫困线，也不仅仅是薯县最开始采纳的“四看”标准。它包括国家贫困线、“四看”标准、“几不准”标准、“负面清单”标准以及农民的公平观念等正式的或非正式的制度。

在研究中，笔者反复品味扶贫办乔主任以及村民的关于“精准”的两套话语。乔主任在强调“四看”标准和“五步工作法”能够基本上选准贫困户的时候，又内心潜藏着对“精准度”的隐忧。农民一方面，质疑选贫困户是要拼关系；另外一方面，又认同现在的贫困户识别工作比过去精准许多。一部分村民质疑贫困识别的精准性；另一部分村民却又认同贫困识别的精准性。这无一不指向同一个问题，精准扶贫阶段的贫困识别到底精不精准。笔者认为，如果以国家贫困线作为衡量贫困识别是否精准，那么答案一定是否定的。这是因为从一开始的时候，国家贫困线都成为仪式性的规则，在实际的操作中很难执行。具言之，中国的贫困线标准相对偏低，而薯县被选为国家贫困县也有政策照顾的因素，因而薯县实际低于国家贫困线的贫困人口并不多见；农民的收入来源不太稳定，而他们又具有财不外露的心理，因而农民的收入难以测算；虽然村组干部对村民的信息了如指掌，但是他们并不一定会上报真实的信息，而驻村干部也难以制衡村组干部并破解“信息不对称”的困境；贫困人口的指标是自上而下逐级分解的，因而也给贫困识别带来了程序上的困境。因此，按照国家贫困线的标准去识别贫困户几乎是一件不可能完成的任务。这也意味着，如果以是否严格执行了国家贫困线作为判断贫困识别是否精准的依据，那么贫困识别从一开始就偏离了方向。

但是，如果以农民的实际生活状况作为判断依据，贫困识别则是朝着精准的方向逐步迈进。由于政策制定者、政策目标群体、政策执行者三方行动主体有着不同的行动逻辑，他们的互动博弈实际上是一个不断增进贫困识别精准度的过程。在“不怕事”的政策目标群体的持续反馈中，追求“干大事”的政策制定者体悟到正式制度的局限性，并适时地、因地制宜地调试正式制度。在正式制度的修正过程中，非正式制度发挥了不可小觑的作用。它弱化了正式制度对形式精准的追求，但通过实质精准的方式一定程度弥补了正式制度初期在乡土社会的水土不服，同时也为正式制度的修订提供诸多启示。通过多元主体的互动博弈以及正式制度和非正式制度的碰撞，贫困识别最终实现了形式精准向实质精准的转变。

参考文献

一 专著

曹锦清:《黄河边的中国：一个学者对乡村社会的观察与思考》，上海文艺出版社 2000 年版。

曹正汉:《观念如何塑造制度》，上海人民出版社 2005 年版。

陈辉:《古村不古：浙西衢州古村调查》，山东人民出版社 2009 年版。

费孝通:《社会调查自白》，知识出版社 1985 年版。

费孝通:《乡土中国·生育制度》，北京大学出版社 1998 年版。

国家统计局住户调查办公室:《2011 中国农村贫困检测报告》，中国统计出版社 2012 年版。

国家行政学院编写组:《中国精准脱贫攻坚十讲》，人民出版社 2016 年版。

何俊志、任军锋、朱德米:《新制度主义政治学译文精选》，天津人民出版社 2007 年版。

贺雪峰:《新乡土中国》，北京大学出版社 2013 年版。

胡荣:《理性选择与制度实施——中国农村村民委员会选举的个案研究》，上海远东出版社 2001 年版。

胡伟希:《中国哲学概论》，北京大学出版社 2005 年版。

胡永和:《中国城镇新贫困问题研究》，中国经济出版社 2011 年版。

黄光国、胡先缙等:《面子——中国人的权力游戏》，中国人民大学出版社 2004 年版。

李昌平:《我向总理说实话》，光明日报出版社 2002 年版。

梁漱溟:《中国文化要义》，上海人民出版社 2005 年版。

林聚任:《社会信任和社会资本重建——当前乡村社会关系研究》，山东人民出版社 2007 年版。

柳新元:《利益冲突与制度变迁》，武汉大学出版社 2002 年版。

卢晖临:《通向集体之路：一项关于文化观念和制度形成的个案研究》，社会科学文献出版社 2015 年版。

卢现祥:《西方新制度经济学》，中国发展出版社 1996 年版。

彭大松:《农村单身汉的形成机制及其生存图景——基于苏北江边村的个案研究》，博士学位论文，南京大学，2014 年。

王德福:《做人之道：熟人社会中的自我实现》，博士学位论文，华中科技大学，2013 年。

王铭铭、王斯福:《乡土社会的秩序、公正与权威》，中国政法大学出版社 1997 年版。

吴飞:《浮生取义——对华北某县自杀现象的文化解读》，中国人民大学出版社 2009 年版。

吴文藻:《论社会学中国化》，商务印书馆 2010 年版。

吴毅:《乡村中国评论（第 1 辑）》，广西师范大学出版社 2006 年版。

吴毅:《小镇喧嚣——一个乡镇政治运作的演绎与阐释》，生活·读书·新知三联书店 2007 年版。

徐晓军:《乡镇街坊：结构与关系——武汉市郊兰乡街坊的个案研究》，华中师范大学出版社 2007 年版。

许宝华、[日] 宫田一郎:《汉语方言大词典》，中华书局 1999 年版。

许烺光:《宗族、种姓与社团》，黄光国译，南天书局2002年版。
许慎:《说文解字》，中华书局1978年版。
薛亚利:《村庄里的闲话：意义、功能和权力》，上海书店出版社2009年版。
杨国枢、余安邦:《中国人的心理与行为：理论及方法篇》，台湾桂冠图书公司1992年版。
杨念群、黄兴涛、毛丹:《新史学：多学科对话的图景》，中国人民大学出版社2003年版。
杨雪冬:《市场发育、社会生长和公共权力构建——以县为微观分析单位》，河南人民出版社2002年版。
应星:《大河移民上访的故事：从“讨个说法”到“摆平理顺”》，生活·读书·新知三联书店2001年版。
应星:《农户、集体与国家——国家与农民关系的六十年变迁》，中国社会科学出版社2014年版。
岳希明、李实、王萍萍等:《透视中国农村贫困》，经济科学出版社2007年版。
张炳楠:《地方自治论文集》，华冈出版社1974年版。
张岩松:《发展与中国农村反贫困》，中国财政经济出版社2004年版。
张静:《基层政权：乡村制度诸问题》，浙江人民出版社2000年版。
张静:《现代公共规则与乡村社会》，上海人民出版社2006年版。
郑杭生:《转型中的中国社会和中国社会的转型》，首都师范大学出版社1996年版。
郑也夫、沈原、潘绥铭:《北大清华人大社会学硕士论文选编》，山东人民出版社2006年版。
中共中央党史和文献研究院:《十八大以来重要文献选编（下）》，中央文献出版社2018年版。

中国人权研究会:《中国人权事业发展报告 NO. 3 (2013)》，社会科学文献出版社 2013 年版。

周黎安:《转型中的地方政府：官员激励与治理》，格致出版社 2008 年版。

周晓虹:《传统与变迁：江浙农民的社会心理及其近代以来的嬗变》，生活 · 读书 · 新知三联书店 1998 年版。

周雪光:《组织社会学十讲》，社会科学文献出版社 2012 年版。

朱贻庭:《伦理学大辞典》，上海辞书出版社 2011 年版。

左民安:《细说汉字——1000 个汉字的起源与演变》，九州出版社 2005 年版。

二 译著

[印] 阿马蒂亚 · 森:《贫困与饥荒——论权利与剥夺》，王宇、王文玉译，商务印书馆 2001 年版。

[印] 阿马蒂亚 · 森:《以自由看待发展》，任赜、于真译，中国人民大学出版社 2012 年版。

[美] 埃莉诺 · 奥斯特罗姆:《公共事物的治理之道——集体行动制度的演进》，余逊达、陈旭东译，上海三联书店 2000 年版。

[法] 埃米尔 · 迪尔凯姆:《自杀论》，冯韵文译，商务印书馆 2001 年版。

[法] 埃米尔 · 涂尔干:《社会分工论》，渠东译，生活 · 读书 · 新知三联书店 2000 年版。

[英] 安东尼 · 吉登斯:《社会的构成：结构化理论大纲》，李康、李猛译，生活 · 读书 · 新知三联书店 1998 年版。

[法] 奥古斯特 · 孔德:《论实证精神》，黄建华译，商务印书馆 2001 年版。

[美] 道格拉斯 · C. 诺斯:《制度、制度变迁与经济绩效》，刘守英

译，生活·读书·新知三联书店 1994 年版。

［法］E. 迪尔凯姆：《社会学方法的准则》，狄玉明译，商务印书馆 1995 年版。

［英］弗里德利希·冯·哈耶克：《法律、立法与自由》（第一卷），邓正来、张守东、李静冰译，中国大百科全书出版社 2000 年版。

［美］B. 盖伊·彼得斯：《政治科学中的制度理论："新制度主义"》，王向民、段红伟译，上海人民出版社 2016 年版。

［美］黄宗智：《长江三角洲小农家庭与乡村发展》，中华书局 2000 年版。

［美］黄宗智：《华北的小农经济与社会变迁》，中华书局 1986 年版。

［美］黄宗智：《中国乡村研究》（第 2 辑），商务印书馆 2003 年版。

［英］卡尔·波兰尼：《大转型：我们时代的政治与经济起源》，冯钢、刘阳译，浙江人民出版社 2007 年版。

［美］R. 科斯、A. 阿尔钦、D. 诺斯等：《财产权利与制度变迁——产权学派与新制度学派译文集》，刘守英等译，上海三联书店、上海人民出版社 1994 年版。

［美］劳埃德·雷诺兹：《微观经济学：分析和决策》，马宾译，商务印书馆 1982 年版。

［法］雷蒙·阿隆：《社会学主要思潮》，葛智强、胡秉诚、王沪宁译，华夏出版社 2000 年版。

［美］W. 理查德·斯科特：《制度与组织——思想观念与物质利益》，姚伟、王黎芳译，中国人民大学出版社 2010 年版。

［英］路德维希·维特根斯坦：《哲学研究》，陈嘉映译，上海人民出版社 2001 年版。

［美］E. A. 罗斯：《变化中的中国人》，何蕊译，译林出版社 2015 年版。

[英] 马尔萨斯:《人口原理》，朱泱等译，商务印书馆 1996 年版。

[德] 马克思:《雇佣劳动与资本》，沈志远译，生活 · 读书 · 新知三联书店 1949 年版。

[德] 马克斯 · 韦伯:《经济与社会》（上卷），林荣远译，商务印书馆 1997 年版。

[德] 马克斯 · 韦伯:《儒教与道教》，王容芬译，商务印书馆 1999 年版。

[英] 迈克尔 · 波兰尼:《个人知识——迈向后批判哲学》，许泽民译，贵州人民出版社 2000 年版。

[美] 明恩溥:《中国人的素质》，林欣译，京华出版社 2002 年版。

[美] 欧文 · 戈夫曼:《日常生活中的自我呈现》，冯钢译，北京大学出版社 2008 年版。

[法] 皮埃尔 · 布迪尔、[美] 华康德:《实践与反思——反思社会学导引》，李猛、李康译，中央编译出版社 1998 年版。

[美] 乔纳森 · 特纳:《社会学理论的结构》，邱泽奇译，上海远东出版社 2001 年版。

清华大学社会学系:《清华社会学评论：特辑》，鹭江出版社 2000 年版。

[日] 青木昌彦:《比较制度分析》，周黎安译，上海远东出版社 2001 年版。

[美] 施坚雅:《中国农村的市场和社会结构》，史建云、徐秀丽译，中国社会科学出版社 1998 年版。

[德] 乌尔里希 · 贝克:《风险社会》，何博闻译，译林出版社 2004 年版。

[美] 阎云翔:《礼物的流动：一个中国村庄中的互惠原则与社会网络》，李放春、刘瑜译，上海人民出版社 2000 年版。

[美] 阎云翔:《私人生活的变革：一个中国村庄里的爱情、家庭和

亲密关系1949—1999》，龚小夏译，上海书店出版社2006年版。
[美] 詹姆斯·C. 斯科特：《农民的道义经济学：东南亚的反叛与生存》，程立显、刘建等译，译林出版社2001年版。
[日] 滋贺秀三：《中国家族法原理》，张建国、李力译，法律出版社2003年版。

三 期刊

艾云：《上下级政府间"考核检查"与"应对"过程的组织学分析——以A县"计划生育"年终考核为例》，《社会》2011年第3期。
包雷：《"过日子，过什么"？——访中国人民大学副校长、社会学家郑杭生教授》，《社会》1995年第5期。
彼得·豪尔、罗斯玛丽·泰勒：《政治科学与三个新制度主义》，何俊智译，《经济社会体制比较》2003年第5期。
曹正汉：《精英人物影响社会制度演进的条件和机制——广东省中山市崖口村公社制度个案》，《管理世界》2004年第6期。
曹正汉：《中国上下分治的治理体制及其稳定机制》，《社会学研究》2011年第1期。
陈辉：《"过日子"与农民的生活逻辑——基于陕西关中Z村的考察》，《民俗研究》2011年第4期。
陈辉、邢成举：《从"公共性治理"到"人情政治"——陕西省W县S村"公共性衰弱"的内在逻辑》，《中共福建省委党校学报》2015年第10期。
陈辉、张全红：《基于多维贫困测度的贫困精准识别及精准扶贫对策——以粤北山区为例》，《广东财经大学学报》2016年第3期。
陈心想：《一个游戏规则的破坏与重建——A村村民调田风波案例分析》，《社会学研究》2000年第2期。

陈映芳:《行动力与制度限制:都市运动中的中产阶层》,《社会学研究》2006 年第 4 期。

仇叶:《从配额走向认证:农村贫困人口瞄准偏差及其制度矫正》,《公共管理学报》2018 年第 1 期。

崔万田、周晔馨:《正式制度与非正式制度的关系探析》,《教学与研究》2006 年第 8 期。

邓大松、王增文:《“硬制度”与“软环境”下的农村低保对象的识别》,《中国人口科学》2008 年第 5 期。

邓维杰:《精准扶贫的难点、对策与路径选择》,《农村经济》2014 年第 6 期。

狄金华:《中国农村田野研究单位的选择》,《中国农村观察》2009 年第 6 期。

狄金华、钟涨宝:《从主体到规则的转向——中国传统农村的基层治理研究》,《社会学研究》2014 年第 5 期。

樊红敏:《县域政治运作形态学分析——河南省 H 市日常权力实践观察》,《东南学术》2008 年第 1 期。

方劲:《中国农村扶贫工作“内卷化”困境及其治理》,《社会建设》2014 年第 2 期。

风笑天:《论参与观察者的角色》,《华中师范大学学报》(人文社会科学版)2009 年第 3 期。

冯希莹、王源、李楠:《“人情低保”与低保政策执行过程中的政策微效分析——对抚顺市某区的个案研究》,《社会科学辑刊》2008 年第 1 期。

符平:《“嵌入性”:两种取向及其分歧》,《社会学研究》2009 年第 5 期。

傅允生:《平均主义的思想渊源及其影响》,《中国经济史研究》2000 年第 3 期。

葛志军、邢成举:《精准扶贫：内涵、实践困境及其原因阐释——基于宁夏银川两个村庄的调查》,《贵州社会科学》2015 年第 5 期。

耿羽:《行政遮蔽政治：基层治理动员机制的困境——以白沙区征迁工作为例》,《甘肃行政学院学报》2017 年第 6 期。

郭君平、荆林波、张斌:《国家级贫困县“帽子”的“棘轮效应”——基于全国 2073 个县区的实证研究》,《中国农业大学学报》(社会科学版) 2016 年第 4 期。

郭茂灿:《虚拟社区中的规则及其服从——以天涯社区为例》,《社会学研究》2004 年第 2 期。

郭于华:《“道义经济”还是“理性小农”：重读农民学经典论题》,《读书》2002 年第 5 期。

韩庆龄:《精准扶贫实践的关联性冲突及其治理》,《华南农业大学学报》(社会科学版) 2018 年第 3 期。

韩志明:《乡村黑恶势力的生成逻辑及其运作机制》,《国家治理》2018 年第 11 期。

何立华:《精准扶贫背景下的贫困人口识别：理论、实践与政策》,《中南民族大学学报》(人文社会科学版) 2017 年第 2 期。

何绍辉:《从“技术”到“伦理”：精准扶贫研究的范式转换》,《求索》2018 年第 1 期。

贺雪峰:《论半熟人社会——理解村委会选举的一个视角》,《政治学研究》2000 年第 3 期。

贺雪峰:《论熟人社会的人情》,《南京师范大学学报》(社会科学版) 2011 年第 4 期。

贺雪峰:《农民价值观的类型及相互关系——对当前中国农村严重伦理危机的讨论》,《开放时代》2008 年第 3 期。

贺雪峰、刘岳:《基层治理中的“不出事逻辑”》,《学术研究》

2010 年第 6 期。

洪名勇:《开发扶贫瞄准机制的调整与完善》,《农业经济问题》2009 年第 5 期。

胡鞍钢、胡琳琳、常志霄:《中国经济增长与减少贫困（1978—2004)》,《清华大学学报》（哲学社会科学版）2006 年第 5 期。

胡联、汪三贵:《我国建档立卡面临精英俘获的挑战吗?》,《管理世界》2017 年第 1 期。

黄承伟、覃志敏:《我国农村贫困治理体系演进与精准扶贫》,《开发研究》2015 年第 2 期。

姜涌:《“义利之辨”与当代中国社会的价值导向》,《山东师范大学学报》（社会科学版）1996 年第 1 期。

蒋晓平:《实践理性：新制度主义视阈中的制度—行动关系》,《中共杭州市委党校学报》2014 年第 2 期。

郎友兴:《村落共同体、农民道义与中国乡村协商民主》,《浙江社会科学》2016 年第 9 期。

雷望红:《论精准扶贫政策的不精准执行》,《西北农林科技大学学报》（社会科学版）2017 年第 1 期。

李博、左停:《谁是贫困户？精准扶贫中精准识别的国家逻辑与乡土困境》,《西北农林科技大学学报》（社会科学版）2017 年第 4 期。

李大华:《论先秦儒家和道家的公平观念》,《哲学研究》2011 年第 7 期。

李棉管:《技术难题、政治过程与文化结果——“瞄准偏差”的三种研究视角及其对中国“精准扶贫”的启示》,《社会学研究》2017 年第 1 期。

李培林:《透视“城中村”——我研究“村落终结”的方法》,《思想战线》2004 年第 1 期。

李小云:《我国农村扶贫战略实施的治理问题》,《贵州社会科学》2013 年第 7 期。

李小云、唐丽霞、张雪梅:《我国财政扶贫资金投入机制分析》,《农业经济问题》2007 年第 10 期。

廖申白:《我们的“做人”观念——涵义、性质与问题》,《北京师范大学学报》(社会科学版)2004 年第 2 期。

刘氚、何绍辉:《日常生活中的诉苦:作为一种抗争技术——兼论底层研究的拓展及进路》,《求索》2014 年第 2 期。

刘存信、唐圣玉:《中国贫困监测系统研究》,《调研世界》1995 年第 2 期。

刘凤芹、徐月宾:《谁在享有公共救助资源?——中国农村低保制度的瞄准效果研究》,《公共管理学报》2016 年第 1 期。

刘磊:《基层社会政策执行偏离的机制及其解释——以农村低保政策执行为例》,《湖北社会科学》2016 年第 8 期。

刘磊:《精准扶贫的运行过程与“内卷化”困境——以湖北省 W 村的扶贫工作为例》,《云南行政学院学报》2016 年第 4 期。

刘少杰:《个人行动的社会制约——评迪尔凯姆关于个人行动、集体表象和社会制度的论述》,《黑龙江社会科学》2009 年第 5 期。

卢晖临:《集体化与农民平均主义心态的形成——关于房屋的故事》,《社会学研究》2006 年第 6 期。

卢晖临、李雪:《如何走出个案——从个案研究到扩展个案研究》,《中国社会科学》2007 年第 1 期。

陆汉文:《落实精准扶贫战略的可行途径》,《国家治理》2015 年第 38 期。

陆汉文、李文君:《信息不对称条件下贫困户识别偏离的过程与逻辑——以豫西一个建档立卡贫困村为例》,《中国农村经济》2016 年第 7 期。

陆学艺:《“农民真苦，农村真穷”?》,《读书》2001 年第 1 期。

吕方:《治理情境分析：风险约束下的地方政府行为——基于武陵市扶贫办“申诉”个案的研究》,《社会学研究》2013 年第 2 期。

麻宝斌、钱花花、杜平:《公平优先于公正——中国民众社会公平认知状况的实证分析》,《吉林大学社会科学学报》2016 年第 2 期。

孟天广:《转型期中国公众的分配公平感：结果公平与机会公平》,《社会》2012 年第 6 期。

欧阳静:《压力型体制与乡镇的策略主义逻辑》,《经济社会体制比较》2011 年第 3 期。

裴宜理:《中国式的“权利”观念与社会稳定》,《东南学术》2008 年第 3 期。

彭玉生:《当正式制度与非正式规范发生冲突：计划生育与宗族网络》,《社会》2009 年第 1 期。

丘海雄、徐建牛:《市场转型过程中地方政府角色研究述评》,《社会学研究》2004 年第 4 期。

饶静、叶敬忠:《税费改革背景下乡镇政权的“政权依附者”角色和行为分析》,《中国农村观察》2007 年第 4 期。

申端锋:《软指标的硬指标化——关于税改后乡村组织职能转变的一个解释框架》,《甘肃社会科学》2007 年第 2 期。

申秋:《中国农村扶贫政策的历史演变和扶贫实践研究反思》,《江西财经大学学报》2017 年第 1 期。

谭秋成:《农村政策为什么在执行中容易走样》,《中国农村观察》2008 年第 4 期。

唐灿、马春华、石金群:《女儿赡养的伦理与公平——浙东农村家庭代际关系的性别考察》,《社会学研究》2009 年第 6 期。

唐丽霞、罗江月、李小云:《精准扶贫机制实施的政策和实践困境》，《贵州社会科学》2015 年第 5 期。

唐绍欣：《传统、习俗与非正式制度安排》，《江苏社会科学》2003 年第 5 期。

仝志辉、贺雪峰：《村庄权力结构的三层分析——兼论选举后村级权力的合法性》，《中国社会科学》2002 年第 1 期。

汪磊、伍国勇：《精准扶贫视域下我国农村地区贫困人口识别机制研究》，《农村经济》2016 年第 7 期。

汪玲萍、苏红：《策略、规则及权力结构——一所中学高三教师名单的公布》，《社会》2007 年第 5 期。

汪三贵、Albert Park：《中国农村贫困人口的估计与瞄准问题》，《贵州社会科学》2010 年第 2 期。

汪三贵、Albert Park 等：《中国新时期农村扶贫与村级贫困瞄准》，《管理世界》2007 年第 1 期。

汪三贵、郭子豪：《论中国的精准扶贫》，《贵州社会科学》2015 年第 5 期。

王汉生、刘世定、孙立平、项飚：《"浙江村"：中国农民进入城市的一种独特方式》，《社会学研究》1997 年第 1 期。

王汉生、王迪：《农村民间纠纷调解中的公平建构与公平逻辑》，《社会》2012 年第 2 期。

王汉生、王一鸽：《目标管理责任制：农村基层政权的实践逻辑》，《社会学研究》2009 年第 2 期。

王铭铭：《小地方与大社会——中国社会的社区观察》，《社会学研究》1997 年第 1 期。

王宁：《代表性还是典型性？——个案的属性与个案研究方法的逻辑基础》，《社会学研究》2002 年第 5 期。

王宁：《消费行为的制度嵌入性——消费社会学的一个研究纲领》，《中山大学学报》（社会科学版）2008 年第 4 期。

王宁:《制度漏洞根源与“改革悖论”》,《人民论坛》2011 年第 S2 期。

王三意、雷洪:《农民“种房”的行动理性对 W 市 S 村的个案研究》,《社会》2009 年第 6 期。

王晓琦、顾昕:《中国贫困线水平研究》,《学习与实践》2015 年第 5 期。

王晓毅:《精准扶贫与驻村帮扶》,《国家行政学院学报》2016 年第 3 期。

王雨磊:《村干部与实践权力——精准扶贫中的国家基层治理秩序》,《公共行政评论》2017 年第 3 期。

王雨磊:《技术何以失准?——国家精准扶贫与基层施政伦理》,《政治学研究》2017 年第 5 期。

王雨磊:《精准扶贫何以“瞄不准”——扶贫政策落地的三重对焦》,《国家行政学院学报》2017 年第 1 期。

王雨磊:《数字下乡:农村精准扶贫中的技术治理》,《社会学研究》2016 年第 6 期。

王增文:《中国农村贫困线及贫困率的测定:基于拟合收入分布函数法》,《西北人口》2009 年第 5 期。

吴飞:《论“过日子”》,《社会学研究》2007 年第 6 期。

吴国宝:《准入和退出:如何决定贫困县去留》,《人民论坛》2011 年第 36 期。

吴文藻:《现代社区实地研究的意义和功用》,《社会研究》1935 年第 66 期。

吴雄周、丁建军:《精准扶贫:单维瞄准向多维瞄准的嬗变——兼析湘西州十八洞村扶贫调查》,《湖南社会科学》2015 年第 6 期。

吴莹、杨宜音、卫小将、陈恩:《谁来决定“生儿子”?——社会转型中制度与文化对女性生育决策的影响》,《社会学研究》2016

年第3期。

吴毅:《农民“种房”与弱者的反“制”》,《书城》2004年第5期。

吴毅:《“权力—利益的结构之网”与农民群体性利益的表达困境——对一起石场纠纷案例的分析》,《社会学研究》2007年第5期。

吴毅:《制度引入与精英主导:民主选举规则在村落场域的演绎——以一个村庄村委会换届选举为个案》,《华中师范大学学报》(人文社会科学版)1999年第2期。

吴毅、陈颀:《“说话”的可能性——对土改“诉苦”的再反思》,《社会学研究》2012年第6期。

吴宗友、张军:《制度研究在社会学中的分化与融合》,《学术界》2011年第6期。

《习近平论扶贫工作》,《红旗文摘》2016年第2期。

席恒:《孔德其人及对社会学的理论贡献》,《西北大学学报》(哲学社会科学版)2001年第4期。

项飚:《社区何为——对北京流动人口聚居区的研究》,《社会学研究》1998年第6期。

项飚:《逃避、联合与表达:北京“浙江村”的故事》,《中国社会科学季刊》1998年总第22期。

肖瑛:《从“国家与社会”到“制度与生活”:中国社会变迁研究的视角转换》,《中国社会科学》2014年第9期。

解垩:《公共转移支付和私人转移支付对农村贫困、不平等的影响:反事实分析》,《财贸经济》2010年第12期。

辛允星:《村干部的“赢利”空间研究——以鲁西南X村为例》,《社会学评论》2016年第2期。

徐杰舜:《乡村人类学视野下中国农民的人文性格》,《青海民族研究》2013年第2期。

徐梦秋:《公平的类别与公平中的比例》,《中国社会科学》2001 年第 1 期。

徐娜、李雪萍:《公平视角下精准识别的基层实践困境——以武陵山区两类识别纠纷为切入点》,《湖湘论坛》2017 年第 5 期。

徐晓军、瞿谋:《制度空间与建构行动:灾后财富分配中的乡村精英——以四川省 S 村为例》,《贵州社会科学》2011 年第 4 期。

徐勇:《"接点政治":农村群体性事件的县域分析——一个分析框架及以若干个案为例》,《华中师范大学学报》(人文社会科学版)2009 年第 6 期。

许汉泽、李小云:《"精准扶贫"的地方实践困境及乡土逻辑——以云南玉村实地调查为讨论中心》,《河北学刊》2016 年第 6 期。

荀丽丽、包智明:《政府动员型环境政策及其地方实践——关于内蒙古 S 旗生态移民的社会学分析》,《中国社会科学》2007 年第 5 期。

严霞、王宁:《"公款吃喝"的隐性制度化——一个中国县级政府的个案研究》,《社会学研究》2013 年第 5 期。

杨宝剑、杨宝利:《委托代理视角下政府间纵向竞争机制与行为研究》,《中央财经大学学报》2013 年第 2 期。

杨磊:《地方政府治理技术的实践过程及其制度逻辑——基于 E 县城镇建设推进过程的分析》,《中国行政管理》2018 年第 11 期。

杨龙、李萌、汪三贵:《我国贫困瞄准政策的表达与实践》,《农村经济》2015 年第 1 期。

杨嵘均:《论正式制度与非正式制度在乡村治理中的互动关系》,《江海学刊》2014 年第 1 期。

杨雪冬:《论"县":对一个中观分析单位的分析》,《复旦政治学评论》2006 年第 1 期。

应星:《草根动员与农民群体利益的表达机制——四个个案的比较研究》,《社会学研究》2007 年第 2 期。

应星:《作为特殊行政救济的信访救济》,《法学研究》2004 年第 3 期。

于乐荣、唐丽霞、李小云:《公共转移性收入对农村内部不平等的影响分析》,《经济经纬》2013 年第 6 期。

袁银传:《论平均主义的社会思潮长期存在的社会根源》,《社会主义研究》2002 年第 2 期。

翟学伟:《中国人的“大公平观”及其社会运行模式》,《开放时代》2010 年第 5 期。

詹国辉、张新文:《“救困”抑或“帮富”:扶贫对象的精准识别与适应性治理——基于苏北 R 县 X 村扶贫案例的田野考察》,《现代经济探讨》2017 年第 6 期。

张翠娥、杨政怡:《名实的分离与融合:农村女儿养老的现状与未来——基于山东省武城县的数据分析》,《妇女研究论丛》2015 年第 1 期。

张静:《土地使用规则的不确定:一个解释框架》,《中国社会科学》2003 年第 1 期。

张永丽、卢晓:《贫困性质转变下多维贫困及原因的识别——以甘肃省皋兰县六合村为例》,《湖北社会科学》2016 年第 6 期。

张运良:《制度:一个社会学概念的演化》,《吉林广播电视大学学报》2006 年第 5 期。

赵蜜、方文:《社会政策中的互依三角——以村民自治制度为例》,《社会学研究》2013 年第 6 期。

赵蜀蓉、陈绍刚、王少卓:《委托代理理论及其在行政管理中的应用研究述评》,《中国行政管理》2014 年第 12 期。

赵晓峰、刘涛:《农民公平观念与乡村治理性危机的关联》,《调研世界》2009 年第 7 期。

郑欣:《田野调查与现场进入——当代中国研究实证方法探讨》,《南京大学学报》(哲学 · 人文科学 · 社会科学版)2003 年第 3 期。

制度与结构变迁研究课题组:《作为制度运作和制度变迁方式的变通》,《中国社会科学季刊》1997 年,冬季号。

钟晓华:《可行能力视角下农村精准扶贫的理论预设、实现困境与完善路径》,《学习与实践》2016 年第 8 期。

钟涨宝、狄金华:《中国的农村社区研究传统:意义、困境与突破》,《社会学评论》2013 年第 2 期。

钟涨宝、李飞:《插花贫困地区村庄的不同主体在精准扶贫中的心态分析》,《西北农林科技大学学报》(社会科学版)2017 年第 2 期。

周飞舟:《从汲取型政权到“悬浮型”政权——税费改革对国家与农民关系之影响》,《社会学研究》2006 年第 3 期。

周其仁:《中国农村改革:国家和所有权关系的变化(上)——一个经济制度变迁史的回顾》,《管理世界》1995 年第 3 期。

周晓露、胡萌萌:《国家话语与乡土情境——精准扶贫视域下农村贫困人口“瞄准偏差”研究综述》,《社会科学动态》2018 年第 10 期。

周雪光:《从“黄宗羲定律”到帝国的逻辑:中国国家治理逻辑的历史线索》,《开放时代》2014 年第 4 期。

周雪光:《基层政府间的“共谋现象”——一个政府行为的制度逻辑》,《社会学研究》2008 年第 6 期。

周雪光:《权威体制与有效治理:当代中国国家治理的制度逻辑》,《开放时代》2011 年第 10 期。

周雪光:《一叶知秋：从一个乡镇的村庄选举看中国社会的制度变迁》,《社会》2009 年第 3 期。

周雪光、艾云:《多重逻辑下的制度变迁：一个分析框架》,《中国社会科学》2010 年第 4 期。

周怡:《共同体整合的制度环境：惯习与村规民约——H 村个案研究》,《社会学研究》2005 年第 6 期。

朱晓阳:《进入贫困生涯的转折点与反贫困干预》,《广东社会科学》2005 年第 4 期。

左停、杨雨鑫、钟玲:《精准扶贫：技术靶向、理论解析和现实挑战》,《贵州社会科学》2015 年第 8 期。

四 外文文献

Albert Park, Sangui Wang and Guobao Wu, "Regional Poverty Targeting in China", *Journal of Public Economics*, Vol. 86, No. 1, 2002.

Brinton, M. C. and T. Kariya, "Institutional Embeddedness in Japanese Labor Markets", in M. C. Grinton and V. Nee (eds.), *The New Institutionalism in Sociology*, California: Stanford University Press, 1998, pp. 181 –207.

B. Seebohm Rowntree, *Poverty: A Study of Town Life*, London: Macmillan, 1901, p. 103.

Chris Wickham, "Gossip and Resistance among the Medieval Peasantry", *Past and Present*, Vol. 160, No. 1, 1998.

Diwakar K. Vadapalli, "Barriers and Challenges in Accessing Social Transfers and Role of Social Welfare Services in Improving Targeting Efficiency: A Study of Conditional Cash Transfers", *Vulnerable Children and Youth Studies*, Vol. 4, 2009.

Fuchs Victor, "Redefining Poverty and Redistributing Income", *Public*

Interest, Vol. 8, 1967.

Hamilon, G. G. and R. Feenstra, The Organization of Economies, in M. C. Grinton and V. Nee (eds.), *The New Institutionalism in Sociology*, Stanford California: Stanford University Press, 1998, pp. 153 – 180.

H. Gerth and C. Wright Mills (eds.), *From Max Weber*, New York: Oxford University Press, 1946, p. 280.

Iain Wilkinson, *Suffering: A Sociological Introduction*, Cambridge: Polity Press, 2005, p. 21.

Jack M. Potter, *Capitalism and the Chinese Peasant*, Berkeley: University of California Press, 1968, p. 68.

James C. Scott, *Weapons of the Weak: Everyday Forms of Peasant Resistance*, New Haven: Yale University Press, 1985.

Jean C. Oi, *Rural China Takes off: Institutional Foundations of Economic Reform*, Berkeley: University of California Press, 1999.

Karol Edward Soltan, "Empirical Studies of Distributive Justice" *Ethics*, Vol. 92, No. 4, July 1982.

Kevin J. O'Brien and Lianjiang Li, "Selective Policy Implementation in Rural China", *Comparative Politics*, Vol. 31, No. 2, January 1999.

Lachman, L. M., *The Legacy of Max Weber*, Berkeley, CA: The Glendessary Press, 1971.

Mark D. Aspinwall and Gerald Schneider, "Same Menu, Separate Tables: The Institutionalist Turn in Political Science and the Study of European Integration", *European Journal of Political Research*, Vol. 38, No. 5, 2002.

Martin Ravallion, "Miss-Targeted or Miss-Measured?" *Economics Letters*, Vol. 100, No. 1, 2008.

Meyer J. Boli, John, Ramirez, F. and Thomas, G., Theories of Culture: Institutional Vs. Actor-Centered Approaches: The Case of World Society. Paper Read at the Annual Meeting of the American Sociological Association, Aug. 20, 1995, DC.

Parsons, Talcott, "Prolegomena to a Theory of Social Institutions", *American Sociological Review*, Vol. 55, No. 3, 1990.

Pete Alcock, *Understanding Poverty*, London: Macmillan, 1993.

Peter A. Hall and Rosemary C. R. Taylor, "Political Science and the Three New Institutionalisms", *Political Studies*, Vol. 44, No. 5, December 1996.

Richard and Eva Blum, *Health and Healing in Rural Greece: A Study of Three Communities*, Stanford, Calif: Stanford University Press, 1965, p. 128.

Robert Walker, *Social Security and Welfare: Concepts and Comparisons*, Bershire: Open University Press, 2005, p. 200.

Shaohua Chen, Martin Ravallion and Youjuan Wang, "Di Bao: A Guaranteed Minimum Income in China's Cities?" World Bank Policy Research Working Paper 3805, 2006.

Shepsle, Kenneth A., "Studying Institutions: Some Lessons from the Rational Choice Approach", *Journal of Theoretical Politics*, Vol. 1, No. 2, 1989.

Simon Reich, "The Four Face of Institutionalism: Public Policy and a Pluralistic Perspective", *Governance*, Vol. 13, No. 4, October 2000.

Spencer, Herbert, *The Principles of Sociology*, London: Appleton-Century-Crofts, 1910.

Steven R. Tabor, "Assisting the Poor with Cash: Design and Implementation of Social Transfer Programs", *World Bank Social Protection Discussion Paper Series*, No. 0223, September 2002.

Zukin, S. and P. DiMaggio (eds.), "Introduction." In Zukin, S. and P. DiMaggio (eds.), *Structures of Capital: The Social Organization of the Economy*, Cambridge: Cambridge University Press, 1990.

后　记

“完成的不完美、完美的完不成”，在校订书稿过程中我无数次地用这句话提醒自己。在撰写博士论文时，是处于一种高度焦虑的状态，对于好不容易酝酿出来的文字，自是敝帚自珍。校订书稿则不然，重读书稿的过程也就意味着我的身份的转变，从作者转变为读者，这一过程也让我对作品中不尽完美的地方抱有缺憾。幸而，学术之路是拾级而上，这是我的第一部专著，但相信不是最后一部。

三年前，褪去稚嫩的我离开母校的怀抱，进入一个陌生的环境，步入一个全新的岗位。几乎是一瞬间，晓露同学成长为了晓露老师。面对讲台下热忱的、好学的、青涩的有时也略带迷茫的比我年轻近十岁的青年学子，我仿佛看到了自己来时的路。那条路，是我的两位恩师耐心地牵着我的小手一步步向前走，踏过小溪、迈过河流，引领着我终于拨开眼前的迷雾，看到似在眼前却仍路途遥远的学术高山，并将攀爬其间作为我为之奋斗一生的事业。

徐晓军教授是我的启蒙恩师与领路人，承蒙恩师不弃，将我引入社会学的大门，看着我蹒跚学步、缓慢地迈出第一个步伐。无论是调查报告的写作，还是学术论文的指导，徐老师都倾注心力、悉心教导。您学识渊博、思路敏捷，如同在凡间游历的仙人，谈笑间手指一挥便可悄然化解学生的满腹困惑。您亦是勤劳耕耘的农夫，教导我们唯有日日的辛勤劳作，方能收获一粒饱满的果实。您的博学、勤勉、严谨和智慧，虽是我无法企及的标杆，但带给学生的精神力量，足以使学生受益终生。

李雪萍教授是我的博士生导师，在我毕业走到分岔路口时，李雪萍教授拥抱着我，带着我继续向社会学的学术旅途迈进。在这条路上，您看我哭过，也陪我笑过。更多的时候，您陪着眉头紧蹙的我探路，帮我轻轻移开学术道路上每一个羁绊我的小石子，并鼓励我勇敢前行。同为女性，您是我可望而不可即的榜样。您教导的“凡事要走在前面”，对于向来行事拖沓的我而言犹如一座长鸣的警钟，虽不能及但也努力为之。您时常敦促不够自信的我要勇于给自己设定高目标，哪怕走得慢，但要一直坚定向前。

感谢华中师范大学社会学院对我的培养，符平教授、江立华教授、夏玉珍教授、李亚雄教授、陆汉文教授、杨生勇教授、娄章胜教授、郑广怀教授、张兆曙教授在课堂上的传道授业解惑，老师们学识渊博，精彩的讲授使我受益匪浅。感谢向德平教授和吕方教授，两位老师都曾为我提供过在你们看来也许微不足道的帮助和启迪，但对我来说是莫大的支持，学生感激在心。感谢答辩委员会主席、华中科技大学的雷洪教授以及博士论文的评审专家，他们在论文评阅和答辩过程中提出了中肯的建议，受能力所限，这些意见和建议未能全部体现在本书中，恳请各位专家海涵！

感谢胡振光师兄、王蒙师姐、李容芳姐、陈艾、徐娜、刘风、魏爱春、丁波等师门兄弟姐妹的关心与帮助，与他们的讨论有助于不断厘清我的行文思路；也要感谢胡倩、彭扬帆、刘欣、邹英姐、谷玉良、李文君、卜清平、任树正等同班好友的结伴前行与相互敦促。

本书的出版还离不开河南财经政法大学社会学院的大力支持，尤其感谢王金山教授、王利军教授、徐婕教授、王莹教授、周柱堂主任、吴俊博士的帮助。胡萌萌同学多次帮我校对书稿，她目前在复旦大学攻读社会工作专业的研究生，在此一并表示感谢。同时，还要感谢中国社会科学出版社孙萍老师耐心细致的工作，为本书的顺利出版付出了辛勤的努力。

出于研究伦理的考虑，我无法将薯县帮助过我的人们的名字一一列出来，虽然我很想这么做，他们是薯县扶贫办的领导和工作人员、薯县的乡镇干部、村干部以及薯县善良而淳朴的村民们。感谢你们对我田野调查的大力支持，你们带我走进乡镇，走进村民家，甚至走进自己家里，为我开展田野调查提供力所能及的帮助。你们也毫无保留地与我谈心，给我分享资料，接受我的访谈，没有你们，我无法完成这部专著。

最后，我还想在书稿中留一些空间给家人。在无数个梦里，我会遇见我的两位至亲，仿佛他们并未离开。体会过遗憾和痛楚，也对诗仙李白“人生得意须尽欢，莫使金樽空对月”的诗句有了更多认同，对当下的岁月静好愈加珍惜。愿时光再慢一点，我的妈妈和四妈保持活力，一直这样绽放着幸福的笑容；愿时光再慢一点，我的幺爹身体保持硬朗，还能忙碌地张罗一大桌美味的饭菜；愿时光再慢一点，我的伴侣依然对我宽厚与包容；愿时光再慢一点，我可爱的孩子就这样快乐地奔向我，用那稚嫩的声音对我说“妈妈，喜欢你呀”。写完这篇后记，恰逢孩子姥爷的六十岁寿辰，我想了很久都不知道该送您什么礼物，便想把下面这句话印成铅字送给您：谢谢您，我亲爱的父亲！

周晓露

2020 年 12 月 10 日